Ces gestes qui vous trahissent

JOSEPH MESSINGER

Ces gestes
qui vous trahissent

Bien-être

*Collection dirigée
par Ahmed Djouder*

AVERTISSEMENT

« Votre esprit est dans chaque cellule de votre corps. »
Candace Pert[1]

Comment aborder cet ouvrage ?

À la différence des quatre éditions précédentes, ce guide est un décodeur gestuel richement illustré. L'addition des dessins m'a obligé à faire un tri dans les informations dispensées afin de ne retenir que les gestes et postures signifiants, en évacuant tout ce qui touchait aux objets. Je vous signale d'ailleurs que vous pourrez retrouver les fiches « objets et accessoires » dans l'ouvrage que je leur ai consacré : *Ces objets qui vous trahissent*, aux éditions First.

Sinon, toutes les entrées sont classées par ordre alphabétique de manière à vous en faciliter l'accès, comme d'habitude. Quelle que soit la page à laquelle vous l'ouvrirez, vous y trouverez automatiquement une mine d'informations revues et corrigées par rapport à l'édition précédente.

Les gestes conventionnels, dont le sens est compris par tous dans un même contexte culturel, ne font pas partie de cet ouvrage (le pouce levé pour signifier que tout est OK, par exemple). De même, la plupart des expressions gestuelles explicites, celles qui illustrent le discours, n'ont pas retenu mon attention.

---

1. Scientifique qui a découvert les endorphines il y a vingt-cinq ans. Auteur de *Molecules of emotion*.

« Je vous note mon adresse », dit-il en écrivant avec son index dans le creux de sa main. Ce genre de réaction gestuelle sert de sous-titrage à la parole et sa traduction tombe sous le sens. Elle trahit les personnes qui ne maîtrisent pas leur langue maternelle ou qui disposent de peu de mots pour s'exprimer.

En revanche, les attitudes statiques couramment reproduites, les postures typiques du corps, les gestes stéréotypés inconscients (refrains gestuels) que l'on retrouve chez chacun d'entre nous, sans distinction de race, de culture ou de religion sont ceux dont vous distinguerez la signification dans les pages de ce vade-mecum qui vous suivra partout.

Mis à part les refrains gestuels, que vous reproduisez invariablement ou alternativement de la même manière quel que soit le contexte, 80 % de vos gestes et de vos postures corporelles changent de signification suivant le contexte de leur apparition ou ne représentent que des gesticulations insignifiantes. C'est dire qu'il faut être prudent avant de trancher ou d'interpréter un geste particulier. Les interprétations consignées dans cet ouvrage conservent donc un caractère indicatif.

PROLOGUE

C'est quoi, un geste ?

Les gestes se trimbalent sous notre nez avec le dédain des fantômes, invisibles par définition. Combien d'entre nous y prêtent seulement attention ? Il est vrai que notre cerveau n'est pas habitué à décoder l'information en recourant à deux niveaux de compréhension. Le mot occulte la dimension gestuelle qui lui sert de décor. Deux registres qui s'ignorent superbement. Sans oublier que le look a pris du galon, depuis que la vie quotidienne passe par l'image de la télé.

Et pourtant, les gestes ne sont pas absents du décor. Pourquoi se priver des informations qu'ils véhiculent ? Le geste a le mérite d'être objectif et pourrait être enseigné, au même titre que la parole ou l'écriture. Le message gestuel, pourtant tellement lisible, est largement escamoté par la mise en avant du message verbal, gommant ainsi une dimension primordiale de nos modes de transmission de l'information. Cependant, quand les gestes entrent en décalage avec le discours verbal, vous ressentez un malaise indéfinissable, comme quelque chose qui cloche dans la synchronisation entre le mot et le geste.

Le vendeur passe sa pince pouce-index de chaque côté de ses lèvres en promettant à son client de livrer la commande dans les délais. Il vient de mentir. Un mensonge confirmé par le langage corporel instinctif mais non décodé par l'acheteur (voir la section de la pince pouce-index).

« Je vous promets que la commande sera livrée sous huitaine, au plus tard, disons, dix jours »

Or, les gestes parlent un idiome qui leur est propre, un langage qui n'est pas toujours en adéquation avec les mots associés par la conscience qui les prononce. Éternel combat entre le corps et l'esprit, éternelle incompréhension entre deux modes de transmission de l'information qui s'excluent souvent mutuellement et se contredisent presque toujours.

« Je suis absolument d'accord avec vous »

« Je suis absolument d'accord avec vous, » renchérit *le faux cul qui croise résolument sa jambe droite sur la gauche.*
La position de ses jambes infirme sa pseudo-adhésion (voir la section consacrée aux jambes croisées).

Un discours bien construit crédibilise celui qui sait se servir des mots.

Or, nous avons presque tous recours à des vérités de carnaval, sciemment ou non. Il faut bien conserver des rapports civilisés avec les autres. Il existe aussi des mensonges utiles.

« Oh ! Qu'il est beau votre bébé ! » s'exclame la voisine de lit en attente d'accouchement. Le môme est hideux, il a un gros nez qui lui mange le visage, pas un poil sur le caillou, le corps constellé de plaques rougeâtres et un front fuyant.

Les mots ne pensent pas ce qu'ils disent. Ils simulent la vérité, dissimulent la réalité. Ils aident le locuteur à reconstruire le monde non pas tel qu'il est mais tel qu'il voudrait qu'il soit. Les gestes ne s'embarrassent pas de ce double langage, ils expriment la vérité ou la réalité que la parole tente d'enjoliver.

« Je voudrais bien voir ça », objecte celui qui a l'air d'être le chef de la bande. Et tous de croiser les bras en chœur pour faire barrage à l'autorité du policier qui les interpelle.

Il faut savoir que le croisement des bras est un geste barrière qui diminue fortement le niveau d'attention car il indique un déficit passager de confiance en soi ou d'estime de soi.

À l'instar des lieux communs ou des formules stéréotypées, il y a des attitudes gestuelles qu'il vaut mieux éviter de fréquenter, d'autres qu'il est recommandé d'intégrer à son vocabulaire gestuel. Mais est-il possible de prêter une attention soutenue à ces gesticulations expressives qu'il semble impossible d'endiguer et encore moins de contrôler ? Oui et non ! Si on peut gommer certains tics gestuels dévalorisants, il est exclu d'envisager une reconversion gestuelle totale sans tenir compte de la qualité de votre discours verbal. Car le geste, après tout, n'est jamais que le décor de la parole ou de l'émanation silencieuse de la pensée.

Je relis ma prose sur mon écran en posant mon coude gauche en appui sur le bureau et ma main sur ma bouche. À ce niveau, il s'agit clairement de rassembler les neurones partis à la récré. La main gauche révélera un besoin de faire appel à l'inspiration. La main droite, à la réflexion.

Pourquoi met-on généralement sa main devant sa bouche pour lire le texte d'un courrier que l'on vient de taper sur l'écran de son PC ? Parce que l'obturation de la bouche renforce la capacité de concentration ou d'évaluation. « Quand je me tais, j'écoute ». Le geste aide à simuler le silence mental et conforte forcément l'attention.

Quand le cerveau est mis à contribution, la tête s'alourdit et les coudes en appui viennent automatiquement la soutenir dans son effort de concentration ou de réflexion. La capacité de jugement, aussi, a besoin des coudes pour prendre un recul indispensable. Toutes ces observations sont rudimentaires.

Ce qui est étonnant quand on aborde les gestes de cette manière, c'est qu'on réalise très vite que les refrains gestuels que l'on croit détenir en exclusivité appartiennent à tout le monde. Et que la pensée qui produit un réflexe aussi simple que la rupture du contact visuel est suscitée par un sentiment de gêne ou un refus de poursuivre le dialogue, aussi bien chez vous que chez l'autre, sans distinction de sexe, de culture, de religion, etc.

Quand Jules a reproduit un doigt d'honneur à l'attention de l'autre automobiliste, il a pris peur en le voyant sortir comme un boulet de canon de son véhicule. Il a compris qu'il s'exposait à des représailles. Craignant une attaque imminente, il a baissé les sourcils pour protéger ses yeux. L'autre était tout rouge de colère, il gueulait comme un mégaphone. Comme l'évolution rapide de la situation indiquait que son adversaire n'était que légèrement agressif et que le conflit ne semblait pas comporter de risque de dérapage, Jules a haussé les sourcils, très Tartarin de Tarascon, pour renvoyer quelques insultes bien frappées à son agresseur. Le haussement des sourcils sacrifie la protection des organes de la vue pour l'avantage tactique que lui procure une meilleure vision de ce qui l'entoure. Mais toute cette scène se déroule avec une rupture permanente du contact visuel entre les protagonistes.

Nous fonctionnons tous sur le même voltage, de la pensée aux comportements, des conduites aux motivations, des gestes à la parole. C'est la foule des Chinois qui crée l'effet de clonage, comme c'est la multiplication des gestes qui donne l'impression qu'il ne s'agit là que de gesticulations insignifiantes. Mais les Chinois sont tous différents et les gestes aussi.

Support fondamental de la crédibilité d'une image sociale, l'impact des gestes est largement supérieur à celui du discours ou même à celui que dispense l'apparence vestimentaire. Le message gestuel féconde le discours, offrant un relief particulier aux mots-clefs de ce dernier.

Les sourcils marionnettes qui ponctuent les mots-clefs, vous connaissez ? Car le corps s'exprime en parallèle aux mots, mais pas toujours au diapason du discours. C'est pourquoi il est indispensable d'y être attentif.

Il a le front très ridé quand il lève les sourcils pour ponctuer ses phrases. On dit que les fronts ridés appartiennent à des personnes soucieuses. L'individu soucieux au front creusé est essentiellement un individu qui voudrait échapper à la situation dans laquelle il se trouve mais qui, pour une raison quelconque, ne le peut pas. De plus, il rit avec le front plissé, ce qui signifie qu'il est aussi inquiet.

Le langage fantôme

Les gestes sont la manifestation de la dimension émotionnelle qui sous-tend toutes les actions humaines. Comme l'explique le psychologue Stephen Nowicki, un spécialiste qui a étudié les aptitudes non verbales des enfants : « Ceux qui sont incapables de déchiffrer ou d'exprimer leurs émotions sont sans cesse frustrés. Au fond, ils ne comprennent pas ce qui se passe. Cette forme de communication est sous-jacente à ce qu'ils font ; nul ne peut empêcher son visage ou ses gestes d'exprimer ses sentiments, ni dissimuler le ton de sa voix. »

Pourquoi la lecture des gestes n'a jamais été l'objet de recherches systématiques de la part de la communauté scientifique ? Pour plusieurs raisons que je vais vous livrer ici.

Allumez la télé à l'occasion d'une émission de débats politiques et essayez donc de suivre les débats sur deux niveaux : verbal et non verbal. Malgré une concentration accrue, vous constaterez très vite que vous vous laisserez happer par le discours des intervenants en oubliant complètement de prêter attention à leurs gestes. De temps à autre, un geste récurrent sortira du lot. Vous en retiendrez la chorégraphie à défaut d'en comprendre le sens. Notre mode d'écoute n'est pas entraîné à saisir deux actions simultanées aussi différentes que l'observation visuelle et l'écoute. Le degré d'attention ne peut s'investir de manière équivalente sur deux paliers sensoriels aussi différents. Nous discriminons instinctivement les deux automatismes écouter et voir sans pouvoir les associer dans une écoute globale de l'autre.

« Comment ? Tu n'as pas vu le geste qu'il a fait sous ton nez ?

— De quel geste tu parles ?

— Il a posé son index en travers de sa gorge tout en te proposant une augmentation d'ici à la fin de l'année.

— Et alors ?

— Et alors, ce geste signifie que tu ne seras plus dans la boîte d'ici là.

— Tu rigoles, il ne peut pas se passer de moi. Tu te prends pour Mme Irma ?

— Donc, tu vas accepter de bosser tous les week-ends jusqu'à la fin de l'année pour boucler ces dossiers ?

— Bien entendu, madame Irma !

— Tu es con ! Tu vas bosser comme une bête et tu seras remercié en échange, je te le dis, tu verras que j'ai raison », insiste sa collègue.

Le bosseur a été débarqué à la veille de Noël !

Dans notre société structurée, le discours a tout naturellement trouvé sa place en tant que mode de communication privilégié. Les essais de compréhension du vocabulaire gestuel ont toujours concerné les signes conventionnels et certains gestes convenus. Le pouce levé pour signifier son accord, par exemple. Tout le reste est considéré comme pure spéculation. Mais ne faut-il pas commencer par la spéculation sur un faisceau de traductions possibles, de recoupements entre les contextes et les événements qui suscitent ces séquences gestuelles pour offrir un contenu à ce langage fantôme ? J'utilise cette expression de « langage fantôme » à dessein, car il faut bien admettre que le geste n'est, *a priori*, qu'un contenant sans contenu explicite.

Le corps est le sanctuaire de l'esprit

L'observation des gestes ou des caractères morphologiques variables est une discipline dont les règles ne sont pas encore institutionnalisées. Ce n'est ni une spécialité anthropologique, ni une discipline enseignée aux spécialistes des ressources humaines. Comme si le visible était gommé au profit de l'invisible ! Le psychisme est réduit à ses manifestations comportementales ou psychologiques subjectives. Le corps éminemment objectif est globalement absent du jeu. C'est le comble de l'aveugle !

Le dessin des lèvres est considéré comme un acquis morphologique préprogrammé sans rapport de causalité avec l'évolution existentielle du sujet.

Il me regarde avec sa bouche amère d'alcoolique, une bouche en assiette de potage renversée. J'ai l'impression qu'il me crache son dégoût à la figure, les lèvres verrouillées, il ne commente pas, ne réagit pas. Je constate que son regard est éteint. Je parle à un mur, il est ailleurs, perdu dans le chaos de ses pensées parasites, sans aucun doute.

L'étude des caractères évolutifs de la morphologie humaine est tenue pour de la cartomancie. Terminus ! Tout le monde descend ! Je crois que le succès des ouvrages de Desmond Morris, celui de mes livres et des travaux de Paul Eckman aux États-Unis (pour ne pas citer tout le monde) prouvent qu'il y a là un champ de connaissance encore mal défriché qui mérite d'être exploité au-delà des publications destinées au grand public. Le mythe de l'Eldorado n'a pas encore livré tous ses secrets.

Pourquoi ce manque de curiosité de la part de la communauté scientifique ? Il en va de certains domaines de la connaissance comme des préservatifs.

Le ministère de la Santé communique sur la prévention des risques concernant les MST (maladies sexuellement transmissibles), mais les préservatifs sont hors de prix pour ceux qui en consomment le plus, j'ai cité les ados. Il faut qu'un animateur-producteur, Christophe Dechavanne en l'occurrence, mouille sa chemise pour que les préservatifs soient vendus à vingt centimes en pharmacie. Chapeau, l'artiste ! L'État, comme l'Académie, n'en est pas à une contradiction près. Les bénéfices de l'État passent avant ceux de la santé publique.

Extrapolons ! Comme l'écrit Jean Fourastié, les savants n'ont jamais aimé les continents vierges, ils préfèrent parler de ce qu'ils connaissent plutôt que de s'interroger sur ce qu'ils ignorent. Votre corps, cette chose qui bouge, mérite mieux qu'un « il est beau, moche, gros, maigre, long ou courtaud ». Il mérite un « tu » ou un « toi » affectueux, car il contient plus que les quelques dizaines de kilos de viande ou d'os qui vous constituent. Votre corps n'est pas que la vitrine de votre vanité, il est aussi et surtout le sanctuaire de votre âme articulé par une machinerie fabuleuse.

Quand vous croisez les doigts, coudes en appui, tandis que vous écoutez religieusement le formateur qui pérore sur son estrade, vous faites appel à cette âme immatérielle dont l'émanation la plus concrète se situe au creux de ces mains et de ces doigts qui se nouent. Les principes mâle et femelle se rassemblent pour vous donner la force de poursuivre votre chemin.

Le croisement de doigts du personnage représenté ci-dessus est dit cognitif (le pouce droit domine le gauche), ce qui signifie que vous avez affaire à un individu rationnel et carré dans son approche intellectuelle. Une info qui vaut son pesant d'or dans certaines circonstances de recrutement. Inutile de lui faire miroiter les avantages virtuels de votre candidature. Vous devez rester sur du concret et éviter de fantasmer à haute voix.

A

Les gestes sont la musique du corps.

ACCOLADE (l')

Le président pose sa main gauche sur l'épaule droite d'un homme politique du camp adverse qu'il vient de débaucher proprement en lui proposant une sinécure. Qui est le président ? Qui est l'opportuniste qui se rallie à son panache pour ne pas mourir idiot ? Quelle importance ? Les hommes politiques font partie d'une grande famille dans laquelle on peut trahir ses amis d'hier et se rallier à ceux d'aujourd'hui en attendant de s'en faire des ennemis pour demain.

Lors d'une accolade très protocolaire entre deux personnes, l'une des deux pose l'une de ses mains sur l'épaule de l'autre. Cette manière d'accueil, souvent conviviale en apparence, est un héritage de l'adoubement des chevaliers du Moyen Âge par leur suzerain. Celui qui pose sa main sur l'épaule de son interlocuteur est celui qui détient le pouvoir ou souhaite faire passer ce message à son vassal supposé. Si votre interlocuteur ne détient pas vraiment le pouvoir et vous impose cette accolade, il tente de vous inféoder. La main qui vient se poser sur l'épaule droite est souvent la gauche (chez un droitier). Or, l'épaule droite est le siège de l'ambition. Une main qui s'y cramponne est une façon de limiter l'ambition de celui qui reçoit l'accolade. Quant à la main qui se pose sur l'épaule gauche, elle est un message d'affection ou de reconnaissance à un ami (ou un vieil ennemi qui accepte de céder la place en 2012).

ACCROCHER (s')

« Il suffit que je le contrarie pour qu'il accroche ses mains aux accoudoirs de son siège. Comme j'ai remarqué son manège, je m'amuse à le contrarier systématiquement, chaque fois que nos points de vue divergent. »

On s'accroche involontairement à son siège, aux accoudoirs, à ses poignets, à son bon droit, mais pas à ses devoirs. On se raccroche à ses prérogatives, on se suspend à ses avantages sociaux, on se cramponne à la vie quand la mort se présente, etc. L'accrochage est un ancrage du mental en traduction corporelle.

AGENOUILLER (s')

S'agenouiller représente un acte de soumission mais procède aussi d'un besoin de transformation ou de recréation, notamment dans un contexte religieux. La génuflexion était et est encore une marque de pseudo-révérence à l'égard d'un personnage de haut rang, au point qu'on fléchit les genoux par déférence envers un interlocuteur sans même s'en rendre compte. Pour la révérence ou l'agenouillement devant les hauts personnages, le fléchissement des genoux est associé à une attitude de soumission (impossibilité de fuir).

Mais soyez attentif ! Le fléchissement du genou droit est un acte de soumission frauduleuse et agressive, celle du genou gauche, un acte de soumission authentique.

AISSELLES (les)

Les aisselles sont le siège de l'optimisme et de son ennemi juré, le pessimisme. Et tout cela à cause d'un tic gestuel archicourant qui consiste à coincer la main sous l'épaule – main droite sous l'épaule gauche et vice versa.

Quand je fumais, il m'arrivait souvent de griller une ciga- rette dans le jardin en glissant ma main gauche sous mon aisselle droite. Je trouvais ce geste confortable, mais j'ignorais ce qu'il signifiait. Je broyais du noir, car la vie ne m'apportait pas vraiment les joies que j'en attendais sur le plan professionnel. Je tenais ma cigarette de la main droite. Et puis, les choses se sont arrangées, mes bouquins ont commencé à se vendre, j'ai touché des droits d'auteur qui ont balayé mes angoisses. Je me suis mis à fumer de la main gauche et à glisser ma main droite sous l'épaule gauche.

L'optimiste

Quand la main droite se réfu- gie régulièrement sous l'épaule gauche, paume plaquée sous l'aisselle gauche.

Le geste est rassurant, car la paume entre en contact avec les battements du cœur. L'ais- selle gauche est le siège sym- bolique de l'optimisme. Tant que le cœur bat, tout va.

Le pessimiste

La main gauche se réfugie sous l'épaule droite, paume coincée sous l'aisselle droite.
Le sujet a le sentiment d'être mal perçu par son entourage. Un sentiment de rejet peut également entraîner la répétition de ce code particulier. Sachez que la course à la reconnaissance est essentielle dans le vécu de l'« aisselle droite » pessimiste !

Il croise les bras pouces en érection, paumes collées sous les aisselles.

Une bonne façon de se remonter les épaules pour donner l'impression qu'on a de la carrure. Paradoxe ! Cette attitude est symptomatique, chez l'adulte, d'un état de dépression, d'épuisement appelé burn out. Il s'agit d'une forme particulière de dépression réactionnelle qui survient à la suite d'un surmenage. Une conduite qui apparaît en général chez les individus submergés par des responsabilités qui dépassent leur niveau de compétences. On l'appelle aussi la « maladie des managers ». Très visible dans tous les débriefings de commerciaux !

ALLUMETTES (les)

Quel est le rapport entre la manière dont vous craquez une allumette et votre degré de générosité au sens large

du terme ? Le feu est un archétype dans la mémoire collective de l'humanité.
Il est l'équivalent de l'énergie qui anime l'âme, ou la conscience d'être, si vous préférez.

Le feu offert à l'autre est une manière de lui transmettre cette énergie. Toute offrande doit d'abord me satisfaire avant d'être donnée à l'autre, tel est le sens du craquement centripète de l'égocentrique. Celui-ci est évidemment moins solidaire que l'individu allocentrique (ouvert à la société) qui offre son feu centrifuge (vers l'extérieur). Juste un petit détail : on peut être égocentrique et généreux mais on ne peut être égoïste et généreux.

Il gratte instinctivement son allumette vers lui…
… c'est-à-dire de manière centripète. C'est un individu égocentrique. Son mode d'intégration sociale passe par une reconnaissance et un respect de son individualité (une valeur essentielle à ses yeux) par l'autre ou le groupe.
Il gratte instinctivement son allumette vers l'extérieur.
C'est le mode centrifuge de l'allocentrique. Son mode d'intégration passe par une reconnaissance du groupe, de son utilité à la collectivité. Il est évidemment doué d'un esprit d'équipe. Dans un couple, la femme qui gratte son allumette vers l'extérieur vit généralement par, pour et à travers son époux et/ou sa famille. Certains délinquants sociables (ça existe : on peut être caractériel et sociable) libérés de prison ne supportent pas l'anonymat que leur impose la société et récidivent pour retourner en prison. Pour l'allocentrique, la liberté, c'est quand il existe dans le cœur des autres.

AMYGDALE DU CERVEAU (l')

Le neurologue américain Joseph LeDoux a été le premier à mettre en évidence le rôle fondamental de l'amygdale dans l'activité du cerveau. La traduction gestuelle de nos émotions fonctionne selon ses propres règles. Les gestes sont totalement indépendants du néocortex contenant les aires cérébrales cognitive (à gauche) et affective (à droite). Confronté à la peur, le corps réagit instinctivement pour se protéger, sans aucune interférence du néocortex. La simple vue d'un serpent, même inoffensif, vous fera faire un bond en arrière (mécanisme de fuite) avant que vous puissiez analyser rationnellement la situation. Ce n'était qu'une couleuvre !

Encore une fois, l'amalgame sert de trampoline au raisonnement inductif. Même si certains réflexes dépendent effectivement de l'amygdale, la plupart des gestes que nous reproduisons ne sont pas forcément commandés par cet organe particulier. Au fil de la croissance de l'enfant, les refrains gestuels se mettent en place par imitation, par imprégnation ou parce qu'ils sont codés dans le phénotype. Ils constitueront la trame de la personnalité gestuelle du futur adulte, mais figureront aussi une traduction gestuelle de ses différentes caractéristiques psychologiques. La reproduction des divers refrains gestuels invariables ou alternatifs ne dépend pas essentiellement de l'amygdale, à mon sens, mais de zones corticales diverses et variées qui participent à la production des mouvements corporels.

ANATOMIE (quelques détails sans importance)

Le corps humain se compose d'un squelette de 208 os représentant un poids total de 9 kilos environ. Les

600 muscles et plus qui le composent représentent un peu moins de 45 % de son poids total. Le système sanguin contient de 5 à 7 litres de sang suivant les individus, actionné par un cœur qui accomplit un effort tout au long d'une vie lui permettant de projeter un poids d'une tonne à une distance de 250 km dans l'espace. Le système nerveux est dominé par un cerveau en comparaison duquel le plus puissant ordinateur au monde est une machine à laver des années cinquante. Les poumons traitent 15 m^3 d'air par jour. Le corps dispose en outre d'un système de refroidissement comportant deux à trois millions de glandes sudoripares. Le système d'alimentation dispose d'un canal alimentaire long de 8 mètres qui permet de convertir plus de 50 tonnes de nourriture en l'espace d'une vie. Un individu de 80 kilos ingère 625 fois son poids en nourriture.

Les reins sont en mesure de filtrer 200 litres de liquide par jour. Reste 1,5 m^2 de peau pour recouvrir le tout. Et certains ont le culot de prétendre que ce corps complexe reproduit des milliers de codes gestuels qui n'auraient aucune signification ? Heureusement que le ridicule ne tue plus !

ANCRAGES (les)

Code gestuel réflexe tellement courant que nul ne le remarque plus, l'ancrage est un rituel « magique » qui vous protège du naufrage de vos illusions. Vos mains s'accrochent à une partie névralgique de votre corps en fonction de la situation vécue ou de votre position : cheville, genoux, poignet, avant-bras, coude, biceps, nuque, etc., sont les points d'ancrage névralgiques.

Pourquoi l'inconscient commande-t-il le besoin d'effectuer un ancrage ? L'ancrage est un geste de protection contre une insécurité réelle ou supposée.

LA LANGUE DES ANCRAGES

Les avant-bras

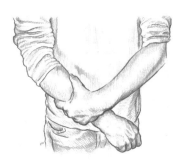

Vous agrippez votre avant-bras droit de votre main gauche.

Ce type d'ancrage révèle un bon niveau de superstition, s'il est reproduit de manière constante.

Vous agrippez votre avant-bras gauche de votre main droite.

Votre hyperémotivité devrait se voir à l'œil nu.

Les biceps

L'ancrage du biceps gauche

Le biceps gauche est le siège symbolique de l'instinct de survie. L'ancrage du biceps gauche par la main droite est un aveu quand il est reproduit en permanence. « Je suis un perdant » est le sens symbolique de ce geste. Le bras gauche sert à se défendre dans l'hypothèse d'un combat au corps à corps. L'immobilisation de cette défense cruciale, identifiée comme telle dans notre patrimoine héréditaire, est un sabordage simulé des mécanismes de survie.

L'ancrage du biceps droit
Le biceps droit est le siège du dynamisme. L'ancrage du biceps droit par la main gauche est une entrave à l'action. Il trahit un individu conservateur, réactionnaire et immobiliste par vocation.

Les chevilles

L'ancrage de la cheville droite

Il y a clairement un rapport indirect entre la cheville droite et la peur de l'échec. En agrippant la cheville droite, jambe en équerre, le sujet met sa motivation à l'abri.

L'ancrage de la cheville gauche
À l'opposé, les individus de sexe masculin souffrant de troubles sexuels ont plutôt tendance à effectuer le même geste en entrecroisant leurs doigts sur la cheville gauche. Cette alternative indique dans tous les cas un sentiment d'angoisse qui n'est pas forcément en relation avec les performances libidinales. Je précise que la jambe gauche est en appui sur le genou droit.

Les coudes

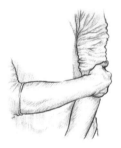

L'ancrage du coude gauche
Échec affectif redouté ou confirmé, si vous reproduisez ce geste par-devant ou par-derrière.

L'ancrage du coude droit
Échec scolaire ou professionnel redouté ! Par-derrière ou par-devant, l'ancrage de la main gauche sur le coude droit est un geste symbolique de réassurance. Les personnes

qui reproduisent cette attitude régulièrement privilégient l'inertie à l'action (voir aussi les coudes).

L'ancrage des deux coudes
Ils sont enveloppés par les mains, bras croisés. Cette variante est révélatrice d'une vraie frilosité face aux difficultés de la vie.

Les doigts

Vous retenez les doigts de votre main gauche dans la main droite, vos bras sont cachés dans le dos.
Les doigts des deux mains sont source de créativité. Quand ils sont immobilisés par l'autre main, le message non verbal se traduit par le refus du dialogue. Il arrive que l'ancrage se fasse sur un ou deux doigts. Index et majeur droits bloqués par la main gauche trahissent un déficit d'affirmation et de confiance en soi.

Les épaules

Le double ancrage des mains aux épaules
Cette posture très glamour trahit un tempérament hyperémotif de la part d'un individu qui tire volontiers des plans sur la comète.

L'ancrage de l'épaule gauche
Votre main droite est accrochée à l'épaule gauche, le bras replié sur lui-même. Quand l'enthousiasme se dégonfle, la main droite s'accroche souvent à l'épaule gauche.

L'ancrage de l'épaule droite
L'épaule droite est le siège symbolique des ambitions. On y accroche sa main gauche pour se protéger du mauvais œil.

Les genoux

Le croisement des doigts sur l'un des genoux est un refrain classique.

« J'ai peur d'un coup de pied à ce niveau » est le sens symbolique de cette attitude. Le genou droit est le siège de la mobilité et du progrès. Le genou gauche est le siège symbolique de la fuite. On s'enfuit toujours par la gauche face au danger. Le signal est prédictif, les doigts croisés sur le genou droit annoncent un ennui en perspective ; les doigts croisés sur le genou gauche vous encouragent à trouver le premier prétexte venu pour vous défiler.

Le stylo

La plupart des leaders d'opinion conservent un stylo entre leurs doigts, stylo auquel ils se raccrochent tout en glosant jusqu'à en perdre haleine.

Il s'agit là d'un geste barrière typique chez les hommes d'influence (politiciens, journalistes, animateurs). Leur stylo est une arme symbolique qui est censée les protéger contre le harcèlement de leurs détracteurs.

L'atémi

La main gauche retient la main droite au niveau de la tranche externe de la paume et vice versa.

Le tranchant de la main est équivalent au tranchant du couteau, de la hache ou du sabre. Il coupe. L'ancrage au tranchant est un geste d'agressivité latente. La main droite empêche la main gauche de frapper l'ennemi ou l'inverse. Ce code traduit aussi une colère non exprimée de la part du producteur. (Pour l'ancrage des poignets, voir « Poignets »)

ANNULAIRES (les)

Les annulaires correspondent symboliquement : à gauche, aux affects, à la capacité de s'investir et aux talents cachés ; à droite, ils représentent les schémas volontaires (ténacité, persévérance, endurance, volonté) et la coordination des automatismes (voir aussi la section consacrée aux doigts). L'affect est un sentiment subjectif à ne pas confondre avec l'émotion qui en est la traduction neurovégétative.

L'annulaire droit

L'annulaire de la main motrice est un indicateur précieux de l'état général des schémas volontaires. Chez un individu velléitaire, ce doigt est souvent beaucoup plus fragile que l'auriculaire voisin. On peut mesurer facilement leurs forces respectives avec un pèse-personne posé sur une table. Chez un droitier, un annulaire droit plus fort que l'annulaire gauche indique une personne volontaire ou tenace.

L'annulaire gauche

Doigt de l'implication affective, il est celui où l'on glisse l'anneau du mariage dans nos régions. L'annulaire gauche est aussi le doigt des émotions et des passions. Un annulaire gauche dont le degré d'énergie motrice domine le droit (test du pèse-personne) révèle un individu plus émotif, talentueux, doté d'un tempérament passionné et dont les sentiments s'expriment de manière épidermique.

APPLAUDISSEMENT (l')

L'applaudissement est un code gestuel réflexe invariable et totalement inné. L'applaudissement est avant tout une manière simple et directe d'exprimer son enthousiasme pour une action qui mérite des éloges. Tous les jeunes enfants (à partir de douze mois) s'applaudissent quand leurs parents les félicitent.

La main droite percutant la main gauche, c'est le cerveau gauche qui stimule le cerveau droit.

Il faut inverser les rapports. La raison (cerveau gauche) stimule et domine l'émotion (cerveau droit), ce qui en d'autres termes induit une prépondérance du raisonnable sur l'émotionnel. Ce type d'applaudisseur (critique) n'est pas forcément bon public dans la mesure où sa raison inhibe son émotion.

À l'inverse, quand la main gauche percute la main droite, l'émotion domine la raison (admirateur).

L'enthousiasme est au rendez-vous. Le sujet identifié à l'image maternelle (cerveau droit) est bon public (plus émotif) et très investi dans son image sociale. Il est vrai que les femmes sont généralement plus sensibles que ces messieurs. Quand elles apprécient, elles le font savoir et elles aiment qu'on s'en aperçoive. Les hommes sont plus coincés (on dit plus réservés en langue de bois). Ils approuvent souvent du bout des lèvres. L'analogie entre l'image maternelle et la sensibilité ou l'émotion ou celle qui unit l'image paternelle à la raison ou au contrôle de soi n'est plus à démontrer.

Ce cheminement analogique peut parfois réserver des surprises, mais il demeure toujours cohérent dans sa démarche. Les modes d'applaudissement sont invariables. On applaudit toujours de la même façon, sauf quand l'exaltation ou l'enthousiasme prennent le dessus. Dans ce cas précis seulement, les deux mains se percutent en même temps à mi-course, comme dans l'illustration ci-jointe.

APPUI (prendre)

A priori, le fait de s'appuyer systématiquement implique un fond de fatalisme ou de passivité face à l'événement. Mais tout dépend de la position ou du contexte. Je vous propose un petit test gestuel rapide. Êtes-vous un gestionnaire, un entrepreneur ou un penseur ?

Le gestionnaire

Il pose ses poignets ou ses mains sur le bord de la table, ce refrain révèle un tempérament soumis aux règlements ou à la hiérarchie, plus gestionnaire qu'entreprenant.

Certains leaders sont des gestionnaires de génie avant d'être des entrepreneurs.

L'entrepreneur

Les avant-bras posés à plat sur la table signalent un entrepreneur.

Les avant-bras en appui indiquent un bon niveau de confiance en soi.

Le penseur

Les coudes en appui
Une manie propre à tous ceux qui pensent plus souvent qu'ils n'agissent. Et ceux qui pensent sont bien utiles à tous ceux qui agissent et aux autres qui gèrent. Il faut de tout pour faire un monde.

ASSISE (la position)

La manière dont nous nous asseyons traduit le climat ponctuel qui règne dans l'attitude mentale. Comment se sent-on ici et maintenant ? Observez le buste de vos interlocuteurs en position assise. S'il est projeté en avant, il a peur d'être récusé ou censuré. S'il est rejeté en arrière, il exprime son besoin de liberté ou de fuite ; incliné à droite, il trahit une volonté d'aboutir ; incliné à gauche, l'instabilité des humeurs est au menu. Penché alternativement à gauche ou à droite, il tente de vous séduire, au sens large du terme. Le buste est la girouette des sentiments et le siège du stress.

On peut estimer qu'il y a cent fois plus de postures assises que de postures verticales pour nous camper sur nos pieds, la différence peut paraître énorme. L'homme, cet animal assis qui se lève de temps à autre, aurait-il été improprement baptisé *Homo erectus* par les anthropologues ? On remarque, cependant, en nous comparant aux tribus primitives qui subsistaient encore au début du siècle dernier, que la position assise de l'homme est historiquement récente. D'autre part, le fait de s'asseoir est généralement lié au travail intellectuel. Ce qui donne à penser que plus le cerveau est sollicité, plus le corps a besoin d'une assise confortable. Plus l'homme réfléchit, plus la gravité terrestre alourdit son corps.

Les variantes les plus courantes

Il est affalé dans son fauteuil, comme s'il était vidé de toute son énergie. Il est à bout de souffle.
Sa résignation se lit « à corps ouvert ».

Assise de guingois sur son siège, l'une de ses jambes repose sur l'accoudoir tandis que l'un de ses bras est suspendu derrière le dossier.

Toute position assise qui ne respecte pas l'ergonomie du siège révèle toujours un malaise sous de faux airs de nonchalance.

Il ne peut s'empêcher de basculer sa chaise en arrière dès qu'il s'assoit.
La bascule appartient aussi aux souvenirs scolaires de tout un chacun. Les gamins se balancent sur leur chaise dès qu'ils ressentent l'aiguillon de la récré ou celui de l'ennui. Quelque chose dérange votre interlocuteur dans le contexte de l'entretien.

Il est assis sur le bord de son siège.

Les personnes de condition modeste ou les individus timides adoptent souvent cette attitude en présence d'interlocuteurs détenant une parcelle de pouvoir.

Votre invité pose ses bras sur les dossiers des sièges voisins, comme s'il déployait ses ailes.

Il est en manque de territoire ou d'espace vital.

Elle s'assoit à califourchon sur sa chaise, bras en appui sur le dossier.

Personnage rebelle, anticonformiste et immature. Elle a besoin de contrecarrer les règles en vigueur, de transgresser les tabous, de piétiner les interdits qui lui barrent la route.

Le chômeur est assis, les jambes écartées, le dos voûté comme s'il portait toute la misère du monde, la tête penchée en avant, les bras en appui sur les cuisses, mains pendantes.

Code gestuel de la déprime dans tous ses aspects, cette attitude générique se remarque souvent dans les bureaux de l'ANPE ou dans les salles d'attente des urgences dans les hôpitaux.

Les mains de la jeune femme sont agrippées au plateau de son siège.

Dans tous les cas de figure, elle subit une contrainte et s'accroche à son siège pour ne pas s'enfuir.

Il pose sagement ses mains à plat sur ses cuisses.

Attitude que l'on rencontre souvent chez les anciens premiers de classe qui ont grandi trop vite et qui ont oublié d'endosser l'habit de l'adulte.

Elle est assise sur son siège, le sac posé sur ses genoux, raide comme la Justice.

Elle tente de vous faire savoir qu'elle a plus d'influence que vous ne semblez lui en accorder. C'est le genre de femme psychorigide aux lèvres pincées, incapable d'écouter son interlocuteur sans objecter ou sans l'interrompre à tout bout de champ, histoire de lui couper les…

Il est assis en tailleur.

Mis à part le tailleur qui use de cette posture pour des raisons professionnelles, les personnages qui en abusent dans un contexte professionnel sont des êtres virtuels qui se prennent pour des figures. C'est la position privilégiée par les gourous dans les milieux ésotériques.

Vautré en travers des accoudoirs de son fauteuil
On essaye de s'affirmer comme on peut, pas comme on veut, quand on manque cruellement d'assurance.

Il est assis jambes croisées, le genou en appui contre le bord de la table. La position de protection du territoire est évidente et la fermeture du dialogue aussi.

Elle pose l'un de ses talons sur le bord de son siège, cuisse ramenée contre le tronc.

Quand un pied ou les deux quittent le sol, l'apesanteur se manifeste au niveau intellectuel et l'assurance fait trois pas en arrière.

Les pieds posés sur le coin du bureau

L'attitude est typique de ces minus qui se prennent pour des patrons cool. C'est aussi une posture méprisante pour celui qui se trouve en face. « Viens me lécher les bottes » !

Il retient l'un de ses genoux de sa main correspondante, en position assise.

C'est l'attitude typique du poisson pilote. Soyez son requin !

Elle/il croise une jambe sur l'autre tout en glissant l'une de ses mains entre ses cuisses.

Elle/il attend de votre part une potion magique qui lui permettrait de réaliser ses rêves. Il se peut également que votre interlocutrice/teur confirme sa peur d'échouer à vous plaire en tentant de conjurer ce sentiment à l'aide de ce geste purement rituel.

Bras et jambes croisés, il se penche en avant sur sa chaise.

Double croisement et attitude d'enfermement imposée par la méfiance.

Elle s'assoit en ramenant un de ses pieds sous ses fesses.
Les pieds en apesanteur expriment le manque total d'emprise sur la réalité. C'est une jolie rêveuse.

Elle s'appuie sur ses coudes sur la table, le corps penché en avant vers son interlocuteur.

Viol du territoire de l'autre, pour la bonne cause en cas de parade amoureuse et pour la mauvaise quand il faut persuader à tout prix un client récalcitrant.

Votre interlocuteur est assis les jambes tendues devant lui, chevilles croisées.
Il se sent le bienvenu et exprime ce sentiment en se mettant à l'aise.

Elle a replié une de ses jambes, ou les deux, contre son tronc.

La posture fœtale par excellence ! Se protège-t-elle ou au contraire attend-elle que vous la preniez dans vos bras ? La posture fœtale équivaut à une forteresse vide dans laquelle elle se réfugie.

Elle s'assoit avec les pieds qui pointent en dedans.

Posture assez courante qui révèle un esprit obtus et un beau degré de naïveté.

Elle est assise en télésiège, ses mains calées sous ses cuisses.
Elle affiche son manque de maturité.

Il accroche ses pieds dans les barreaux de sa chaise.

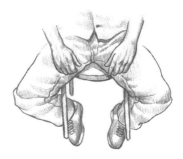

Attitude héritée de l'enfance, il est possible que le ton trop pédagogique d'un interlocuteur induise une relation de maître à élève qui influence le climat mental et provoque cette séquence gestuelle particulière.

Le jeune homme rend les semelles de ses pieds opposables, en position assise, les genoux écartés.

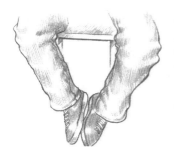

Cette séquence gestuelle est une attitude contestataire de type adolescent. Votre interlocuteur a littéralement coupé le courant qui le relie à la terre.

AURICULAIRES (les)

L'auriculaire droit symbolise la somme des désirs refoulés dans l'inconscient, ce qui en fait le représentant exclusif des ambitions. L'auriculaire gauche, par contre, symbolise la synthèse des désirs de l'enfant, donc du passé. Si vous souhaitez mesurer les forces respectives de vos auriculaires en utilisant un pèse-personne, comme pour les autres doigts des deux mains, vous saurez vite si vous êtes plutôt nostalgique ou plutôt ambitieux selon le doigt qui l'emportera. L'auriculaire gauche est aussi le doigt de l'enfance, le petit doigt maladroit de la main gauche du droitier. Un doigt privilégié par les aristocrates qui s'en servent pour y loger leurs armoiries en forme de chevalière. Les racines familiales y ont trouvé naturellement refuge. À la différence de l'animal, l'homme a besoin d'avoir un passé pour pouvoir situer son présent et imaginer son avenir.

Du bon usage de l'auriculaire

Un personnage superficiel qui se cure délicatement les narines d'un auriculaire aérien.
L'usage de l'auriculaire pour effectuer ce curetage révèle un fond de préciosité, voire de snobisme.

Il se cure l'écartement entre les incisives avec l'ongle de son auriculaire.
Un réflexe typique d'une personnalité narcissique.

Il se gratte les commissures des lèvres de l'auriculaire droit ou gauche.
Il n'a pas la conscience tranquille ou vous le mettez mal à l'aise.

Il se cure l'oreille de l'auriculaire.
C'est le doigt idéal (pour des raisons purement techniques) qui permet d'évacuer un chatouillement de l'oreille interne ou un acouphène aussi gênant que subit.

AVANT-BRAS (les)

Siège symbolique des moyens défensifs naturels, de la méfiance et de la prévention, l'avant-bras gauche du droitier est son bouclier. C'est en effet celui qui protège instinctivement le visage ou le crâne en cas d'agression physique. Pourquoi le gauche et non le droit ? Sans doute parce que le bras gauche dépend du cerveau droit, donc par voie d'extension de l'image maternelle (symbole de sécurité absolue). L'avant-bras gauche est le siège de la résistance à la frustration. Les politiciens qui s'expriment à la tribune posent souvent leur avant-bras gauche sur le lutrin pour établir une connivence avec le public et affirmer ainsi leur capacité de résistance à la frustration.

Leur corps penche du côté du cœur. Ils sont parfaitement inconscients de l'efficacité balistique de cette attitude et pourtant tous les grands tribuns la reproduisent au moment *ad hoc*, comme s'ils s'étaient donné le mot.

L'avant-bras droit est l'un des sièges symboliques de la suggestibilité et de la superstition. Les superstitieux conjuguent leur avenir à l'imparfait de l'indicatif (« je voulais réussir »). Et, comme le signale fort judicieusement Boris Cyrulnik, les individus superstitieux ont un sentiment de contrôle faible sur leur existence et le cours de leur vie.

Quelques figures classiques

Le corps est penché en avant, les avant-bras en appui sur les cuisses.
Le sujet est contemplatif.

Votre interlocuteur se gratte régulièrement le dessous des avant-bras.
Il exprime son abattement ou son découragement.

Les avant-bras croisées sur un support

Il s'agit d'une attitude de fausse désinvolture de la part d'une simulatrice. Je vous rappelle que les avant-bras sont des outils de défense corporelle au sens strict du terme. Ce sont aussi les boucliers naturels du visage et de la tête. En les superposant hors contexte de violence, vous anticipez une hostilité larvée ou vous subissez une hostilité verbale de la part de votre interlocuteur. Les enfants croisent toujours les bras quand la maîtresse les gronde.

B

Le corps a besoin des gestes
comme un mot a besoin d'une émotion
pour avoir un sens.

BAGUES (le secret des)

La bague est un bijou singulier en ce sens qu'elle est destinée à un doigt particulier et ne peut être enfilée sur les autres, la section de chacun étant différente. Ce qui signifie que le choix du doigt dépend de la décision du client au moment de l'acte d'achat. Soit la bague convient au doigt choisi, soit il la fera élargir ou rétrécir pour qu'elle s'enfile sur ce doigt particulier. Ces considérations techniques étant posées, venons-en au message que délivrent les bagues. Aucun objet, aucun vêtement choisi n'est le fruit du hasard ; à plus forte raison les bagues qui garnissent les doigts révèlent bien plus qu'elles n'embellissent les mains qui les portent. Elles traduisent le mode de fonctionnement psychoaffectif de celles ou ceux qui les affichent naïvement au vu et au su de tous. Rien de moins innocent qu'une bague ou plusieurs ornant fièrement un ou plusieurs doigts.

J'ai constaté assez vite le nombre incalculable de combinaisons de bagues adoptées par les femmes, depuis l'alliance de mariage jusqu'à deux ou trois bagues et plus, noyant les doigts sous un déluge d'or, d'argent et/ou de pierres précieuses. Averti du sens symbolique de chaque doigt, je me suis très vite intéressé à ce nouveau langage. J'ai découvert des facteurs de corrélation entre les doigts bagués et la personnalité des individus investis dans leur besoin de séduire. Par exemple, j'ai constaté que la plupart des jeunes filles privilégiaient la bague au majeur gauche, même si elles portaient déjà des anneaux à d'autres doigts. Or le majeur gauche est le doigt identitaire par excellence, celui qui symbolise l'estime de soi, l'image de soi ou l'image publique. Je dirais donc *a priori* que le fait de baguer ce doigt correspond à un besoin de renforcer une image de soi inquiète de son impact séducteur. Car qui dit bague dit séduction ! La bague ne serait pas seulement, à l'instar des autres bijoux, qu'un artifice destiné à mettre en valeur celui ou celle qui la porte mais aussi, et à son insu, un micromessage de disponibilité affective et/ou sexuelle que son inconscient dévoile comme je l'ai déjà évoqué dans un ouvrage consacré à la séduction.

Le nombre des combinaisons

La règle est la suivante : *p* bagues parmi *n* doigts, sans ordre et sans répétition. Soit le principe du loto. Une combinaison de deux anneaux sur les dix doigts des deux mains représente déjà 45 interprétations symboliques de base ; une combinaison de trois anneaux sur dix doigts représente une combinaison de 10 par 3, soit 120 combinaisons et ainsi de suite jusqu'aux dix dernières combinaisons de dix doigts par neuf bagues, ce qui nous donne en tout 1 012 combinaisons.

Je vous propose de découvrir succinctement les 45 combinaisons de deux bagues à dix doigts. Mais commençons au préalable par un bref tour d'horizon des bagues uniques.

L'auriculaire gauche.
Il débouche symboliquement sur l'enfance, le passé, le souvenir et aussi la mémoire.

L'annulaire gauche.
C'est le doigt de la passion, des émotions, de l'implication affective, de l'engagement amoureux ou de la capacité de s'investir ; c'est aussi le doigt privilégié par les nouveaux époux qui y glissent leur alliance.

Le majeur gauche.
Il représente l'estime ou l'image de soi, le rang social ou l'image publique. C'est aussi le doigt privilégié par les sujets narcissiques. Les majeurs gauche ou droit sont aussi ce qu'on nomme pudiquement les doigts d'honneur. On les expose agressivement par convention pour signifier à un interlocuteur qu'il aille se faire voir… Ce geste particulier découle d'un sentiment de frustration de la part du reproducteur. Il trahit aussi son besoin de castrer l'autre de son plaisir. Ce qui m'amène à penser que, mis à part la vulgarité du geste, les habitués du doigt d'honneur sont frustrés sexuellement et réagissent à cette frustration par une conduite castratrice, ce qui est tout à fait logique. C'est le doigt des rappeurs, un terme qui vient de l'américain « to rap » qui signifie « critiquer vivement » ! On peut comprendre que les rappeurs en abusent dans la mesure où leurs textes dénoncent les

travers de notre société à deux vitesses (voir aussi « Majeurs »).

L'index gauche.
Il représente l'image maternelle et la vocation, mais il symbolise aussi la jalousie, la possessivité ou le caractère envieux d'un sujet qui orne son index gauche d'une bague à l'exclusion de tout autre doigt.

Le pouce gauche.
Doigt du plaisir *largo sensu*, le pouce gauche est le support symbolique de la créativité, de l'imaginaire, de la sensibilité et de la sensualité.

Le pouce droit.
Doigt du désir, de la motivation ou du désir sexuel au sens plein du terme, le pouce droit est étroitement associé à l'index dans ses mouvements mais pas forcément dans ses parures.

L'index droit.
Doigt qui accuse, doigt de l'image paternelle, de l'affirmation, de la maîtrise de soi, de l'orgueil ou de l'autorité, l'index droit du droitier est la star des doigts.

Le majeur droit.
Le majeur droit est le doigt de l'organisation mentale ou intellectuelle, des talents cachés et surtout de la confiance en soi.

L'annulaire droit.
C'est le doigt des schémas volontaires, automatismes, volonté d'aboutir, ténacité, persévérance, volontarisme et velléité.

L'auriculaire droit.
C'est le doigt de la vanité, de la curiosité et de l'ambition. Orné d'une bague, il révèle un personnage plus ambitieux que la moyenne des gens et parfois aussi plus vaniteux ou prétentieux.

Les 45 combinaisons basiques

Pour les combinaisons de bagues qui suivent, j'ai utilisé le mode de traduction finalisé, qui m'a semblé plus intelligible que le mode interprétatif. Par exemple, la conjugaison de bagues sur l'auriculaire et l'annulaire gauches signifie en mode littéral : « J'aime mon passé ou mon enfance. » En mode finalisé, je traduirai cette formule par un profil nostalgique.

Les combinaisons auriculaires

Auriculaire et annulaire gauches.
Profil nostalgique.

Auriculaire et majeur gauches.
Estime de soi surinvestie et image publique primordiale.

Auriculaire et index gauches.
Se cherche une croisade ou une vocation.

Auriculaire et pouce gauches.
Il ou elle aime les vieilles pierres, les valeurs du passé, les plaisirs associés aux souvenirs ou à l'histoire.

Auriculaire gauche et pouce droit.
Sa motivation est étroitement liée à sa famille ou à ses racines.

Auriculaire gauche et index droit.
Sujet vindicatif et autoritaire.

Auriculaire gauche et majeur droit.
Il se méfie de tout le monde.

Auriculaire gauche et annulaire droit.
Il ou elle refuse de vieillir.

Auriculaire gauche et auriculaire droit.
Elle est mystique, exaltée, fanatique ou déconcertante, revendicatrice ou conflictuelle, intransigeante ou étrange.

Les combinaisons annulaires
Annulaire et majeur gauches.
Personne très concernée par l'impact séducteur de son image publique.

Annulaire et index gauches.
Sujet possessif et/ou passionné.

Annulaire et pouce gauches.
Sujet superstitieux, hypersensible, émotif, fragile, romanesque.

Annulaire gauche et pouce droit.
Tempérament passionné.

Annulaire gauche et index droit.
Cherche à maîtriser son entourage.

Annulaire gauche et majeur droit.
Confiance en soi perturbée.

Annulaire gauche et annulaire droit.
Fidèle, bénévole et compassionnel. Sur 100 femmes observées, j'en ai repéré 17 qui portaient un couple de bagues aux annulaires. Elles détenaient le score le plus important de toutes les combinaisons de deux bagues.

Annulaire gauche et auriculaire droit.
Besoin insatiable de passions diverses et variées.

Annulaire et auriculaire droits.
C'est la candidate idéale pour booster la carrière d'un futur président de multinationale.

Les combinaisons majeures

Majeur et index gauches.
Femme jalouse, homme obstiné et possessif.

Majeur et pouce gauches.
La combinaison révèle un être démonstratif et surtout très épicurien.

Majeur gauche et pouce droit.
Sujet hypernarcissique !

Majeur gauche et index droit.
Comportements de soumission.

Majeur gauche et majeur droit.
Son degré de perfectionnisme à lui devrait se voir à l'œil nu.

Majeur gauche et annulaire droit.
Identification absolue à la classe sociale.

Majeur gauche et auriculaire droit.
Profil de l'opportuniste.

Majeur et annulaire droits.
Cérébral pur jus et râleur de première main.

Majeur et auriculaire droits.
Croit qu'il ou elle a toujours raison, surtout quand il ou elle a tort.

Les combinaisons index
Index et pouce gauches.
Il est jaloux et elle est envieuse.

Index gauche et pouce droit.
Un peu tyrannique sur les bords.

Index gauche et index droit.
Très possessif et très despotique.

Index gauche et majeur droit.
Manipulateur, il est aussi très méfiant.

Index gauche et annulaire droit.
Accapareur et possessif.

Index gauche et auriculaire droit.
Tempérament joueur.

Index et majeur droits.
Sur la défensive en permanence et inquiet de nature.

Index et annulaire droits.
Volonté de dominer clairement affichée.

Index et auriculaire droits.
Essentiellement concerné par sa carrière ou sa sécurité financière.

Les combinaisons pouces

Pouces gauche et droit.
Indocile, courtisane de naissance et très festive.

Pouce gauche et index droit.
Égotiste et peu concerné par vos problèmes.

Pouce gauche et majeur droit.
Daydreamer (utopique).

Pouce gauche et annulaire droit.
Très daydreamer et pas du tout branché(e) sur les réalités quotidiennes et/ou les petites misères de la vie.

Pouce gauche et auriculaire droit.
Impatient, prodigue et fan de magazines people !

Pouce et index droits.
Très festif ou festive.

Pouce et majeur droits.
Plus cérébrale que sensuelle ou créative.

Pouce et annulaire droits.
Très ado, provocante ou provocateur.

Pouce et auriculaire droits.
Opportuniste et passionné par l'avenir qui l'attend.

Des codes gestuels génériques à retenir

Elle passe son temps à retirer sa bague pour la passer d'un doigt à l'autre.
Ce geste exprime une colère implicite. Elle n'aime pas remettre en question les certitudes auxquelles elle se raccroche.

Il fait tourner sa bague ou son alliance autour de son doigt.
Une séquence qui indique une désillusion ponctuelle ou une attitude de découragement. Le sujet est en train de zapper.

Si elle porte deux ou trois bagues à chaque main…
Opportuniste, voire carriériste, elle est fortement concernée par sa carrière professionnelle ou celle de ses amours.

Si elle porte quatre ou cinq bagues à chaque main…
En gros, elle est obsédée par les biens matériels. Les individus qui affichent autant de bagues sont des consuméristes avertis. Extravagant et excentrique ! Les vrais faux artistes aiment le genre bijouterie ambulante. Peu de talent mais un vrai sens des affaires et une fringale sexuelle hors normes ! Il faut dire que le stress qui les tient par la main justifie la fringale.
Le sexe est clairement anxiolytique, tout le monde sait ça.

BÂILLEMENT (le)

Habituellement, le bâillement est un signe de fatigue. On bâille aussi quand l'estomac crie famine. Cependant, il existe des bâillements qui expriment une agressivité passive, d'autres qui incarnent l'ennui.

À la manière de…

Votre interlocuteur bâille la bouche fermée.
Un bâillement qui évoque un scepticisme militant.

Votre interlocuteur bâille la bouche grande ouverte.
Le bâillement sans voile est une attitude de mépris doublée d'un manque d'éducation.

« Je trouve votre idée tout à fait géniale », dit-il en réprimant un bâillement.
Le sens totalement méprisant du bâillement associé à un compliment ne devrait plus vous échapper dorénavant.

Votre interlocuteur bâille à plusieurs reprises en couvrant sa bouche du dos de l'une de ses mains à demi refermée.
Le bâillement répétitif, paume par-devant, est un signe d'ennui.

Votre interlocuteur bâille souvent en dissimulant sa bouche du bout de ses doigts et en tapotant ses lèvres.

Comme si les doigts intimaient l'ordre à la bouche de se taire pour ne pas relancer un débat qui s'enlise.

Votre interlocuteur bâille en dissimulant sa bouche de son poing.
C'est une attitude d'hostilité non déclarée !

Le bâillement est aussi contagieux que le fou rire. Pourquoi ? Parce qu'ils sont l'un comme l'autre une sorte de pacte de non-agression ou d'hostilité différée, au choix.

BAISER (le)

Le baiser fait partie de la panoplie des conventions sociales de notre époque. On embrasse ses amis, les amis de ses amis quand on les rencontre ou quand on les retrouve et on finit, dans la foulée, par embrasser tout le monde quand on s'en va. Le sens primaire du baiser social indique, en théorie, un élan de sympathie d'une personne envers une autre, qu'elle soit de même sexe ou de sexe opposé. Vous remarquerez que vous n'embrasserez pas, en principe, une personne avec laquelle vous venez de passer la soirée si celle-ci ne vous a témoigné aucun intérêt ou si elle vous est antipathique. Le baiser social est avant tout une marque de sympathie adressée à un(e) inconnu(e) ou à une connaissance de fraîche date.

Hiérarchiquement, le baiser représente le degré au-dessus de la poignée de main. Cependant, certains baisers sociaux sont des signaux de rejet. D'autres, en revanche, sont à ce point ambigus qu'on peut se poser des questions quant aux intentions effectives de l'embrasseur. Le bisou dans le vide, par exemple.

Pourquoi quatre bisous et pas un, deux, trois ou dix ? La mode franco-française des quatre baisers est assez récente. Elle serait une réaction sociale à la montée de l'insécurité. Embrasser l'autre, c'est créer les conditions d'un pacte de non-agression. D'où la manie d'embrasser tout le monde, y compris les inconnus au bataillon ! Solliciter un pack de quatre bisous est une manière d'enterrer la hache de guerre avant l'ouverture éventuelle des hostilités. Cette coutume est d'ailleurs très « rat des villes ». On embrasse beaucoup moins à la campagne où la poignée de main reste en vigueur, voire le bonjour à distance. Dans un pays en guerre comme l'Irak, les Bagdadiens s'embrassent huit fois, car ils pourraient ne plus se revoir.

BALANCER (se)

Le simple fait de se balancer sur sa chaise indique un sentiment d'insatisfaction ou de frustration. Les écoliers se balancent volontiers sur leurs sièges quand l'ennui les prend ou quand l'aiguillon de la récré leur rappelle à quel point les cours sont soporifiques. Les rocking-chairs sont l'équivalent des chevaux à bascule, ils s'adressent aux vieux enfants qui veulent se vider l'esprit ou évacuer leurs angoisses. Il est vrai que le balancement du rocking-chair rappelle la balancelle du stade fœtal.

BAS-VENTRE (le)

Sur le plan symbolique, le bas-ventre est le siège de l'angoisse de la castration. J'y ajouterai aussi celui des pensées parasites et polluantes.

Quelques gestes typiques

Assis, il croise ses doigts sur son bas-ventre comme s'il avait besoin d'un suspensoir pour protéger son sexe.

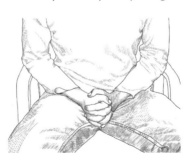

Il s'agit d'un geste inconscient coutumier chez les individus enrobés, ceux qu'on nomme aussi les bons vivants. Il révèle effectivement un besoin de protéger le bas-ventre d'une agression éventuelle, fût-elle verbale.

Votre interlocuteur marche les mains nouées sur son bas-ventre. Cette démarche est un grand classique des attitudes d'échec. Les mains nouées sur le ventre ou plus bas (tout dépend de la longueur des bras) représentent symboliquement une entrave à la marche. Attitude corporelle courante chez les retraités ou les personnes désœuvrées, elle devient un véritable virus si vous fréquentez un individu qui la privilégie. C'est la démarche du porte-poisse.

BICEPS (les)

Symboles de la force mâle dans l'esprit populaire, les biceps participent au langage gestuel en tant que figurants de l'attitude des bras croisés. Le biceps droit représente le dynamisme et le biceps gauche l'instinct de survie.

Le double ancrage des biceps

Le double ancrage des biceps est un signal fort, une demande de protection massive face à une situation perçue comme étant désespérée. Les pinces pouce-index étranglent les biceps de chaque côté. On le constate plus souvent quand le sujet observé croise les bras. Les femmes enceintes reproduisent cet ancrage, les hommes enrobés aussi. Quel est le rapport ? Le croisement des bras est un mode gestuel de protection du territoire. Les personnes en surpoids sont handicapées par leurs rondeurs et cherchent à se protéger symboliquement. Les individus qui se savent condamnés par une maladie incurable croisent les bras de cette manière.

On peut aussi reproduire ce code pour se « pharaoniser » inconsciemment. Je m'explique. Les individus atteints de maladies graves ou en fin de vie ne croisent plus les bras en coinçant les mains ou en étranglant les biceps. Ils expriment involontairement leur faiblesse de cette manière.

Le biceps gauche

L'ancrage unique du biceps gauche de la main droite (hors de la posture des bras croisés) est un aveu quand il est reproduit avec constance : « Je suis un perdant » est le sens symbolique de ce geste. L'immobilisation de cette défense cruciale et identifiée comme telle dans notre patrimoine héréditaire est un véritable sabordage des mécanismes de survie.

Le biceps droit

L'ancrage unique du biceps droit par la main gauche (hors de la posture des bras croisés) est une entrave à l'action. « Je me sens incapable d'agir ou de réagir. »

BOIRE (les manières de)

Êtes-vous un buveur olympique ou un buveur qui savoure son petit café noir du matin sans se stresser ? La vitesse ou la manière dont vous avalez votre café, montre en main, équivaut à la manière dont vous gérez votre temps.

Vous videz à petits coups votre tasse en scrutant le fond. Vous êtes probablement fataliste. La journée qui s'annonce sera identique à la précédente et pareille à la suivante. Le marc de café ne vous apprendra rien de plus.

Vous avalez votre café cul sec.
Alcoolique de travail et toujours sur la touche, vous êtes prêt à attaquer la journée avec une pêche d'enfer.

Vous tournez la cuillère en regardant autour de vous.
Vous laissez votre café refroidir avant de l'avaler avec une grimace d'amertume.
Vous êtes négligent.

Quelques clichés en guise d'apéro

Il soulève sa tasse de café en maintenant l'anse du pouce et de l'index et en relevant son auriculaire droit de manière affectée.
La polémique est son champ de bataille.

Toujours très pressé après avoir commenté l'actualité durant plus d'un quart d'heure, montre en main, il vide son verre de bière d'un trait et disparaît sans un au revoir. En tout état de cause, celui qui vide son verre de bière d'un trait est plutôt pressé d'arriver au but sans prendre le temps d'y parvenir. C'est le lièvre de la fable. Il mesure la distance avant de l'avoir franchie. Celui qui prend le temps de savourer sa bière ou son verre de vin franchit la distance avant de la mesurer. Cette interprétation ne s'applique évidemment pas à l'individu observé qui avale sa bière à grandes gorgées en cas de forte chaleur.

Quand il boit son petit café du matin, il oublie souvent d'enlever la cuillère qui lui rentre systématiquement dans l'œil.
Cette maladresse trahit un individu mal organisé.

Il boit son café alternativement de la main droite ou gauche indifféremment.
C'est un signe de perturbation des humeurs auquel nous ne sommes jamais assez attentifs. Généralement, on utilise toujours la même main pour soulever sa tasse de café.

Il boit sa bière ou son soda au goulot de la bouteille.
L'attitude est régressive si les verres sont disponibles. Elle est typique d'un adulte qui rêve de retourner au biberon.

BOUCHE (la)

Le saviez-vous ? Je suis sûr que non. Votre degré de confiance en vous est fonction de la fréquence des mouvements de vos lèvres, donc d'une animation liée à leur richesse mimique. Plus vos lèvres sont figées quand vous vous exprimez, moins vous avez confiance en vous. Ce qui entraîne inconsciemment le besoin de cacher votre bouche. N'ayez pas peur d'articuler quand vous parlez, vous éviterez ainsi spontanément de dissimuler vos lèvres, votre degré de confiance en soi reprendra très vite du poil de la bête.

Les gestes stars de la bouche

Votre interlocuteur appuie sa bouche contre le dos de ses doigts, la paume tournée vers l'extérieur, coude en appui.

Imaginez ce geste dans un contexte tout différent ! L'enfant qui craint d'être giflé. Attitude hésitante de la part d'un sujet qui refusera de prendre parti ou qui se sent prisonnier d'une situation sans issue.

Votre interlocutrice a tendance à resserrer sa bouche en cul de poule.

Attitude de refus (et non de dégoût) caractérisée.

Votre interlocuteur vous écoute la bouche légèrement entrouverte.
La bouche entrouverte est vulnérable aux mauvais esprits (les mots manipulateurs) qui pourraient pénétrer le corps par cette porte. Car on n'écoute pas uniquement avec les oreilles, on entend aussi les sons par la bouche. Les individus qui conservent souvent la bouche entrouverte sont plus influençables que ceux qui conservent les lèvres zippées. Les hypnotiseurs de spectacle choisissent leurs sujets d'expérience en fonction de ce critère, notamment.

La bouche (voire le visage en entier) de votre interlocuteur grimace constamment.
Il affiche son malaise de manière très mimétique sans pour autant le verbaliser.

Votre interlocuteur dissimule sa bouche derrière sa main refermée en cornet (droite ou gauche), coude en appui.

La main en cornet est une sorte d'entonnoir destiné à empêcher les pensées de se verbaliser. Ce refrain gestuel alternatif trahit une hostilité authentique et parfaitement prédictive. La main droite en cornet est le signe d'un sens critique très négatif. La main gauche en cornet est la traduction gestuelle d'une antipathie non déclarée.

Votre interlocuteur, coude en appui, dissimule et écrase sa bouche avec la paume de l'une de ses mains.

Premier cas de figure : le bâillon symbolique obture toute possibilité de dialogue. Il ferme littéralement le poste en s'empêchant d'ouvrir la bouche. Deuxième cas de figure : l'audace de rompre un silence protecteur (ou d'interrompre un ou plusieurs interlocuteurs inconnus) s'accompagne automatiquement d'une autorépression gestuelle de la bouche. C'est une règle qui ne souffre pratiquement aucune exception. Cette séquence gestuelle vient de la prime enfance et de l'index caricatural (« chut ! ») qui était censé souder les lèvres trop bavardes. Utilisé dans un contexte différent, ce geste indique une autocensure verbale doublée d'une activité mentale réfractaire (objection mentale) aux propos ou aux arguments énoncés. Troisième cas de figure : vous bâillonnez votre bouche quand vous relisez votre prose, votre courrier ou votre rapport sur l'écran de votre PC. Le bâillon en circuit fermé sert à empêcher la pensée d'interférer, ce qui permet à votre esprit critique de monopoliser votre attention. Se relire, c'est se détacher de soi afin de retrouver une objectivité impossible au moment de la création proprement dite.

Ils dissimulent le mouvement de leurs lèvres d'une main en paravent.

Les hommes (et les femmes) politiques qui souhaitent confier discrètement certains détails, en public ou sous le feu des caméras de télévision, savent que les commentateurs politiques utilisent des spécialistes de la lecture des lèvres pour décoder leurs propos. C'est sans aucun doute la raison pour laquelle ils dissimulent leur bouche pour se confier face aux caméras. Généralement, les individus qui dissimulent leur bouche derrière le paravent des mains sont des commères, des fanatiques de Radio Couloir.

Votre interlocuteur dissimule sa bouche sous la pince pouce-index ouverte, comme s'il bâillonnait le bas de son visage, coude en appui.

Votre collègue vous trouve trop poli pour être tout à fait honnête, raison pour laquelle il protège d'ailleurs ses gencives d'un mauvais coup virtuel. À gauche, il se protège de votre pouvoir de persuasion. À droite, il prend vos mesures et recherche le meilleur moyen de vous contrer.

La bouche de votre interlocuteur est généralement zippée.
Il refuse inconsciemment de se livrer et conserve souvent les lèvres pincées et non tout simplement closes.

BRAS (les)

Le bras gauche est le bras de la liberté de croire, il représente le degré d'autonomie d'un individu qui le privilégie dans son expression gestuelle. Le bras droit est le bras moteur du droitier ou bras de la liberté d'agir.

Les bras immobiles

Quand le psychisme est troublé, les bras restent figés contre le corps. La liberté d'agir et de penser est réprimée. Faisant référence aux enfants de Vukovar, Boris Cyrulnik analyse cette attitude réactionnelle de la manière suivante : « Le déni poussé jusqu'à provoquer une sensation de vide leur permet de ne pas souffrir, mais les empêche de créer une vie psychique. Ils déambulent de manière stéréotypée pour créer quand même un ersatz de vie. Le vide psychique est une défense pour eux. »

Certains individus marchent en collant le bras gauche contre le corps tandis que le droit se balance au rythme de la marche. Cette attitude est visible au sein des groupes religieux sectaires. On peut également l'apercevoir chez des populations soumises à des dictatures d'État ou à un régime policier. Ils n'ont pas la liberté de croire ou de remettre en question leurs opinions.

En revanche, la démarche qui génère une immobilisation du bras droit se remarque surtout chez les personnes désœuvrées, les SDF et certains chômeurs de longue durée. Leur liberté d'agir est incarcérée dans l'incapacité d'entreprendre.

La démarche d'Hitler trahit la conduite psychotique du personnage.

Les bras en mouvement

S'il vous arrive d'observer le balancement des bras des promeneurs dans un endroit public, vous constaterez très vite que la majorité des bras sont libres et que les bras collés au corps sont assez rares, ce qui est un signe de bonne santé mentale de la société occidentale. Hélas, ce constat change du tout au tout dans les pays déstabilisés par un état de guerre ou dans les pays pauvres. Il suffit de s'aventurer dans une cité de banlieue pour se rapprocher de l'observation faite sur ces pays, comme si les structures sociétales de ces lieux défavorisés étaient en proie à la psychose collective de l'insécurité totale. Les bras cessent de se balancer quand la liberté d'agir ou de penser est prise en otage par l'ignorance, la misère et la délinquance. L'amplitude de balancement est contrainte, voire nulle, ou alors elle est exagérée, comme chez les militaires à la parade. En tout état de cause, elle ne se manifeste jamais de manière naturelle.

Certains individus sont incapables de marcher dans la rue sans glisser les mains dans leurs poches pour immobiliser leurs bras.

Un prof qui cache systématiquement ses mains dans les poches de son pantalon pour s'adresser à ses élèves signale implicitement son malaise. Il est prisonnier de sa peur.

La jeune adolescente qui se promène avec ses copines les bras cassés à angle droit et les poignets mous exprime son malaise de femme en devenir.

Elle est prisonnière de cette révolution physiologique à laquelle elle aspire mais qui la dépasse. Le poignet mou ne disparaît pas toujours avec l'âge adulte. Certaines femmes ne peuvent s'empêcher de la reproduire dès qu'elles se sentent mises en situation d'examen.

> Le mouvement adopté par les bras d'un sujet ou d'une population de référence est une observation essentielle qui vous permet d'estimer le niveau de liberté mentale ou effective de ceux qui vous entourent.

Le bras d'honneur

Le recours à ce geste conventionnel trahit un individu au tempérament envieux, intellectuellement limité et dont la libido est restée bloquée au stade anal.

Il écarte les deux bras tout en tenant rituellement ses lunettes refermées dans sa main droite ou gauche.

On n'écarte jamais les bras pour rassembler, mais bien pour exclure. Les lunettes refermées trahissent un individu virtuellement aveugle.

Votre interlocutrice, en position assise, lève souvent ses bras en extension au-dessus de sa tête d'un air nonchalant.
C'est une vilaine menteuse qui vous dira la vérité d'une manière tellement tirée par les cheveux qu'elle vous paraîtra à peine croyable.

Les ovations

Il lève les deux bras en l'air sous les ovations.
Style du despote démocrate.

Il se serre les mains, bras en l'air, sous les ovations.
Littéralement : « Je vous félicite de me plébisciter ! » Sans rire !

Il lève les bras en l'air sous les ovations et ferme les poings.
Style du tribun agressif ou caractériel.

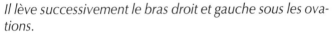

Il lève régulièrement le bras droit sous les ovations.
Style du tribun intello.

Il lève régulièrement le bras gauche sous les ovations.
Style du tribun combatif et émotif.

Il lève successivement le bras droit et gauche sous les ovations.
Style du tribun rêveur et surtout instable !

Il lève les deux bras au ciel sous les ovations, index et majeurs tendus en V, geste qu'il réédite toujours face à ses militants.

Il existe différentes façons d'accueillir les ovations en levant les deux bras, mais toutes sont une caractéristique des démagogues.
Statistiquement, la reproduction de ce geste, en tant que code gestuel conventionnel, s'observe généralement chez les individus disposant d'un pouvoir absolu(ment) démocratique, évidemment. Les V pour victoire peuvent aussi se traduire par un double V pour vaincu d'avance.

Il retient les mains de ses voisins, bras levés vers le ciel pour accueillir les ovations des militants.

Une bonne façon d'associer son succès à ses amis ou de faire rentrer dans le rang des ennemis potentiels. « Si nous nous serrons les mains face au public, c'est que nous sommes d'accord sur tout, n'est-ce pas ? » Le dissident ne peut qu'approuver gestuellement son retour au bercail. Et voilà le travail ! Un bras levé est aussi un signe de ralliement.

Il agite sa main droite ou gauche ouverte doigts collés.
Cette attitude trahit un individu rigide et peu créatif. Il ne sera jamais ouvert à la remise en question de ses préjugés. Si les pouces sont en érection, décollés du reste des doigts, ce mode indique un individu fortement impliqué dans ses motivations et le plaisir qu'il en retire. Si les pouces sont collés, il affirme sa psychorigidité.

Le poing levé

Signe de force, de violence et d'agressivité, l'homme serre les poings symboliquement quand son destin lui est contraire ou quand il veut réveiller sa combativité ou celle des autres. La reproduction démultipliée de ce code gestuel réflexe trahit une incapacité à faire passer le message ou à passer à l'acte, le moment venu. Il solde sa combativité un peu comme toutes ces gentilles personnes qui vous quittent en vous souhaitant : « Bon courage. » Un pseudo-combatif mais un vrai dépressif.

Autres postures

Il lève les bras en l'air et replie les avant-bras tout en cachant ses mains derrière sa nuque.
Posture du papillon qui vole de fleur en fleur sans jamais prendre le temps de se poser quelque part. Il n'y a pas de pire menteur que celui qui croit sincèrement qu'il dit la vérité. Le papillon est aussi infidèle à ses amis qu'à ses amours.

Les bras cassés en pattes d'araignée sont accrochés au lutrin.

Ils expriment une agressivité larvée. Les yeux baissés en permanence sur le texte de son discours, le tribun refuse d'affronter le problème évoqué autrement qu'en paroles.

Elle se contorsionne les avant-bras pour permettre à ses doigts de s'entrelacer, paumes dos à dos.

Il s'agit là d'une position inconfortable, mais ô combien suggestive ! Le geste indique une demande de relation amoureuse très fusionnelle de la part d'une demoiselle très infantile.

Les bras dans la démarche

Les hommes marchent les bras écartés, les femmes gardent les bras au corps, les avant-bras se décollant à partir du coude. L'homme qui collent ses bras au corps est efféminé (voir la démarche de Michel Serrault dans *La Cage aux folles*[1]), la femme qui écarte les bras de son corps aura une attitude plus virile.

Le bras caché

---
1. *La Cage aux folles*, Édouard Molinaro, Italie et France, 1978.

J'ai aussi noté que certains individus avaient tendance à replier un seul de leurs bras derrière le dos, cachant ainsi la main correspondante.

Cette attitude particulière mérite le détour dans la mesure où elle s'exprime quand le sujet observé est en situation d'examen ou d'exception. Si c'est la main gauche qui est cachée, il tente de contrôler ses émotions. S'il s'agit de la main droite, il craint de perdre le contrôle de la situation.

BRAS CROISÉS (les)

Le croisement des bras est un refrain gestuel invariable. Si vous croisez le bras droit sur le gauche, il vous sera impossible de croiser le gauche sur le droit. Faites-en immédiatement l'expérience et vous découvrirez un phénomène étonnant ! Nous avons tous un bras dominant et un bras dominé, quelle que soit au demeurant notre latéralité, gaucher ou droitier. Le bras dominant est celui qui couvre l'autre, évidemment.

Quel est votre bras dominant ?

Les bras croisés sont apparentés à l'image scolaire de l'enfant sage. Le geste est censé apaiser la révolte qui gronde au sein de la classe. Il faut verrouiller de manière la plus hermétique possible le besoin de liberté de l'enfant en lui imposant une attitude caractéristique proche de l'enfermement. Ce faisant, on introduit un automatisme de protection dont l'adulte se servira involontairement pour signaler sa soumission à son inter-

locuteur. Cette pseudo-soumission est souvent addition-
née d'un refus du dialogue et d'un sentiment de méfiance
clairement affiché. L'attitude en question est aussi pol-
luante pour le climat mental que le fait de croiser les jambes à tout bout de champ l'est pour les chaînes
musculaires de la partie inférieure du corps.

La confiance en soi

Le second territoire de l'homme, c'est sa confiance en
lui. Le premier est l'estime de soi et des autres. Sa capacité à réussir dépend essentiellement de ce second territoire exposé à toutes les pollutions. Le mode de gestion
ou de défense du territoire mental est symbolisé, *a priori*,
par le refrain gestuel réflexe du croisement des bras. Il
est le premier de tous les modes de communication gestuelle et sans doute le plus important, le plus courant et
le plus banal. Les raisons qui favorisent sa reproduction
sont multiples :
– le doute et l'insécurité,
– l'impression d'invasion verbale,
– la peur de se faire rouler,
– l'attente ou l'ennui,
– face à un collègue bavard qui vous accapare ou dispose
de vous sans se soucier du temps perdu, du style : « Je
me suis dit que… Je me demande si vous ne pourriez
pas… »,
– quand vous ressentez une hostilité envers l'autre ou de
sa part, les bras croisés ont la même valeur que les jambes
croisées en mode répulsif (voir la section consacrée aux
jambes croisées),
– quand l'autre vous impressionne.

L'agressivité verbale d'un interlocuteur entraînera presque automatiquement le croisement des bras. Mis en situation d'examen, vous protégez immédiatement votre territoire mental (siège de la confiance et de l'estime de soi, pour mémoire) en croisant les bras. Face à un interlocuteur qui détient un pouvoir d'influence ou de nuisance, le croisement des bras est une barrière dérisoire mais obligée. Tel est le lien de cause à effet qui institutionnalise cette réaction corporelle archibanale et pourtant essentielle.

À l'instar du territoire physique, le territoire mental individuel est un espace sacré, un sanctuaire, dont le rôle consiste à défendre les idées, les projets, le credo ou la foi du sujet. La fréquence du croisement des bras est un signal fort et surtout prédictif du climat mental à la conscience. Il faut y être attentif, car il signifie que la confiance en soi est ébranlée et/ou que l'estime de soi est fragilisée.

Nombre de femmes se promènent dans les endroits publics les bras croisés. Cette manie est typiquement féminine (les hommes ne croisent les bras qu'en face à face). La confiance ou l'estime de soi de ces femmes est-elle perturbée ? Les comédiennes reproduisent d'instinct cette attitude quand elles jouent une scène conflictuelle prévue dans le scénario. Je crois que cette manie révèle effectivement l'intrusion d'un conflit avec son corollaire, l'apparition du doute. Quand la confiance/estime de soi vacille, les bras se croisent. Il ne faut pas empêcher les bras de se croiser, mais prendre conscience de la reproduction instinctive de ce mouvement. C'est un signal qui indique toujours, et sans exception, une invasion du territoire mental. Il en résulte logiquement que les personnes qui croisent systématiquement les bras sont plus influençables ou plus impressionnables.

Les bras croisés en permanence

L'attitude est clairement oppositionnelle. Cette attitude, qui est voisine de la conduite de revendication, indique surtout une déflation de la confiance/estime de soi, une attitude de méfiance absolue. (Je vous renvoie aux fiches du profil offensif et du profil défensif.)

Quelques figures des bras croisés

Ses deux bras sont croisés sur sa poitrine et suspendus aux épaules.
Il ou elle tire parfois des plans sur la comète. Superstition, quand tu nous tiens !

Bras croisés, la main droite agrippe le coude gauche et la main gauche enveloppe le biceps droit (ou vice versa).

Le déséquilibre des prises est une manière d'exprimer inconsciemment son manque de conviction.

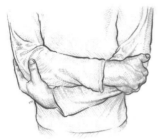

Votre interlocuteur enve-
loppe ses coudes lorsqu'il
croise les bras.
Signe de frilosité, au sens
péjoratif, évidemment.

Votre interlocuteur croise les bras en serrant les poings
contre ses flancs.
Le simple fait de serrer les poings dans
un cadre professionnel est en soi un
signe d'hostilité. Mais aussi de lâcheté.
Ce mode de croisement est le propre
des Tartarin.

BUSTE (le)

L'orientation naturelle du buste est une observation classique en psychoanatomie[1]. Il se comporte comme une
girouette face au vent social du stress. Quand le buste
s'efface vers la droite, cette rotation subtile signale une
préparation à l'attaque verbale ou physique. Le corps se
ramasse à droite avant de bondir (virtuellement) sur
l'adversaire. Imaginez un coup de poing ! Il a besoin du
recul de l'épaule pour être asséné avec violence. L'effacement du buste vers la gauche trahit une velléité de
fuite, même si votre adversaire vous donne l'impression
d'un engagement total. Évidemment, il faut vérifier sa

---

1. Autre appellation de l'observation gestuelle.

latéralité, si vous en avez le temps, car un gaucher exercera une rotation vers la gauche pour attaquer et fuira par la droite. La fuite n'est pas le terme exact. La rotation à gauche du buste du droitier indique toujours un désengagement prédictif tandis que la rotation vers la droite confirme une implication ou une adhésion.

Les quatre points cardinaux

Quand votre interlocuteur a tendance à projeter son buste en avant, il a peur d'être récusé ou censuré. Il se met en position d'infériorité. « J'ai besoin de vous ou de votre aide, » sous-entend-il, ou « je vous trouve sympathique, » dit ce corps de votre collègue.
Le buste en retrait, dos collé au dossier de la chaise, trahit un besoin de prendre du champ ou la peur de perdre son libre arbitre.

Si le buste de votre nouvelle stagiaire est souvent penché vers la droite quand elle s'assoit face à vous, vous pourrez en déduire qu'elle fait le maximum pour s'investir dans le job qui lui a été confié.

En revanche, si son buste penche souvent à gauche quand elle est assise en face de vous, ses émotions sont déstabilisées, peut-être parce que la fonction qu'elle occupe ne lui plaît qu'à moitié.
Toute personne assise de trois quarts sur son siège est prête à vous quitter séance tenante, même si elle vient d'atterrir sur sa chaise. Il s'agit là d'une attitude caractéristique, voire caricaturale, de pseudo-fuite.

Le tour de reins

Le buste est une partie corporelle globale qui ne s'exprime que par ses contorsions, ses orientations ou ses décorations (ces tatouages très en vogue, en ce moment). Sachez tout de même qu'un tour de reins intervient souvent quand on a foulé aux pieds des traditions qu'on respectait par la force de l'éducation. C'est le prix à payer. Les ceintures lombaires en cuir que portent certains hommes forts (les déménageurs notamment) peuvent être justifiées par la pénibilité d'un métier, mais elles sont aussi liées à une fragilité des muscles lombaires. J'ai aussi remarqué que les individus sujets à des tours de reins à répétition sont souvent plus têtus que la moyenne des gens. Les reins (en tant que bas du dos) sont le siège symbolique de l'obstination, mais aussi de la versatilité qui est son image miroir.

Le buste BD

Le buste est un lieu de tatouage privilégié par les hommes et les femmes BD. Cette appellation est de mon cru, elle désigne un individu qui rêve sa vie à l'abri d'un corps œuvre d'art, mais dont le moi est sacrifié au profit de l'apparence du soi. Le soi est le reflet idéal du moi. Une image publique (ce que Jung nomme la persona) qui lui permet d'exister aux yeux des autres. Le tatouage est essentiel, car il représente l'image d'Épinal du tatoué. Il existe sans doute une autre raison à cette obsession du buste BD : « Plein à l'extérieur, vide à l'intérieur ! » dit le dicton populaire. « Qu'on admire ou qu'on rejette mon corps, j'existe aux yeux des autres. » Le tatouage pourrait être la succursale externalisée d'une vacuité ou d'une carence affective profonde.

C

Que seraient les mots sans les gestes ?
Des bulles de BD sans dessins !

CARESSES (les)

La caresse est la première de toutes les marques d'amour que chaque individu intègre dans ses références affectives dès la naissance.

On observe souvent des personnes se caressant distraitement. La caresse que vous vous prodiguez est plus souvent celle que vous espérez susciter chez la personne qui vous fait face et que vous tentez de séduire subtilement.

D'autre part, caresse et créativité sont voisines de palier dans l'inconscient. La première enclenche souvent le processus qui éveille la seconde.

Quelques figures

Une inconnue qui se caresse le dessus de la main gauche de la droite ou l'inverse (la main en levrette) mime sans le vouloir expressément son goût pour la même position reprise dans le Kama-sutra.

Elle se caresse distraitement les cuisses d'un mouvement régulier d'aller-retour.
Le geste parle de lui-même. La mimique de la pénétration est évidente.

Elle se caresse ou fait mine de se caresser les fesses en passant les mains à plat sur son jeans.
Elle exprime son besoin de sexe.

Elle se caresse ou se masse la nuque.
Une manière de prendre du recul avant de s'engager.

CERVEAUX (les)

Comme vous le savez déjà, le cerveau gauche (le cerveau yin) contrôle la moitié droite du corps tandis que le cerveau droit (le cerveau yang) contrôle la moitié gauche du corps. Ce croisement des commandes corporelles demeure un mystère. Du cerveau gauche dépend la parole. Il est rationnel, fonctionnel, temporel et pratique. Le cerveau gauche (dit cognitif) est donc droitier. Quant au cerveau droit, il est considéré comme étant le siège des intuitions, du sens de l'espace, de l'imaginaire et du sens créatif. Il est dit affectif et commande la partie gauche du corps. Adam Smith, ethnologue et philosophe célèbre, explique que chaque culture dans le monde, que ce soit sur des bases physiologiques ou non, a mis en évidence cette séparation fondamentale des choses. Notez que le droit représente la loi et l'ordre et un héritier de la main gauche est un héritier illégitime. Les aborigènes australiens portent un bâton « mâle» dans la main droite et un bâton « femelle» dans la main gauche. Le côté droit représente le père ou l'activité et le côté gauche représente la mère, l'aspect passif, chez nombres de tribus primitives, que ce soient chez les Mohaves, les Bédouins ou les Bantous.

Partant de ces constats, entre autres, j'ai posé l'hypothèse suivante : la partie droite du corps d'un sujet masculin et droitier appartient à une image paternelle intégrée dans son surmoi. La partie gauche, en revanche, est symbolique de l'image maternelle. L'homme droitier qui s'identifie à son image paternelle, dans la mesure où il est un homme comme son père, intégrera ses énergies positives (attractives) dans la partie droite de son corps et ses énergies négatives (répulsives) dans la partie gauche. La femme droitière, en revanche, intégrera ses énergies positives dans la partie gauche de son corps et ses énergies négatives dans la partie droite. N'est-elle pas une femme comme sa mère, au sens biologique du terme ? Pour les hommes gauchers, les images parentales doivent être inversées : l'image du père se situera à gauche et celle de la mère à droite. Pour les gauchères, même type d'inversion.

CHAÎNE CEIGNANT LA TAILLE

Il s'agit d'une sorte de chaîne aussi fine qu'un bracelet de poignet mais qui fait le tour de la taille. À l'instar du bijou dans le nombril, c'est assez peu courant sous nos latitudes mais fortement prisé dans les pays de soleil. Il est possible que la taille soit ceinte quand une femme a été traumatisée par sa grossesse et qu'elle souhaite retrouver virtuellement la taille de guêpe qu'elle avait étant plus jeune. En psychoanatomie, la taille est le siège symbolique de la soumission. Un bijou de ce type pourrait trahir une femme en recherche de soumission masochiste.

CHAÎNE LARGE AUTOUR DU COU

Elle correspond à un besoin d'agrandir son territoire pour échapper à l'étouffoir affectif d'une mère trop envahissante ou d'un père trop possessif, et vice versa. Par exemple, la chaîne au ras du cou est un indicateur d'une carence affective comblée, en partie, par un bijou narcissique. Elle est souvent prétexte à attirer l'attention sur la finesse d'une gorge ou la puissance des pectoraux, tout dépend du sexe de celui ou celle qui la porte.

Elle mâchonne sa chaîne ou le pendentif qui lui sert d'ornement.
La chaîne lui sert de tétine, donc de moyen de se rassurer.

Elle tend continuellement sa chaîne avec son index.
Elle étouffe symboliquement.

Elle tripote constamment le pendentif qui termine sa chaîne.
Elle se tâte, comme on dit, tout en exprimant un besoin de tendresse ou de sexe.

CHAPEAUX

Le chapeau est un artifice qui permet de gagner quelques centimètres pour les personnes de petite taille. Si vous êtes chauve et que vous estimez que votre crâne déplumé est un handicap majeur, choisissez un couvre-chef qui se marie idéalement avec votre style ou la forme de votre visage et portez-le le plus souvent possible.

Elle n'est pas chauve mais sa chevelure ne doit pas l'avantager autant que ses coiffures à large bord.
Tout le monde n'a pas la chance d'avoir un crâne photogénique.
Les adeptes du chapeau sont des personnages audacieux d'une prudence extrême. Une contradiction, en appa rence seulement.

CHAUSSURES (le langage des)

La mode des chaussures pointues à talons hauts est une menace pour la santé des pieds. Autrefois, certaines élégantes n'hésitaient pas à se faire trancher le petit orteil pour pouvoir enfiler ces chaussures. La pointe effilée de la chaussure féminine crée un profil fuselé et le haut talon modifie la position du pied, le faisant paraître plus court. Hors de ces extrêmes, les chaussures pointues reviennent systématiquement à la mode par période. Et ce n'est pas un hasard ! Ce phénomène correspond à une frustration sexuelle à laquelle nous sommes confrontés depuis l'avènement du sida.

Usure des talons !

L'usure des talons de nos chaussures est révélatrice de traits majeurs du comportement.

Usure des bords extérieurs des semelles.
C'est l'usure due à la démarche du cow-boy. Le sujet observé est soit caractériel, soit très combatif. L'un n'exclut d'ailleurs pas l'autre.

Usure des bords arrière des semelles.
Le sujet observé est plutôt influençable, d'où le besoin inconscient de freiner la marche.

Usure des bords intérieurs des semelles.
Il s'agit d'un individu timide et/ou renfermé.

Les chaussures à talons aiguilles.
Le port de chaussures à talons hauts, en déformant la position habituelle de marche, accroît le balancement de

la région postérieure lors de la locomotion et ce, dans un but de séduction évident.

Le fait d'ôter ses chaussures avant de pénétrer dans un lieu de culte
C'était dans l'Antiquité un acte d'humilité. Celui qui laissait ses chaussures dehors abandonnait sa liberté pour se soumettre au bon vouloir des dieux. Cette coutume a été reprise par les musulmans.

CHEVEUX (les)

Siège de l'image de soi, revalorisable à merci grâce à de fréquentes visites chez le coiffeur, les cheveux améliorent l'aspect esthétique du visage en lui offrant un cadre susceptible d'en gommer certains défauts. La chevelure est aussi considérée comme un moyen de rajeunir ou de conserver cette jeunesse qui nous fuit inéluctablement. On y investit ses émotions en les perdant parfois ponctuellement, en cas de deuil affectif, ou de manière définitive pour les hommes, quand la vie devient un parcours du combattant au quotidien ou une source de stress majeur.

Puissant signal de séduction, la chevelure est aussi un moyen de détecter le climat mental ponctuel dans lequel baignent les continents. De même en ce qui concerne la brillance du cheveu et l'état général de son apparence. En règle générale, la coiffure que vous adoptez est fonction de la météo de vos humeurs. Ce qui signifie que l'allure, la brillance, la santé de vos cheveux correspond à votre état psychologique.

Les leaders sont rarement chauves. Ils se considèrent comme responsables de leurs actes, de leurs succès ou de leurs échecs. Est-ce la raison pour laquelle une majorité d'entre eux conservent une chevelure grisonnante fournie au-delà d'un âge plus que mûr ? J'ai longuement évoqué cette curiosité capillaire dans mon précédent ouvrage : *Le Langage psy du corps*[1], car il y a là un vrai mystère. Certains de mes amis chauves se sont insurgés contre ma vision partiale des choses, mais aucun d'entre eux n'a jamais été confronté à la responsabilité suprême. Ce sont des créatifs, artistes ou écrivains. Je concluais mon propos en disant que « la calvitie précoce ou non est un trouble de l'homme qui pense, pas de l'homme qui agit ».

J'ai feuilleté plusieurs magazines économiques et repéré les clichés des chefs d'entreprises ou de groupes qu'on trouve généralement dans ce genre d'organe de presse, la très grande majorité des responsables d'entreprises privées (et non d'entreprises publiques) cités et exposés ont conservé une chevelure abondante ; je dirais, huit sur dix ! Existe-t-il un lien de causalité entre l'action responsable (il existe aussi des actions irresponsables, en politique par exemple) et les cheveux ? Ma proposition serait-elle tirée par... les cheveux ? Celui qui se fait des cheveux blancs a bien du souci à se faire, mais s'il s'en fait, des soucis, c'est qu'il pourra éviter de perdre ses cheveux. Ils blanchiront, mais resteront bien implantés sur son crâne. Par exemple, j'ai rencontré peu de patrons de librairies qui avaient perdu leurs cheveux. Ce sont des chefs d'entreprises hors pair.

---

1. Éditions J'ai lu n° 9247.

Des gestes et des cheveux

Elle rejette systématiquement ses mèches de cheveux en arrière et les coince derrière ses oreilles.

Elle se recoiffe le moral en libérant l'encadrement (les oreilles) de son visage. Mais quand une femme ramène régulièrement ses cheveux derrière ses oreilles, elle confirme son opportunisme. Il faut dégager les oreilles pour mieux saisir le passage des opportunités.

Elle rejette la tête en arrière pour replacer avec une certaine grâce une mèche de ses longs cheveux.

Une femme d'âge mûr qui porte les cheveux longs appartient au clan de celles qui refusent de vieillir et investissent temps et argent pour entretenir leur image de femme éternellement jeune.

Les mains relèvent les cheveux sur le sommet du crâne, ce qui oblige la poitrine à remonter d'un cran.

Le truc est vieux comme le monde. Tous les modèles de photos érotiques en usent et en abusent pour mettre leurs seins en valeur et contrebalancer les lois de la gravité. Ça marche toujours aussi bien quand il s'agit de séduire un homme. Geste séducteur popularisé par Brigitte Bardot dans le film culte *Et Dieu créa la femme*, il sous-entend une offrande érotique du corps. Les seins jaillissent et la taille s'affine, donnant au bassin un aspect d'amphore romaine.

Elle s'abîme dans la contemplation d'une longue mèche de cheveux qu'elle triture à quelques centimètres de son visage.

Voilà une manière bien féminine de créer une distance focale propice à l'installation d'une barrière entre elle et le reste du monde.

Il ébouriffe les cheveux de son collègue.
On ébouriffe les cheveux d'un enfant pour marquer l'affection que l'on éprouve pour lui. Ce geste signifie la même chose et indique le degré d'amitié ou de complicité qui lie deux personnes.

Votre interlocuteur se passe régulièrement la main sur le crâne comme s'il lissait ses cheveux défunts.
Il n'a pas la conscience tranquille.

Elle plonge tout le temps la main dans ses cheveux.
Individu narcissique qui recoiffe son moral.

Elle n'arrête pas de tripoter ses cheveux en faisant mine de les recoiffer.

Manie très courante chez les personnes impatientes ou les sujets très hystériques. Plus un individu accorde une importance gestuelle à ses cheveux en se les tripotant ou en replaçant continuellement une mèche rebelle, plus il appartient au profil épidermique, une catégorie de personnes dont la sensibilité et la susceptibilité sont à fleur de peau.

CHEVILLES (les)

« La cheville ouvrière » désigne une personne indispensable au sein d'une structure. « Il ne vous arrive pas à la cheville » est une expression qui consacre votre supériorité sur votre adversaire. Deux expressions idiomatiques qui traduisent bien le rôle essentiel des chevilles au niveau corporel.

La cheville droite est le siège de l'échec ou de la réussite. La cheville gauche est celui de l'anxiété. On la protège en croisant les doigts dessus, en position assise. Les chevilles prises ensemble représentent votre motivation. Si vous avez mal aux chevilles, il y a fort à parier que cette motivation a subi quelques revers récents ou que, tout simplement, vous êtes en période d'instabilité ou d'échec. Symboliquement, si on vous fait remarquer que vous avez les chevilles enflées, vous pourrez considérer que votre contempteur considère que votre motivation dépasse largement vos possibilités.

Peur d'échouer ou sentiment d'instabilité sont des manifestations psychologiques banales et contre lesquelles nul n'est immunisé. Le croisement des chevilles peut se comparer à une sorte d'*acting-out* ou conduite irrépressible similaire à l'expression d'un TOC[1]. Empêcher sa production est impossible. La posture est ressenti comme rassurante. Tous les croisements corporels le sont. Tout mouvement du bas du corps est une traduction gestuelle des fluctuations du climat mental. Les jambes croisées signalent deux attitudes opposées suivant qu'il s'agit d'un homme ou d'une femme (voir les jambes croisées).

Le croisement des chevilles

La partie inférieure du corps est réceptrice. Elle traduit les impressions venues de l'intérieur. *A contrario*, les codes gestuels impliquant la partie supérieure du corps sont émetteurs. Pourquoi cette distinction ? En règle générale, nous contrôlons mieux nos bras et nos mains, voire les mimiques de notre visage, que les réactions corporelles situées sous la ceinture. Le corps d'en haut s'exprime, influence, persuade, se met en scène sous les yeux de l'interlocuteur. Le corps d'en bas est oublié par la conscience et fonctionne en roue libre. Les modes émetteur et récepteur cohabitent dans le corps humain. Exception qui confirme la règle, la dilatation ou le rétrécissement des pupilles sont des réactions réceptives (voir Pupilles).

Le croisement des chevilles sous le siège est alternatif et exprime le ressenti qui anime le climat mental de l'individu. Attention ! Il existe une différence fondamentale entre le croisement des chevilles sous le siège et celui qui se produit quand les jambes sont en extension. Le premier est un code gestuel réflexe, le second est un code d'intention signalant un besoin de détente.

1. Trouble obsessionnel compulsif.

Si vous croisez la cheville gauche sur la droite sous votre siège, votre climat mental est au beau fixe, vous êtes « psychoflexible ». Votre émotivité est libérée et adaptative. Votre climat mental est ouvert, vos conduites sociales aussi. Vous pouvez extérioriser vos émotions.

En revanche, si vous croisez la cheville droite sur la gauche, votre climat mental est psychorigide et votre sensibilité n'est plus au rendez-vous. Vous êtes sur vos gardes. Vos émotions sont sous contrôle sans être pour autant insensibles. Votre niveau d'émotivité est plus faible que celui du profil psychoflexible. Votre relation à l'autre sera fonction de la distance de fuite qui vous protège. Il arrive souvent qu'on croise les chevilles (droite sur gauche) sans éprouver le besoin de fuir. Pourtant, le corps tente de signaler à la conscience que l'entretien si convivial est un vrai faux-semblant.

Selon Jean Piaget, « il y a adaptation lorsque l'organisme se transforme en fonction du milieu, et que cette variation a pour effet un accroissement des échanges entre le milieu et lui [échanges] favorables à sa conservation[1] ».

---

1. Jean Piaget, « Le problème biologique » in *La Naissance de l'intelligence chez l'enfant*, p. 11, 7e éd., coll. « Actualités pédagogiques et psychologiques », Delachaux et Niestlé, 1968, 372 pages.

Cette règle édictée par Piaget prend tout son sens avec le croisement des chevilles.

Quelques variantes

L'alternance du croisement de la cheville gauche ou droite.
Elle peut aussi trahir un sentiment d'incapacité à trouver une solution ou à adopter une position claire face à un dilemme.

Votre interlocuteur croise ses chevilles sous sa chaise, l'un de ses pieds est posé sur la pointe des orteils.

Ce n'est pas un chorégraphe refoulé mais un individu angoissé qui fait des pointes – ou le gros dos – en attendant une période faste.

L'équilibre des jambes tendues de votre interlocuteur repose sur son talon gauche ou droit, chevilles croisées, en position assise.
Une posture de détente ou de non-engagement.

CIGARETTE

On n'observe jamais assez le fumeur en phase de réflexion. La manière dont il se sert de sa cigarette pour réveiller son inspiration est carrément prédictive. Le fumeur glisse toujours le même doigt libre entre ses lèvres tout en réfléchissant. Ce détail insignifiant caractérise le mode d'influence qu'il privilégie habituellement. Il fume sa cigarette en posant régulièrement l'un de ses doigts entre ses lèvres, mais lequel ? La cigarette est maintenue entre l'index et le majeur, reste le pouce, l'annulaire et l'auriculaire.

Il s'agit de l'auriculaire gauche.
Il recherche toujours une inspiration dans son passé ou ses souvenirs.

L'auriculaire droit.
Il est curieux.

L'annulaire gauche.
C'est un passionné.

L'annulaire droit.
Un bonhomme déterminé.

Il suce son pouce gauche.
Il est en recherche de plaisir.

Le pouce droit est glissé entre les lèvres.
Il trahit une motivation farouche.

Vous vous surprenez à tenir votre cigarette de la main droite (en tant que droitier).
Vous pouvez en déduire que vous êtes sous pression.

Vous vous mettez à fumer soudain de la main gauche.
Cela signifie que avez évacué le stress. Cette remarque n'est pas anodine. Le changement de main fumeuse est un signal essentiel dans le contexte d'une négociation. Le simple fait de passer le relais à la main gauche pour se consacrer à une activité qui ne demande pas une grande habileté est un signal de détente. Il en va de même du verre de vin ou de bière. Observez les doigts des grands fumeurs quand vous êtes au bistro : vous surprendrez rarement la teinte jaunâtre que laisse la nicotine sur les doigts de la main gauche chez un droitier, sauf s'il s'agit d'un chauffeur-livreur ou d'un routier. On change de vitesse avec la main droite et on fume de la main gauche quand on conduit toute la journée. La main fumeuse est un refrain gestuel alternatif élémentaire.

Stressé à droite, détendu à gauche ! Tel est le sens accordé à cette latéralité. Il existe diverses manières de tenir sa cigarette, elles sont souvent invariables et toutes significatives.

Le menu gestuel de la cigarette

Il allume ses cigarettes et les oublie systématiquement dans le cendrier.
Il commence tout mais ne finit jamais rien.

Elle avale la fumée de sa cigarette avec une aspiration exagérée des lèvres en cul de poule.
L'aspiration exagérée est un signe de cupidité.

Le dragon recrache souvent la fumée de sa cigarette par les narines.
L'impatience est à la fois son credo et le carburant de ses actions.

Elle souffle la fumée de sa cigarette dans votre direction.
Souffler la fumée en direction de votre interlocuteur est un signal olfactif puissant qui, opéré subtilement, rejoint la symbolique du dragon subjuguant sa victime.

Il visse sa cigarette au coin des lèvres et ne secoue presque jamais la cendre dans le cendrier.
Il s'y croit déjà.

La cigarette de votre vis-à-vis est coincée entre son majeur et son annulaire.
Tempérament maniaque, voire intégriste.

Il écrase son mégot avec l'acharnement d'un non-fumeur dans le cendrier.
Il viole sexuellement le cendrier, en vérité, révélant du même coup son insatisfaction. C'est aussi une manière de clore un débat perçu comme étant stérile.

Il écrase le mégot de sa cigarette en soulevant le cendrier de l'autre main.
Il manque d'envergure.

Il tète son mégot jusqu'à l'extrême limite.
Cette manière de fumer une cigarette qualifie un besoin de régression en se soumettant à l'autorité (la hiérarchie toute-puissante) ou au pouvoir du rêve, s'il s'agit d'un mégot de haschich ou de marijuana.

Il écrase ou mord le bout du filtre de sa cigarette entre ses dents.
Il est sous pression, voire surmené.

Il vous tend son paquet de cigarettes de manière à ce que vous soyez obligé de vous pencher pour puiser dans le paquet.

Il est important d'être attentif à la manière dont votre interlocuteur vous tend son paquet de cigarettes. S'il s'avance jusqu'à votre portée, c'est un signe de respect. S'il vous oblige à vous déplacer pour venir puiser une cigarette dans son paquet, c'est un signe de mépris. Dans le contexte d'une entreprise de séduction, les significations sont différentes : s'il avance son paquet à votre portée, il refuse le rapprochement, s'il vous oblige à vous pencher, il est prêt à établir une promiscuité plus affectueuse.

Le fumeur pointe sa cigarette vers vous en vous adressant la parole.

Il vous désigne par le truchement d'un cône qui s'envole en fumée. Il y en a qui vivent leurs rêves, lui il rêve sa vie et fuit la dure réalité, dès qu'elle le frôle d'un peu trop près.

Le fumeur tient sa cigarette entre l'index et le majeur tandis que son pouce s'appuie sur ses lèvres ou s'insère entre les lèvres.

Il recherche un angle d'attaque propice pour reprendre l'avantage et vous convaincre de la justesse de son point de vue.

Elle tient sa cigarette entre le pouce et l'index, l'extrémité incandescente pointée vers le ciel ou le plafond.

Elle confond sa vanité avec de l'orgueil.

Il tient sa cigarette entre le pouce et l'index, bout incandescent pointé vers le sol.

Il expose ainsi une personnalité figée dans l'ambre d'un complexe d'infériorité indélébile.

Il tient sa cigarette entre le pouce et l'index, le bout incandescent est pointé vers lui, la cigarette est cachée par la main.
Un saboteur !

Il tient sa cigarette entre le pouce et l'index avec les trois autres doigts libres en escalier.
L'élégance snob des gestes et le raffinement du look devraient être en congruence avec l'individu.

Sa cigarette est coincée entre le pouce et l'index, le majeur et l'annulaire sont côte à côte sur le dessus du cône.
Un peu comme s'il tenait une flûte à bec minuscule entre les doigts. Attitude qui traduit un besoin de dominer son petit monde.

Il secoue plus la cendre de sa cigarette dans le cendrier qu'il ne songe à fumer.
Il vit pour parler et parle pour jouir de s'entendre parler. La superstition est sa religion et un bon moyen de le convaincre ou de la séduire, si vous cherchez un angle d'attaque opérationnel.

CILS (les)

Les deux cents cils qui entourent chaque œil ont une durée de vie de trois à cinq mois avant d'être remplacés. Leur durée de vie est équivalente à celles des sourcils. La fonctionnalité des cils, si elle existe, consisterait en un signal de compassion. Les cils serviraient à retenir les larmes afin d'offrir au regard humain une humidité compassionnelle que l'on retrouve souvent chez les amoureux qui viennent d'être victimes d'un coup de foudre. Une fonction de préservation destinée à déclencher un sentiment de pitié chez l'agresseur potentiel ? Pourquoi pas ? Mais on peut aussi interpréter les choses autrement. La nature aime la beauté. Imaginez des yeux splendides sans une couronne de cils pour décor ?

CLIMAT MENTAL (le)

Le climat mental est synonyme de ce que les psys nomment communément l'attitude mentale, en parallèle de l'attitude corporelle. Le climat mental d'un individu fonctionne sur la base des polarités attractives ou répulsives, il aime ou il n'aime pas, il adhère ou il rejette, il adore ou il déteste. Les variations du climat mental s'expriment aussi bien par le choix des mots que par les réactions corporelles ou gestuelles destinées à évacuer le stress ou l'angoisse générés par un contexte inattendu ou une situation d'exception. À force de se retrouver confronté aux mêmes types de situations, le subconscient programme une réaction gestuelle identique, réaction d'évacuation du stress, qui se mue en refrain gestuel (voir cette expression).

Chaque fois que votre collègue vous interpelle, vous croisez les bras ou les jambes. Les sentiments de sympathie ou d'antipathie commandés par l'amygdale du cerveau (le chef d'orchestre des émotions) s'expriment toujours par des codes gestuels bien spécifiques.

CLIN D'ŒIL (le)

À l'origine, l'œillade peut se décrire comme une fermeture directionnelle d'un œil à la fois. Fermer un œil l'espace d'un instant suggère en effet que le secret n'est destiné qu'à la personne sur laquelle on se focalise. L'autre œil est gardé ouvert pour le reste du monde qui est exclu de ce geste intime et éphémère. Mais c'est aussi un clin d'œil délibéré qui indique une connivence supposée entre l'émetteur et le receveur. L'œillade n'est qu'un appel à la complicité et un geste humoristique conventionnel parce que souvent accompagné d'un demi-sourire ou d'une moue ironique.

Plus fréquent autrefois, ce geste conventionnel a tendance à se raréfier. Cette désaffection est significative de l'évolution d'une société où la complicité n'est plus considérée comme un lien essentiel et où le bonjour verbal se limite à un regard en coin ou à un hochement de tête à peine ébauché. Les hommes ne prennent plus le temps de sympathiser. Ils ont peur d'afficher leurs coups de cœur spontanés en public.

Une œillade est un code d'intention, elle exprime le désir de partager un sentiment d'amitié, d'espérer la naissance d'un lien affectif ou de communiquer une marque d'appréciation sans la verbaliser. Un clin d'œil suffit souvent à désamorcer une agressivité latente. Il précède le sourire partagé entre deux inconnus qui se croisent mais ne feront jamais connaissance. Ce n'est pas une invitation, mais plutôt un geste de compassion, un moyen discret de dire son émotion ou d'échanger quelque chose de plus précieux qu'un sourire mécanique ou une poignée de main sans conviction. Le clin d'œil est un des outils de la tendresse.

Soyez attentif à la latéralité du clin d'œil qui vous est adressé. Son producteur n'est pas toujours conscient du message qu'il vous envoie.

Le clin d'œil droit (l'œil droit se referme, le gauche reste ouvert).
Vos émotions (œil gauche) priment sur votre raison (œil droit fermé). C'est le clin d'œil juvénile de l'éternel ado. Il signifie : « Vous me plaisez ! » C'est souvent un compliment sans engagement, juste une caresse positive adressée à l'ego du receveur.

Le clin d'œil gauche.

C'est l'œillade de la connivence. Elle signifie en principe : « Nous sommes du même bord. »

Le clignement des deux yeux est un clin d'yeux, paternaliste par excellence, une marque d'encouragement : « Allez ! Vas-y ! » Il est plus coutumier des hommes mûrs qui expriment ainsi leur confiance dans les capacités de la personne qui reçoit cette double œillade que d'hommes plus jeunes qui privilégient l'œillade borgne. Plus complice que connivent, le clignement appuyé des deux yeux se pratique beaucoup à l'attention des tout-petits qui vous le renvoient pour vous signifier qu'ils ont compris le message.

COIFFURES (les)

La femme est plus sensible que son compagnon à la rupture entre le passé et le présent. Elle a besoin de se recréer une nouvelle image pour pouvoir aborder une nouvelle tranche de vie. Changer de coiffure est une manière de refaire peau neuve.

Le zapping du cuir chevelu

La teinture remporte un vif succès, s'il faut se fonder sur la profusion des marques offertes aux consommatrices dans les hypers, et ce n'est pas sans raison. Le zapping chromatique du cuir chevelu est devenu un outil thérapeutique de l'image de soi. « Parce que je le vaux bien ! » Le verbe valoir nous apprend que la femme a une valeur marchande, comme dans toute société tribale. Un slogan rétrograde et qui ramène la femme au statut d'objet sexuel marchandable. Il faut dire que les publicitaires ne sont pas des analystes du langage, mais des vendeurs de lotions magiques.

Les coiffures multicolores

La mode des couleurs flashy marque un besoin de remise en question, de révolte et/ou d'originalité propre à une post-ado qui n'a pas encore rendu son tablier à sa vieille maman. Il est vrai que les cheveux multicolores se démultiplient, au point qu'on ne remarque même plus les coiffures feux d'artifice que l'on croise dans la rue. Jeunisme ? Peut-être ! Mais la société occidentale a été vieille pendant si longtemps qu'un peu de fantaisie ne peut pas lui faire de mal.

Le sillon voyageur

La raie qui sépare vos cheveux en deux parties inégales est un sillon voyageur. La topographie de la raie n'est pas si naturelle que vous pourriez le croire. Elle trouve son origine dans la prime enfance. C'est le parent qui coiffe le plus régulièrement son enfant qui lui impose la latéralité de cette raie. Ce faisant, il projette inconsciemment son mode de séduction sur son héritier. Il arrive aussi que cette raie trace sa route sans la moindre influence parentale. L'orientation d'une raie en diagonale gauche ou droite procède d'une modification involontaire de la topographie de la raie naturelle. Singulièrement, la raie est un sillon qui voyage au gré des âges de la vie. Vous aurez beau essayer de la déplacer volontairement, elle reviendra à son emplacement initial. Et puis, un jour, vous vous réveillerez avec un sillon à droite parce que vous avez décidé de prendre le taureau par les cornes au lieu de jouer les hédonistes.

La raie du milieu

Elle se manifeste chez ceux qui divisent le monde en deux camps. Les bons et les méchants. Les personnes « raies du milieu » sont aussi très susceptibles et difficiles à manipuler. Si elles vous considèrent comme un méchant, vous avez tout faux. Inutile d'insister, vous êtes catalogué et mis au placard de leurs sentiments.

La raie à droite

La raie à droite est la raie du challenger ou du battant. Sa faculté d'adaptation est excellente, évidemment. L'adaptation est un réajustement de l'attitude mentale à des expériences nouvelles, des circonstances ou des événements qui viennent bouleverser les acquis. Les personnes « raies à droite » sont minoritaires.

La raie à gauche

En règle générale, la raie à gauche révèle un individu plus sensible, plus créatif et féminin dans sa vision du monde que ne le laissent supposer ses conduites, surtout s'il s'agit d'un homme. Féminin ne veut pas dire efféminé. Mais la raie à gauche est aussi révélatrice d'un tempérament séducteur. Car tous les individus sensibles ont besoin de se construire des systèmes de défense pour protéger leur vulnérabilité. La séduction est un système de défense parfaitement adaptatif.

Pas de raie

Ni susceptible ni séducteur, l'individu sans raie est juste doué d'un esprit d'adaptation qui lui facilite la vie et lui permet de se faire accepter partout sans levée de boucliers.

Chignon occasionnel ou chronique ?

La femme qui adopte un chignon chronique tente d'exorciser inconsciemment les pensées parasites qui meublent son mental. D'où l'air de sévérité qu'elle affiche parfois et qui n'est que l'écho des reproches qu'elle s'adresse en son for intérieur.

Les queues de rat

La queue de rat permanente, cheveux tirés en arrière, est la marque d'un individu psychorigide dans tous les cas de figure.

À la brosse ?
Elle a fait le deuil de la tranche de vie qui vient de se terminer.

Et la coupe du hérisson ?

Ce sont les cheveux courts qui se révoltent et se dressent dans tous les sens. Le hérisson qui se protège de ses épines ! Ce genre de coiffure est un signal de refus. Le refus de s'enfermer dans le moule imposé par une éducation un peu trop rigide.

La frange en rideau

La frange en rideau n'est pas là pour dissimuler, mais pour dévoiler le regard espiègle de la femme sensuelle que vous êtes. La frange ne doit pas cacher n'importe lequel des deux yeux. Il faut choisir son camp avec discernement.

En cachant l'œil droit, vous affirmez votre besoin de domination érotique.

L'œil gauche dissimulé par la frange est un signe de soumission, amoureuse s'entend. Cette règle vaut pour les droitières. Si vous êtes gauchère, vous inversez !

Cela étant dit, la latéralité de la frange dépend aussi du sillon.

La coiffure au moule

Une coiffure trop apprêtée, comme si votre interlocutrice sortait à peine de chez son coiffeur. La mise au pas de cheveux rebelles est une manière de remettre en ordre un mental en pagaille ou une vie affective peu motivante.

Le casque

Dans le même ordre d'idées, les coiffures apprêtées appartiennent à des individus dépourvus d'humour ou de créativité. Ils se fondent sur leurs préjugés pour diviser le monde entre les « comme-il-faut » fréquentables et les « pas-comme-il-faut » qui ne le sont pas.

COLONNE VERTÉBRALE (la)

Siège de la sagesse, elle est la cariatide du corps humain. Apparente comme un exosquelette quand le relief de l'apophyse épineuse est bien visible et palpable sous la peau ou cambrée ; offrant au dos une apparence ravinée beaucoup plus sensuelle que dans sa première version, la colonne vertébrale est composée de sept vertèbres cervicales (les sept piliers de la sagesse), de douze vertèbres dorsales, de cinq vertèbres lombaires, de cinq vertèbres sacrées soudées qui forment le sacrum et de quatre à six coccygiennes qui constituent le coccyx. Le rachis (ou colonne vertébrale) est évidemment un siège fondamental puisque rien n'est possible sans son concours. Il est le pilier du buste et de la tête, le permis à points qui vous ouvre la porte de la liberté de mouvement.

COMMUNICATION GESTUELLE (la loi de la)

L'homme est, à la fois, émetteur et récepteur de phéno-mènes vibratoires. Les vibrations en question sont de deux ordres : attractives (positives) ou répulsives (négati-ves). Le carburant ou le support de ces vibrations est l'émotion, c'est-à-dire la traduction neurovégétative des affects. Des émissions attractives trop puissantes submer-gent les cibles qu'elles sont censées atteindre, exacte-ment comme le commercial qui use d'arguments redondants pour convaincre son client de plus en plus réticent.

L'émission attractive aspire au double de ce qu'elle sou-haite, mais récolte en règle générale moins de la moitié de ce qu'elle espère.

A contrario, l'émission répulsive est mieux acceptée et mieux récompensée de son manque d'empressement. Il ne faut pas prendre ici le terme répulsif dans son sens psychologique. Il ne s'agit pas d'un refus, mais d'un frein opposé à l'énergie contraire. Ce jeu vibratoire pourrait se résumer en une seule phrase : « Suis-moi, je te fuis ! Fuis-moi, je te suis !» Chacun sait que la femme qui succombe trop vite est souvent bien moins récompensée que celle qui se refuse de prime abord. Une vibration doit entrer en résonance affective avec la cible qu'elle souhaite pénétrer. L'adéquation de cette résonance mutuelle est essentielle. C'est la loi fondamentale du succès de toute communication visant à créer un climat d'offre et de demande équilibré.

Dans cet ordre d'idées, certaines mélodies peuvent pro-voquer une perturbation émotionnelle intense, d'autres vous donneront envie de fermer le poste. La vibration émotionnelle dispensée par la première mélodie est entrée en harmonie avec la longueur d'onde de votre sensibilité.

Dans la vie de tous les jours, ce type de vibration relie ou délie les inconnus qui se croisent dans la rue, existent l'un pour l'autre l'espace d'un instant et puis s'oublient à jamais. Il suffit d'un regard, d'une interrogation muette qui sera toujours orpheline de sa réponse, mais la vibration émotionnelle a vécu. Vous étiez en phase avec cet inconnu, l'espace d'une seconde. Il y a eu un échange énergétique bref mais gratifiant sur le plan affectif.

Cet instant est d'une extrême importance pour la santé émotionnelle de votre ego. Nous avons besoin du regard des autres pour survivre en société, de ces instants vibratoires qui nous confirment que nous existons à leurs yeux et aux nôtres, fût-ce l'espace d'un instant. De la même façon, certains gestes servent de régulateurs à l'émission de cette vibration relationnelle. Par exemple, le croisement des chevilles (voir Croisement et Chevilles) qui détermine l'attitude psychorigide ou psychoflexible d'une rencontre. (Voir aussi Regard.)

COORDINATION DES MOUVEMENTS (la)

La souplesse gestuelle entraîne une coordination des mouvements presque parfaite. Pour y parvenir vite et bien, une seule solution : le jonglage avec des quilles ou des balles prévues à cet effet. En maîtrisant ces instruments, vous pourrez jongler discrètement avec vos couverts pour épater votre entourage. Mais surtout vous offrirez à votre gestuelle une souplesse de mouvements telle qu'elle se traduira par une attitude globale d'harmonie psychosomatique.

COU (le)

Si l'on se réfère au langage symbolique du corps, le cou, ainsi que la nuque d'ailleurs, abrite le siège symbolique de la confiance en soi. En réalité, la partie du cou identifiée à ce climat mental idéal que nous recherchons tous se situe exactement au niveau des sept dernières cervicales de la colonne vertébrale. C'est dire que toute la gestuelle impliquant le cou et la nuque ne peut être reléguée au second plan.

Dans le culte vaudou en Haïti, les adeptes croient que l'âme réside dans la nuque. Et c'est cette croyance qui aurait conduit à l'usage de colliers protecteurs contre les influences maléfiques.

En chorégraphie, le cou est considéré comme la clef permettant de débloquer le reste du corps. En référence à ce que je viens de vous rapporter, il est facile de comprendre le lien symbolique que je propose entre la confiance en soi et la nuque.

Enfin, nul n'ignore que le cou est une zone érogène puissante chez la plupart des femmes au profil séducteur tactile. Les ados pratiquent souvent une sorte de morsure érotique qui laisse des marques rouges et qu'on nomme aussi suçon. Ces marques sont produites par une succion prolongée.

Un baiser dans le cou est un bristol sexuel de la part de celui ou celle qui l'offre. S'il est accepté de bonne grâce par votre nouvelle conquête, vous pouvez lui suggérer la « totale » en fin de soirée. Si il ou elle se rebiffe, vous n'êtes pas ou plus en cour.

Votre interlocuteur tend le cou de manière exagérée.
Attitude que l'on retrouve communément dans le registre gestuel des premiers de classe qui rêvent de se hisser à la hauteur du prof ou de dépasser le restant de la classe d'une bonne tête.

Il rentre le cou dans les épaules.
Un réflexe associé à la peur gauloise du ciel qui vous tombe sur la tête.

(Voir aussi la section consacrée à la Gorge et celle qui concerne la Nuque.)

COUCHÉE (la position)

La position couchée varie avec les époques de la vie. On se couche sur le côté gauche ou droit dans le contexte d'une époque de remise en question. S'endormir sur le dos est un signe d'équilibre. En tant que conduite installée, cette manière de se coucher favorise également la fluidité intellectuelle et une reconstruction énergétique plus efficace. Remarquez que vous vous endormirez plus facilement sur le dos après un bon repas, couché à l'ombre dans un jardin, en plein été, avec le visage enfoui sous un galurin de circonstance.

La position couchée sur le ventre est une conduite spécifique des ados en proie à un sentiment d'instabilité émotionnelle. En tant que conduite installée, on ne se couche sur le ventre que pour combler une carence affective.

Quelle est votre situation géographique au lit ?

Où se trouve la porte de la chambre ? Qui garde l'entrée de la caverne ? Autrefois, les hommes vivaient dans des cavernes pour se protéger des prédateurs ou tout simplement des intempéries.
L'homme dormait toujours à l'entrée de la caverne, les femmes et les enfants étaient relégués dans des anfractuosités protectrices. Cette habitude s'est transmise jusqu'à nos jours à travers le patrimoine comportemental héréditaire qui habite nos gènes, de telle sorte que le mari dort généralement plus près de la porte que son épouse. Il protège la chambre. Mais il arrive aussi que cet héritage soit obsolète chez certains d'entre nous. La porte n'a plus

d'importance et chacun choisit instinctivement la place qui lui convient dans le lit conjugal.

Couché à bâbord.
L'homme couché à bâbord (à gauche du lit) n'a pas les mêmes attentes que la femme qui occupe cette latéralité dans le lit. Il est plus tendre que sexe à tous crins. Il protège, domine, se considère comme la pierre angulaire du couple. Il est cerveau gauche ou cerveau cognitif, c'est-à-dire réaliste, rationnel, cartésien, pétri de sens commun et responsable. Un lit préfigure le cerveau humain. Il se compose de deux moitiés, deux aires cérébrales qui partagent le même espace. Deux moitiés d'une même entité individuelle. Chaque élément du couple est une aire cérébrale symbolique de l'entité « couple ». On oublie souvent que l'homme n'est que la moitié de la femme.

L'autre moitié est à tribord : la femme. Elle représente le cerveau affectif, celui qui filtre les émotions, la créativité, la sensibilité. La femme tribord est romantique ou très concernée par le partage d'une sexualité re-créative du couple. Elle se comporte en femme maîtresse, en femme soumise parfois, juste pour satisfaire l'orgueil de son partenaire.

Couché à tribord.
L'homme couché à tribord dans le lit conjugal joue le rôle du cerveau droit, il est sensible au charme, aux appas de sa compagne, il est très concerné par les joutes sexuelles qui les unissent. C'est un homme fleur, un grand sensible, parfois plus émotif ou vulnérable aux caprices de la météo du couple qu'il ne le souhaiterait. La femme bâbord est une compagne dominante qui se cache parfois sous le masque d'une épouse amoureusement soumise. Elle est le carburant de son homme et le

moteur du couple. Plus égérie que bimbo, plus femme de tête que femme enfant, elle peut être trois en une : l'épouse, la mère et l'amante quand elle sent que son mari a besoin de se faire remonter le moral.

Et puis, il y a ceux qui ne savent pas où ils habitent...
Tribord ou bâbord, au choix ! Hyperadaptatifs, complètement libres dans leur tête, ce sont des individus qui n'ont pas besoin d'un vrai territoire pour exister. Ils sont plutôt faciles à vivre et généralement plus festifs que sédentaires. Ce sont parfois des passionnés, des amoureux à vie, parfois des individus volages mais aussi fidèles quand ils ont découvert le loto gagnant.

Deux corps aux deux extrémités du lit et qui ne se touchent en aucune façon
Le pôle Nord et le pôle Sud ne se rencontrent jamais. La météo des sentiments n'est pas favorable à un rapprochement charnel. Vivre ensemble, ce n'est pas uniquement vivre côte à côte mais pour certains couples, il ne reste plus que l'habitude d'amour comme dernier terrain de jeu. Ce comportement n'est évidemment pas significatif, s'il est ponctuel ou lié à un coup de froid de passage. On peut aussi avoir besoin de prendre de la distance corporelle sans jeter la clé de la porte pour autant.

Deux époux qui se tiennent par la main pour s'endormir...
Comme deux pré ados ou de vieux amants qui partagent un capital « tendresse » accumulé depuis des lunes et des lunes !

Les époux coquilles
Encastrés l'un dans l'autre ! Des cuillères dans un vaisselier. C'est tout un symbole ! Deux corps qui ne font plus

qu'un. Ils se fondent l'un dans l'autre, s'interpénètrent, se traversent, s'envahissent, se pénètrent et se réfugient dans un cocon fœtal gémellaire. Une conduite antistress par excellence ! Un véritable parcours de tendresse charnelle qui remonte les bretelles à n'importe quel dépressif. Les époux coquilles sont des couples Duracell. Vous savez bien, ces espèces de lapins en peluche rose qui courent plus longtemps que les autres. L'homme se visse dans le dos de sa compagne quand il se sent en situation d'échec virtuel et qu'il a besoin de se rassurer, comme un enfant qui poursuit sa maman. La femme se positionne dans le dos de son homme quand elle cherche à faire avancer le couple dans la bonne direction.

La jambe entre les cuisses de son homme et la tête au creux de son épaule.
C'est la posture typique du repos du samouraï.

La main féminine en cache-sexe.
Un peu réducteur mais le message est assez clair pour que l'homme le reçoive sans crachotement dans le poste. Il arrive que cette « gâterie » se reproduise après l'amour. Elle peut alors se décoder comme un 7 d'or de la performance charnelle.

La main masculine en string.
Hormis une envie légitime de partager un bon moment, l'homme ne pose jamais, au grand jamais, sa main sur le mont de Vénus de sa compagne sans qu'une motivation précise ne le pousse à le faire.

La femme qui gratouille.
La main en l'air atterrit sur la tête de son mari. Et là, elle se met à creuser symboliquement pour deviner ce qui se trame sous la calotte chevelue ou non de son compa-

gnon. La femme qui gratouille est une vraie curieuse, parfois jusqu'à l'indiscrétion. Le genre : « À quoi tu penses, mon chéri ? » Toujours répondre : « À toi, mon amour ! »

COUDES (les)

Au-delà de son rôle de levier articulaire du bras, le coude est le plus souvent un soutien indirect de la tête noyée dans ses pensées. Les coudes en appui renforcent l'indécision au détriment de l'action dans la mesure où ils représentent plutôt les piliers de la pensée que les moteurs de l'initiative. Aussi remplie qu'elle puisse être, la tête ne risque pas de se détacher du corps. Mais il faut croire qu'elle pourrait tomber symboliquement, si nous ne faisions pas appel régulièrement à nos mains et à nos coudes pour la soutenir.

Sur le plan de l'écoute, l'objectivité ou la subjectivité dépendent évidemment de l'intervention des aires cérébrales. L'aire gauche commande la partie droite du corps et forcément le coude droit. Le coude droit en tant que support indique donc un mode d'écoute objectif. Le support gauche exprime un mode d'écoute subjectif. Le support de la tête par le coude est un refrain gestuel qui peut être alternatif chez certaines personnes ou invariable chez d'autres. Les introvertis ont tendance à utiliser le coude gauche comme pilier de soutien, les extravertis sont abonnés au coude droit (voir Extraverti ou introverti ?).

Votre coude gauche est le siège de la pénalisation qui fait suite à l'échec et de son avers, la capacité d'achèvement. L'un ne va pas sans l'autre.

Le coude droit est le siège de la force d'inertie, il était fatal qu'il fût aussi associé au doute et à sa sœur ennemie, la foi. Une foi blessée peut entraîner un trouble fonctionnel du type tennis-elbow chez un individu qui n'a jamais touché une raquette de tennis de toute sa vie. L'articulation du coude se grippe dès que l'inertie s'installe dans les conduites.

L'ancrage du coude

L'ancrage du coude est le sous-titrage gestuel du doute. Les charnières principales du corps sont les coudes et les genoux, ils symbolisent les sentiments restrictifs : pénalisation et inertie pour les coudes, appréhension et angoisse pour les genoux. Les ancrages apparaissent souvent dans les réunions professionnelles.

L'ancrage du coude gauche

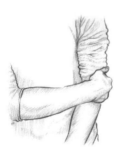 

Échec redouté ou confirmé quand le geste est reproduit face à d'autres personnes par-devant. Indication d'un sentiment de solitude affective quand il est reproduit en solitaire et par-derrière. La main droite retient le coude gauche. Cet ancrage est une manière de réconfort ou parfois un appel du pied de la part d'une demoiselle esseulée. Tout dépend du contexte, comme d'habitude !

Quelques classiques

Votre interlocutrice agrippe généralement son coude droit de sa main gauche.

Impulsive, elle remet tout au lendemain, commence tout, mais ne finit jamais rien.

La saignée du coude

La saignée du coude est bien pratique pour y accrocher la lanière de son sac.

À gauche, elle confirme le look de la gardienne du cocon et des traditions qui protègent son petit cœur contre les excès de ses émotions.

À droite, elle rajoute quelques qualités liées au cerveau gauche : bénévole et dame de charité. Mais porter son sac de cette manière, droite ou gauche, c'est aussi afficher un niveau d'élitisme doublé d'un tempérament relativement envieux pour la saison.

En quelques mots

Rappelez-vous seulement que le coude gauche est le siège de l'échec ou de la sanction qui l'accompagne ; le coude droit est le siège symbolique de la force d'inertie. Les ancrages de ces coudes sont aussi des gestes prédictifs, d'un blocage à droite, d'un échec redouté à gauche.

COURIR

L'enfant éprouve le besoin de courir pour exprimer son goût de la liberté et son attrait pour l'espace, l'adulte pour raccourcir les distances qui le séparent des prisons qu'il affectionne : métro-boulot-dodo ou pour retrouver ce sentiment de puissance et de liberté hérité de l'enfance. En joggant chaque jour, par exemple.

CRÂNE (le)

La région occipitale

L'occiput est le siège du doute. Le fait de se gratter l'occiput dévoile un climat mental envahi par le doute. Ce code gestuel accompagne également le calcul mental ou le travail de réminiscence, sous tension.

Les pariétaux

La tristesse et la mélancolie y ont fait leur nid. Le simple fait de soutenir sa tête à ce niveau dénote un découragement.

Une attitude qui consiste à se saisir de son crâne entre ses deux mains est le geste que l'on peut apercevoir chez les survivants d'une catastrophe. Les pariétaux sont le siège du deuil. Le besoin d'y poser les mains répond parfois à un acte de contrition.

Les frontaux

Quand la main vient se poser sur le front comme une sorte de cataplasme, il y a péril en la demeure.

L'intelligence dérape, la logique pédale dans la semoule et les portes de secours sont verrouillées. Le moral cède la place au blues et la concentration se disperse aux quatre vents. On se frappe le front pour rassembler ses idées : « Mais c'est bien sûr ! »

Le vertex

Le vertex (ou sommet du crâne) est le siège du sentiment de supériorité de l'homme, du sentiment d'humanité et peut-être d'une certaine idée de la divinité ; par voie d'extension, c'est surtout le siège de la superstition. Touchez du bois ! Avez-vous de la chance ? Si on élimine l'intervention du hasard en tant que chef d'orchestre des bonnes ou des mauvaises fortunes, la chance peut être considérée comme un vent d'énergie positive qui participe de votre degré d'optimisme. On se touche le crâne à défaut de toucher du bois pour se porter chance. La kippa que les juifs portent en permanence sur le sommet du crâne est une marque de respect religieux. Elle couvre le vertex. Les chrétiens se découvrent dans la maison de Dieu, les musulmans se déchaussent. Qu'on enlève ou qu'on rajoute, il faut toujours marquer son respect du divin par un acte, un geste (le signe de croix, les mains en prière, le balancement). Obligation religieuse ou superstition ? Le vertex est le siège de l'âme humaine pour toutes les religions. Quelle que soit la croyance, la bénédiction naturelle passe par une imposition des mains de l'un sur la tête de l'autre. Il faut que l'âme demeure en son séant. Objet immatériel, l'âme existe sans preuve. Elle est parce que l'homme a besoin d'y croire. La mort ne peut être la fin de toute cette existence, il faut lui donner une suite logique, un espoir de se survivre. Un rôle dévolu à l'âme. Religion ? Superstition ? Le corps humain est une machine tellement parfaite qu'il est difficile de croire qu'il n'est que la conséquence d'un accident de la nature. Mais surtout, il est insupportable de considérer la vie terrestre comme une vidange perdue, il y a forcément une âme consignée quelque part. D'où l'importance de la superstition et surtout des religions !

« … de la même manière que les cathédrales ont toujours éveillé en moi ce sentiment proche de la syncope que l'on éprouve face à la manifestation de ce que les hommes peuvent bâtir à la gloire de quelque chose qui n'existe pas » Muriel Barbery, *L'Élégance du hérisson*, éditions Gallimard.

Ce n'est pas parce que les choses ne se voient pas qu'elles n'existent pas, pourrait répondre un profil affectif gestuel (croisement du pouce gauche dominant) à Muriel Barbery.

CRISE (les gestes en communication de)

Toute attitude gestuelle significative est toujours prédictive. Elle annonce un changement de climat mental de l'interlocuteur bien avant que ce dernier ne prenne conscience de son attitude oppositionnelle. En situation de négociation, le décryptage des signes annonciateurs d'un revirement des positions de l'adversaire est un outil de décryptage redoutable. Il permet, soit d'orienter le débat, soit de se retrancher sur une position de repli tactique pour éviter l'affrontement. Gestes signifiants et gesticulations insignifiantes qui animent le corps sont une traduction, en temps réel, des mouvements incessants de la pensée manipulée par l'émotion. Cette vision de la communication à deux vitesses peut se traduire ainsi : « Un échange verbal, ce sont deux inconscients qui s'épient à l'insu des consciences qui s'expriment. »

CROISEMENT (la symbolique du)

Le corps est la forteresse de l'esprit.

J'ai constaté depuis quelques années que la fréquence des croisements corporels augmentait dans des proportions considérables. Qu'il s'agisse d'un débat télévisé, d'une conférence en circuit fermé, d'un stage de développement personnel ou de n'importe quel contexte dans lequel des individus sont confrontés les uns aux autres, le croisement (jambes, bras, chevilles) est devenu la règle incontournable. Je me souviens d'une petite conférence où les quelques dizaines de participants avaient tous les bras croisés d'entrée de jeu. Le sujet de la réunion concernait l'hypnose et toutes les personnes présentes en avaient probablement des frissons dans le dos. On se croise pour se protéger des autres et on finit par se croiser en solitaire pour se protéger de la pression exercée par son propre esprit. Quand un bébé de seize mois croise les bras, ce n'est pas un geste mimétique ! Il apprend déjà à protéger son territoire mental agressé par le stress ou les angoisses de ses parents. Dont acte !

Tout croisement corporel est un code de protection du territoire mental (c'est-à-dire de la confiance/estime de soi). Qu'il s'agisse du croisement des doigts derrière la nuque jusqu'au croisement de ces mêmes doigts sur l'une des deux chevilles, chaque individu se protège contre l'invasion potentielle de son territoire mental dès qu'on tente d'exercer une influence sur lui. L'agressivité ou l'hostilité ambiante peut aussi favoriser l'apparition du croisement. Même s'il vous arrive de croiser les jambes ou les chevilles, vous remarquerez que vous ne croisez jamais les doigts en tricot quand vous êtes seul. Geste barrière selon Desmond Morris, le croisement est faussement sécurisant, mais totalement réflexe. C'est la seule armure dont dispose le corps pour protéger son capital de confiance. Cela peut vous paraître exagéré, mais si vous prenez conscience des raisons qui justifient un croisement, même face à vos intimes, vous en admettrez le principe. « Je trouve ton attitude pour le moins hypocrite », s'étonne votre ami et collègue. Avant de répondre à sa critique, vous croisez les doigts derrière la nuque tout en basculant votre chaise en arrière, une manière de fuir la critique. Ce geste est aussi un moyen de trouver la réponse adéquate la plus proche de la vérité !

Mis à part les vêtements que vous portez, aucune cuirasse naturelle ou artificielle ne protège votre corps. Il est totalement vulnérable. Dans notre société, l'agression physique a cédé le pas à l'agression verbale. Elle ne vise pas le corps, mais l'esprit. Comment protéger symboliquement votre mental sinon en vous croisant de toutes les manières possibles ? Hostilité, mépris, ironie, manipulation, etc. entraînent fatalement ce type de réaction gestuelle.

Le double croisement

 Il s'agit d'une attitude de surprotection déterminée par le croisement parallèle des bras et des jambes en position assise. Il vous arrivera d'adopter cette posture pour vous protéger d'une attaque un peu trop virulente ou pour vous soustraire à une atmosphère hostile ou ennuyeuse. Le double croisement simule une incarcération du mental dans ses préjugés et un refus total de flexibilité. Le sujet s'accroche à ses convictions comme un singe effrayé à la plus haute branche de l'arbre. Toute tentative de le convaincre se heurte souvent à un mur. Il est assis sur ses objections mentales et refusera de transiger, considérant qu'il a raison contre le monde entier. La reproduction du double croisement apparaît souvent dans des débats télévisés.
(Voir aussi Doigts, Bras, Jambes, etc.)

CUISSES (les)

Plus les cuisses se croisent, plus l'intolérance et la méfiance prennent le pas sur la confiance et la tolérance.

Les cuisses représentent symboliquement la tolérance ou son contraire : l'intolérance. Mais les cuisses sont également une zone érogène puissante et puissamment érotisée par les modes vestimentaires successives et surtout estivales. En principe, la recherche du plaisir est avantagée par l'individu qui entretient une relation gestuelle privilégiée avec cette partie de son corps. Les enfants non pubères affectionnent cette zone corporelle. Ils s'endorment volontiers en insérant leurs mains pressées l'une contre l'autre entre les cuisses serrées.

Dans un autre registre, le besoin d'exhiber ses cuisses en portant une jupe coupée au ras des fesses est une réaction de provocation typique et une révolte de la femme contre des siècles de dictature masculine.

La mode du string procède du même besoin de briser les chaînes de la soumission à l'ambiguïté du message machiste : « Être respectable à la ville et pute au lit. » La minijupe qui dévoile la rondeur des cuisses est une agression permanente pour les principes hypocrites qui ont permis aux hommes de considérer les femmes comme des objets (non comme des sujets) depuis des siècles, voire des millénaires. La tendance est-elle en passe de s'inverser ? Je ne le crois pas !

Deux variantes

Il étrangle ses cuisses de ses deux mains, en position assise.

Vous pouvez lui demander n'importe quoi, il vous dira toujours oui, même s'il n'est pas d'accord. Il est incapable de dire non. Et si vous comptez sur lui, il vous laissera choir au moment le plus mal choisi.

Elle croise une jambe sur l'autre tout en glissant l'une de ses mains entre ses cuisses.

Chez l'homme ou la femme, cette posture trahit un tempérament immature et un besoin de se rassurer quand un sentiment d'insécurité pointe le bout de son nez.

D

L'harmonie des gestes a le même impact sur vos émotions que la musique des mots.

DEBOUT : L'HOMO ERECTUS

Il est difficile d'imaginer à quel point le simple fait de se tenir en équilibre sur ses pieds est un exploit en soi. Avez-vous jamais comparé la surface qui supporte le corps par rapport au volume total de celui-ci ? Il existe nettement moins de manières de rester en équilibre sur ses deux pieds que de s'asseoir tant il est vrai que la position assise tend à prendre l'avantage sur la position verticale, d'une part. D'autre part, le registre professionnel favorise la position assise au détriment de l'effort sportif que représente de nos jours l'obligation de rester debout.

La jeune femme est debout en danseuse, l'une de ses jambes croise le muscle jambier de l'autre, le pied de la jambe croisée est posé sur la pointe.
Cette posture est fréquente chez des individus qui passent leur temps à dissocier l'être du paraître ou à fausser les règles du jeu. C'est-à-dire beaucoup de

monde ! Attitude corporelle typique des consommateurs de bistro qui s'appuient sur le comptoir pour assurer leur équilibre et combattre l'ennui ou un moment d'inexistence.

Il est debout en appui, jambe gauche ou droite repliée pied à plat contre le mur. Indicateur d'un tempérament craintif ou méfiant.

Votre interlocutrice est debout, ses pieds forment un angle droit sur le sol, le talon de l'un est tourné vers la voûte plantaire de l'autre.

Reproduit par une femme, ce code gestuel est un signal de disponibilité amoureuse, même si la demoiselle est accompagnée. La pointe du pied orienté indique la direction de son coup de cœur, et ce souvent à son insu.

Le sujet a toujours besoin de prendre appui contre un mur quand il est debout.
Attitude impliquant un fond de fatalisme ou un manque de tonus.

DÉCALÉS (les gestes)

Le décalage gestuel s'observe surtout dans des situations de stress intense. Les gestes ne sont plus appropriés au discours du sujet. L'effet est souvent burlesque, même si celui qui est victime ne le vit pas de gaieté de cœur. Les gestes décalés induisent un sentiment de mal-être qui se traduit chez les psys par la phrase : « Je me sens mal dans ma peau. » Ce sentiment de décalage entre le corps et l'esprit est un signe avant-coureur de la multiplication des gestes qui sonnent faux et du sentiment d'échec qui les accompagne.

La production de gestes en décalage intervient quand la réalité ne s'adapte plus aux désirs ou aux espoirs surinvestis du sujet observé. Le climat émotionnel chaotique exprime ainsi l'impression d'inachèvement qui frappe le sujet de plein fouet. Le château de cartes s'écroule et comme la programmation gestuelle dépend étroitement du climat mental, la métamorphose visible qui s'opère trahit immédiatement le malaise. Le taux de gesticulations mimiques augmente dans des proportions considérables, surtout au niveau du visage, tandis que le corps se fige. Les bras n'interviennent plus comme inducteurs d'éloquence (effets de manches), mais se mettent à suivre le discours au lieu de le précéder, ce qui donne aux gestes un aspect de décalage. La synchronisation n'est plus assurée. Les situations de trac intense produisent généralement ce genre d'effets, certaines maladies de tics aussi. Les gestes inutiles succèdent aux gesticulations, le regard de la personne est totalement introverti, il semble rechercher une porte de sortie pour échapper à la situation que son corps lui fait subir.

Quelques classiques du décalage

Il situe la droite à gauche et vice versa. Cette erreur de latéralité pourrait trahir autre chose qu'une distraction ou un simple réflexe dyslexique.

Il remue la tête de gauche à droite et vous répond : « Oui ! Bien entendu ! » « Oui, mais non ! » Vous connaissez l'expression, je suppose ?

Un petit rire ponctue chacune des phrases de votre interlocuteur au téléphone. Cette manie courante révèle un personnage complexé et surtout incapable de s'affirmer.

Son index flirte avec son nez.

Un geste très « coluchien » et qui rappelle le discours d'un alcoolique.

Le *Penseur* de Rodin est un bel exemple de posture décalée. Essayez donc de poser le coude droit sur la cuisse gauche !

DÉFENSIF (le profil)

Votre bras gauche domine quand vous croisez les bras ! Vous avez un mode de gestion défensif du territoire. Le territoire en question correspond à votre confiance/estime de soi. Globalement, le défensif est un individu qui réfléchit avant d'agir là où l'offensif (voir ce mot) agit d'instinct et réfléchit après coup.

Le défensif puise sa confiance en soi dans celle que les autres placent en ses compétences. C'est un homme ou une femme de couple ou de clan dont le territoire mental se modèle sur le credo de ceux auxquels il ou elle s'identifie. Doté d'un esprit d'équipe inné, les profils défensifs sont des hommes et des femmes très solidaires. Le mode de protection de son espace vital est fondé sur le recul, la prudence ou la méfiance. Par espace vital, j'entends non seulement l'espace corporel, mais aussi l'espace mental. Le défensif est un individu sédentaire, plus attaché à ses racines, à son travail et à la continuité du couple que l'offensif. Il est fidèle à ses amitiés, à ses opinions, à ses convictions et à ses sentiments. Ses notions de statut et/ou de territoire sont essentielles à ses yeux et doivent être protégées coûte que coûte contre les prédateurs sociaux ou professionnels qu'il est bien obligé de fréquenter. Il conservera toujours une distance de fuite suffisante pour s'échapper en cas d'urgence.

Une particularité

Peut-on devenir offensif après avoir été défensif ? En principe, non ! Quelques individus croisent les bras des deux
manières, mais ils représentent une infime minorité. Cette
« ambidextrie » découle toujours d'un stress majeur ou
d'un surmenage. Le sujet est constamment en recherche
d'un second souffle pour colmater sa forteresse psychique dont les murs s'écroulent périodiquement.

L'identification territoriale est fondamentale dans l'économie de la personnalité, tout comme n'importe quel phénomène qui permet de s'identifier pour renforcer la
construction du moi et la confiance ou l'estime que le je
accorde au moi. (Voir aussi le profil antagoniste dit Offensif.)

DÉHANCHER (se)

Cette conduite suggestive de séduction, au même titre
que le roulement des épaules, est une conduite agressive
et machiste.

Quand Elvis Presley a commencé à se produire sur scène vers les années 1950, il a fait scandale. Desmond Morris rapporte qu'il « bougeait de façon si outrée qu'on l'avait surnommé "Elvis le Pelvis". Lors de ses premières apparitions à la télévision, ses hanches furent bannies de l'écran ! Ses gestes étaient interprétés comme des simulacres de copulation[1] ». Il fallut attendre quelques années avant que les hanches du King puissent apparaître dans la lucarne. Le déhanchement est, comme il se doit, un signal suggérant un simulacre de copulation (voir aussi Hanches).

DÉMANGEAISONS (les)

Le fait de se gratter fréquemment est à l'évidence un signe de stress. Un individu sous pression peut être pris sans préavis de démangeaisons circulares sur toute la surface de son corps aux endroits les plus incongrus. Il faut savoir que la démangeaison sous-cutanée représente un signal subconscient par excellence. Il peut indiquer une perturbation qui se résoudra spontanément ou s'entérinera. Dans ce dernier cas de figure, la démangeaison se réplique toujours au même endroit. C'est ainsi que les lieux de démangeaisons récurrents sont d'excellents agents d'information sur les troubles qui vous assaillent. Un individu qui se gratte tout le temps le nez trahit son manque de flair ; celui qui se gratte continuellement la fente fessière en public est un provocateur ; si votre nouvelle amie se mordille fréquemment la lèvre inférieure, sachez que sa cupidité risque de vous coûter très, très cher, etc.

---

1. Desmond Morris, « Le corps humain, ce sémaphore sexuel », interview de Marina de Belaine, in *Paris Match*, n° 1966, 30 janvier 1987, p. 18.

En résumé, la démangeaison est un signal subconscient qui se sert du système nerveux et non un simple dérèglement (sous-)cutané. Or ce système nerveux est le moyen de transmission qui innerve la totalité du corps. Le psychisme s'en sert pour évacuer le stress accumulé provoquant ces gesticulations peu élégantes que sont les grattages.

Chance ou malchance ?

Petite information à valeur ajoutée à l'attention des lecteurs superstitieux ! Le chatouillement de la paume gauche ne signifie pas automatiquement que vous allez gagner de l'argent et celui de la paume droite que vous allez en perdre. Il en va des paumes comme des pieds qui dérapent sur un caca de chien : du pied gauche ou du pied droit ? Toujours cette différenciation des latéralités associées à la chance ou à la malchance. La gauche sort gagnante à tous les coups. Pourquoi ? Parce que la partie gauche du corps dépend du cerveau droit, celui qui filtre les affects et les émotions qui les supportent. Et quand les émotions et l'intellect sont face à face, le second est toujours donné perdant face aux premières. C'est aussi simple que cela.

DÉMARCHE (la)

Vous marchez dans la rue et votre corps exprime plus de choses dans sa manière de se mouvoir que vous ne pourriez le soupçonner. Il y a mille et une façons de marcher, mais ce qui me paraît essentiel, c'est la position adoptée par les mains.

Mains ouvertes ou poings fermés

Les envieux marchent avec les mains refermées, les agressifs avec les poings fermés. Les personnes compassionnelles avancent avec les mains ouvertes, paumes orientées vers les hanches. Les narcissiques marchent avec les mains ouvertes, paumes projetées en avant. Les fatalistes progressent dans la vie avec les mains ouvertes, paumes dirigées vers l'arrière.

En observant la démarche des gens, on remarque très vite que coexistent plusieurs styles d'allure, de port ou de cadence auxquels il faut bien ajouter la participation obligée de certaines parties du corps, les mains enfoncées dans les poches du pantalon ou du veston. Je distingue ici la démarche de la station verticale. La façon de marcher est étroitement liée à la personnalité de base. Elle peut être influencée par le contexte, mais la variation n'intervient que sur la cadence et le port.

Votre démarche est unique

Il vous est certainement arrivé de reconnaître un ami de dos rien qu'à la particularité de sa démarche. La démarche d'un individu est unique dans la mesure où elle demeure libre de toute entrave, de toute uniformisation ou de toute contrainte. Elle appartient à la personnalité corporelle au même titre que les qualités ou défauts font partie du profil psychologique individuel. Montrez-moi votre façon de marcher et je vous dirai qui vous êtes !

Il marche en se balançant de gauche à droite, les bras légèrement écartés du corps, comme s'il allait dégainer.

Les bras sont souvent rigides, voire collés au corps. Il se sent tellement mal à l'aise qu'il essaye se persuader qu'il est le plus fort au cas où, par exemple, votre entretien se terminerait en pugilat. Ce type d'attitude réactionnelle ne se rencontre que chez certains individus frustes qui confondent souvent fantasmes d'agression et relation sociale.

Il marche en balançant exagérément les bras, le geste indique que l'individu règne sur un territoire mental exigu.
Il rêve de sortir du lot. Cette attitude devrait vous rappeler les gamins qui marchent au pas en imitant les soldats lors des défilés militaires.

Il marche avec une main dans la poche et une autre agrippée dans son dos à la ceinture de son pantalon.

Il se retient de peur de se laisser entraîner par ses émotions.

Il marche les bras collés au corps.
On colle généralement ses bras au corps quand on court. D'où le besoin de fuir la réalité qui tenaille votre interlocuteur. Les enfants de Vukovar qui ont vécu les atrocités du conflit entre Serbes et Kosovars ont réagi gestuellement au drame qu'ils ont vécu. Des observations ont permis de constater qu'ils se déplaçaient notamment sans le balancement typique des bras, le regard figé sans

le moindre clignement de paupières. Quand la locomotion est entravée sur le plan mental, les bras restent figés contre le corps. La liberté d'agir et de penser est réprimée.

Elle marche les bras croisés.
Elle croise les bras parce qu'elle est incapable de dire non. Cette démarche trahit aussi une confiance en soi très perturbée.

Il marche à vos côtés, les mains accrochées dans le dos.
Il se contente de vous écouter d'une oreille distraite. Les bras démobilisés trahissent un esprit indifférent, voire une indifférence affective.

Votre interlocutrice marche en se déhanchant de manière exagérée.
Il s'agit à l'évidence d'une attitude de séduction. Elle vit pour, par, dans et à travers la galerie. Plus le déhanchement est prononcé, plus la personne est centrée sur ses fessiers.

Il marche à vos côtés comme une sorte de cow-boy, les deux pouces coincés dans la ceinture de son pantalon.
Les pouces sont les sièges du désir (droite) et du plaisir (gauche). L'entrave des pouces signifie que ces deux fonctions émotionnelles sont pénalisées. L'attitude est aussi oppositionnelle qu'envieuse.

Il marche à vos côtés en baissant les yeux sur ses chaussures.
Il a tendance à vivre par procuration.

Il marche toujours en jetant des regards inquiets autour de lui.
C'est un signe d'agoraphobie.

Il marche à vos côtés, le regard figé droit devant lui.
Une rigidité qui procède d'un état dépressif.

Il marche avec les poignets cassés, dits mous.
Démarche caricaturale des homosexuels singeant certaines attitudes féminines tout aussi caricaturales.

Votre interlocuteur marche avec une main dans la poche et fait tinter sa petite monnaie.
Les individus prodigues reproduisent souvent ce tic gestuel.

Votre interlocuteur marche à vos côtés avec les poings serrés.
Le taux d'agressivité est refoulé au profit d'une verbalisation outrancière et d'une hostilité à peine déguisée.

Elle marche les bras cassés en angle droit.
Démarche typique des adolescentes en train de frimer devant leurs petits amis, on la retrouve chez les adultes qui ont oublié de grandir.

Le sujet marche en retenant son poignet gauche de sa main droite ou l'inverse.

Il se tient par la main, pour ainsi dire. Insécurisé, il a besoin de se rassurer en mimant une scène de son enfance : sa maman ou son papa l'attrape par le poignet pour lui éviter de faire une bêtise (voir aussi les Ancrages).

La fesse marcheuse

Certaines femmes ont une démarche qui vous donne le mal de mer, si vous n'avez pas le pied marin. La démarche d'une femme est un atout séducteur de premier plan. Je vous conseille d'observer de dos les fessiers en mouvement des femmes qui vous dépassent dans la rue. La démarche féminine débouche sur deux mouvements distincts : le balancier vertical dans lequel les fessiers descendent et remontent à tour de rôle ; le balancier horizontal dans lequel les fessiers voyagent de gauche à droite. Le balancement vertical est séducteur suivant son amplitude et vise à attirer l'attention sur les fesses de celle qui le reproduit, consciemment ou non. Le balancement horizontal est réducteur et trahit une insatisfaction affective ou sexuelle et un refus de séduire. S'il est vrai que la plupart des femmes adoptent le balancement vertical, il existe cependant une minorité importante qui rejoint le camp réducteur. Ce balancement est alternatif et étroitement relié au climat mental ponctuel de la femme observée. Une femme en colère quittera son partenaire en adoptant un aller-retour horizontal, donc non séducteur.

Pourquoi ? Parce qu'elle changera de mode de locomotion. Elle orientera ses pieds vers l'extérieur pour marquer sa colère. Les pieds de la séductrice sont toujours orientés vers l'avant ou vers l'intérieur. La démarche est plus détendue ou plus maniérée. La manière de se vêtir joue également un rôle dans le choix de la démarche. Le balancement bien rythmé du bassin est un dispositif hypnotiseur qui subjugue tous les mâles de la terre depuis l'aube des temps (voir aussi Fesses).

DENTS (les)

En psychoanatomie, les dents sont le siège symbolique de la frustration.

La frustration entraîne une augmentation du taux de stress démultipliant les réactions agressives auto ou hétéro. Coupez-vous de la situation ou du contexte qui alimente la frustration et vous goûterez enfin une sérénité extraterrestre. Plus vous mettrez du temps à vous brosser les quenottes, plus vous apprendrez à résister à la frustration. J'affirme. Essayez et vous verrez que j'ai raison sur toute la ligne. Le seuil de résistance à la douleur est la photocopie organique du seuil de résistance à la frustration. Plus la résistance à la douleur est forte, plus la résistance à la frustration frise la compétitivité olympique et vice versa.

Grincer des dents

Un certain nombre de personnes grincent des dents en dormant, ce qui sous-tend une sorte de colère. Selon

Morris, il pourrait aussi s'agir d'une réaction instinctive apparaissant au cours d'un rêve chez un individu frustré. Il me paraît logique que la frustration puisse être à l'origine de cette réaction nocturne peu appréciée par le ou la partenaire. Que la colère soit à l'origine de cette frustration me semble tout aussi logique.

La gestuelle dentaire

Il tapote ses incisives du bout de l'ongle de l'index.
Geste de rejet de l'autre, tout comme celui qui consiste à pianoter d'impatience sur une table.

Il se cure les dents en dissimulant sa bouche d'une main pudique.
Vous avez affaire à un manipulateur, même si sa denture n'est pas nickel chrome.

Il frotte ses dents du bout de l'index, coude en appui.
Tempérament marqué par une ambition dévorante.

Il insère ses incisives sous l'ongle de son pouce.
L'attitude de rejet vient de ce que le geste trahit une projection symbolique en direction de l'interlocuteur.

Il passe régulièrement sa langue sur ses incisives supérieures.
J'y vois plus un intérêt pour tout ce qui est sonnant et trébuchant qu'un besoin de se laver les dents.

DIGITAL (le cercle)

Le pouce étant opposable aux autres doigts de la main, la reproduction du cercle digital était fatale dans l'expression gestuelle, qu'il s'agisse d'une attitude conventionnelle et/ou inconsciente. Les pulpes du pouce et de l'index se rejoignent, symbolisant une compression à portion congrue des objections de l'adversaire. Tel est le sens littéral de ce geste.

Il réunit son index, son majeur et son pouce.
« Croyez-moi sur parole ! » assure le menteur. En Italie, le même geste signifie « patience ». Et Dieu seul sait à quel point la patience est une vertu qui fait cruellement défaut aux Italiens ! Ce geste conventionnellement pédagogique est donc né de l'impatience nationale signifiant que le désir et le plaisir (les pouces écrasés) doivent attendre sous la férule de l'autorité maternelle ou paternelle (index gauche et droit). Les Français ne sont pas impatients, ils sont menteurs. Le mensonge est chez nous une vertu citoyenne qui se traduit par ce même geste effectué horizontalement vers la gauche ou la droite. Notre culture est une culture d'apparence, de faux-semblants, d'artifices et de poudre aux yeux. Il suffit de regarder les émissions people à la télé, de feuilleter les magazines qui

sont exclusivement consacrés aux potins de cette nouvelle noblesse du faux succès populaire. Tout est mensonger, clinquant, mais tellement réel qu'on veut y croire les yeux fermés. Les désirs des Français sont soldés par la classe politique qui abuse de ce refrain gestuel. Quant au plaisir... ce n'est pas pour rien que le sexe demeure le premier sujet de conversation ou d'information dans notre société hexagonale. En France, on ne parle vraiment bien que de ce qu'on connaît mal.

Le cercle digital pouce-majeur.

Il s'agit d'un code gestuel qui indique l'amour du qu'en-dira-t-on et des derniers secrets de Polichinelle. Il prendra des airs de conspirateur de bande dessinée pour vous annoncer les dessous de cette lamentable affaire qui défraie la chronique.

Le cercle digital classique : le couple pouce-index.

Souvent, l'index s'associe au pouce pour former un cercle digital tandis que les trois autres doigts jouent les utilités en plumes de Sioux. Un code gestuel classique dans les milieux fréquentés par le pouvoir et, en particulier, le milieu politique. « Je vous garantis que… » est le sens premier connoté à ce geste si fréquent. Hélas, dans ce milieu, on ne garantit plus que les promesses qu'on ne peut tenir. Et le sens du cercle digital de se comporter dès lors comme un abus de langue… de bois !

Il exécute un cercle digital étrange de l'annulaire gauche (les affects) qui rejoint le pouce, faisant mine de catapulter son erreur dans le vide.
Ce qui signifie symboliquement : « Je me suis fait avoir par mes émotions, mais je m'en dégage. » Cela veut aussi dire que votre bonhomme fait dans la démesure ou la démagogie.

Un cercle digital pouce-index de chaque côté représente une double fraude.
Geste de simulation, de moquerie ou d'imposture dans tous les cas de figure avec une main, que dire du même geste esquissé avec les deux ? L'avocat du diable n'eût pas fait mieux.

DOIGTS (les)

Si l'intuition est la vitesse-lumière de l'intelligence humaine, la faculté analogique est la capacité de franchir les frontières invisibles qui séparent les mondes parallèles de la pensée humaine.

Sans les doigts, où en serions-nous, en termes d'évolution ? Le langage combinatoire des doigts sur lequel reposent les bases de la psychoanatomie est incontestablement le plus riche de tout le vocabulaire gestuel. De l'auriculaire au pouce en passant par toutes les combinaisons possibles, les gestes qui impliquent les doigts se déclinent à l'infini ou presque. Un seul exemple pour illustrer le mode d'interprétation psychoanatomique : l'index droit qui fait moustache sur la lèvre supérieure est un geste courant.

Que signifie-t-il ? L'index droit est le doigt de l'affirmation de soi et la lèvre supérieure symbolise la colère ou le mensonge.

Dans le cas de figure de l'index gauche en moustache, si on additionne le mensonge et la jalousie, on tombe dans le chaudron de la mauvaise foi. En revanche, si on marie le mensonge à l'affirmation de soi, on se retrouve au pied de la simulation.

Étant donné l'importance fondamentale des doigts dans notre évolution, il était fatal qu'on leur attribue une symbolique associée aux caractéristiques psychologiques majeures du tempérament humain. Le contact des doigts avec le reste du corps est un champ d'observation d'une richesse inouïe, surtout quand on l'associe au discours verbal ou au vécu contextuel du sujet.

Il se frotte continuellement la narine de l'index gauche tout en me rassurant sur son manque de concupiscence.

L'index gauche est le doigt de la jalousie, le nez est le siège du flair ou du savoir-faire. Cette manie trahit une fausse générosité de la part d'un vrai jaloux. Mais comment est-ce possible ? Il a l'air tellement optimiste, consensuel, oblatif, disponible ! Il est toujours d'accord avec tout le monde. Quand j'ai eu besoin qu'il me rende un service, il s'est défilé sans faire de ronds de jambe. Il faut toujours se méfier des gens qui paraissent plus vrais que nature.

La symbolique digitale

Les doigts ont un sens symbolique fondamental. Chacun d'entre eux cerne une prédisposition dont tout être humain est pourvu. Chacune de ces prédispositions est une source de créativité sans laquelle l'homme ne serait pas. Chaque doigt couvre un domaine de prédilection indispensable à l'achèvement de soi.

Le pouce gauche est le doigt du plaisir au sens large du terme. On peut y associer l'imaginaire, le rêve, la créativité, la sensualité, autant de paramètres qui dépendent étroitement de nos émotions et du cerveau droit féminin ou yin : l'hémisphère cérébral droit dit cerveau affectif.

Le pouce droit est le doigt du désir. Motivation et sexualité en sont les deux déclinaisons principales. Tout désir procède d'une élaboration intellectuelle ou d'un calcul en connaissance de cause. Le bénéfice secondaire du désir est le plaisir. L'expression du désir dépend du cerveau gauche, le cerveau cognitif.

L'index droit est le doigt de l'être, de l'affirmation de soi, du pouvoir paternel, de la maîtrise de soi ou de ses potentiels et de l'autorité. Un couple de bagues enfilées à l'annulaire droit et à l'index droit trahit un besoin de s'affirmer ou de maîtriser ses potentiels.

L'index gauche est le doigt de l'avoir, de la fusion, du territoire, du pouvoir maternel, de la possession ou de la jalousie et surtout de la vocation.

Le majeur gauche est le doigt du narcissisme, de l'estime de soi, de l'image de soi ou de l'image publique.

Le majeur droit est le doigt de l'organisation psychique et des aptitudes intellectuelles. C'est le doigt cérébral par excellence et celui de la confiance en soi et en ses convictions, fussent-elles des préjugés. L'association d'une bague enfilée au majeur droit et d'une autre sur l'auriculaire de la même main indique une ambition fragilisée par un manque de confiance en soi.

L'annulaire droit est le doigt de la volonté, des automatismes, de la détermination, de la ténacité et de la persévérance.

L'annulaire gauche est le doigt des affects, des talents mais aussi celui de la passion. Les annulaires opposent la passion à la volonté.

L'auriculaire droit est le doigt de l'ambition, de la vanité, de l'avenir et de la curiosité. C'est un doigt qui se projette.

L'auriculaire gauche est le doigt du passé, de la mémoire, des racines et de l'enfance. C'est un doigt qui se souvient.
Cette symbolique digitale ressort d'un postulat fondé sur de multiples observations (bagues, blessures digitales, amputations, démangeaisons récurrentes, etc.).

La chorégraphie des doigts

La cigarette virtuelle
Coudes en appui, votre interlocuteur repose son menton sur son pouce, son index et son majeur sont collés à ses lèvres. On dirait qu'il fume une cigarette ! Ce refrain gestuel débouche sur un scepticisme inoxydable et un personnage autoritaire, doctrinaire, inflexible et radical dans ses jugements. Un juge d'instruction !

La gâchette

Il recroqueville son index autour de son pouce comme s'il rêvait d'appuyer sur la gâchette imaginaire d'un revolver pour se débarrasser du grand nigaud qui commence à l'encombrer, c'est-à-dire vous.

Les doigts en angle droit

En psychoanatomie, les gens de gauche sont créatifs et ceux de droite, réducteurs, ce qui n'est pas forcément le cas en politique. Les doigts sont collés deux par deux et forment un angle droit en forme de demi-cadre du visage. Le pouce soutient le menton, annulaire et auriculaire soulignent les lèvres, index et majeur sont dressés en double canon scotché à la joue ou à la tempe. L'attitude est très charismatique et surtout très télégénique. À la base, c'est un geste d'évaluation, mais sa production à gauche ou à droite en fait un refrain gestuel réflexe alternatif. Suivant l'intérêt que vous porterez aux arguments ou au propos de votre interlocuteur, vous êtes susceptible de voyager de la gauche vers la droite et retour à la case départ.
Le rationnel : à droite, il désigne un individu qui pèse les avantages ou les inconvénients de vos propositions. Il est sous l'influence du cerveau gauche.

Le créatif : à gauche, votre interlocuteur imagine. Son esprit est alimenté par ses émotions et son cerveau droit.

Les doigts en faisceau

Les doigts rassemblés en faisceau viennent souligner ses arguments. Geste rituel répété par de nombreux politiciens, il marque une idée de rassemblement des moyens qu'il envisage de mettre en œuvre pour aboutir au résultat. Envisager n'est pas réaliser !

Le tambourin

Les doigts de votre interlocuteur tambourinent sans cesse sur la table. Si le tambourin est un tic qui le caractérise, ce geste indique que votre interlocuteur est toujours très pressé de ne pas aboutir. Un insatisfait chronique.

Le trépied

Son front prend appui sur son majeur et son index, le pouce reposant contre la pommette pour soutenir sa tête comme sur une sorte de trépied. Ce code peut indiquer une situation de stress. Il n'y a pas de différence sémantique entre la main gauche et la droite, *a priori*. Ce type d'attitude peut aussi être utilisé par l'homme public pour offrir aux

téléspectateurs une image très télégénique de personnage responsable.

Le baiser rapporté

Votre interlocuteur, coudes en appui, croise ses doigts devant sa bouche, les pouces côte à côte appuyés sur ses lèvres. L'appui des pouces sur les lèvres témoigne d'une attitude de réflexion intense.

Les doigts comptables

Primo, *secundo* et *tertio* ne peuvent s'exprimer sans les doigts ! J'ai observé que les tribuns se servent généralement de la même main pour effectuer ce genre de gymnastique comptable. J'en ai donc déduit qu'il s'agissait d'un refrain gestuel plus invariable qu'alternatif. Individus explicites et affirmatifs ou implicites et manipulateurs font appel à ce stratagème pour canaliser le débat et incarcérer leurs adversaires dans une direction à sens unique. L'énumération digitale est également une manie propre aux orateurs qui se retrouvent souvent confrontés à des adversaires plus coriaces que prévu. Elle appartient à la gestuelle de l'argumentation. Curieusement, chaque tribun privilégie son mode d'énumération et celui-ci est souvent immuable, même s'il demeure évolutif pour certains individus. L'énumération est aussi un moyen idéal pour remettre les choses en perspective ou rationaliser le débat avant de conclure. Hélas, le mode d'énumération est surtout une véritable traîtrise du subconscient épris de vérité, en comparaison avec la conscience qui excelle dans l'art du « mensonge vrai ». Il révèle les failles de celui qui se veut rassurant et donne l'impression de maîtriser son sujet. Le simple fait d'énumérer ses arguments avec l'aide de ses doigts est déjà un aveu de faiblesse intellectuelle en soi. Les *primo, secundo, tertio* qui ont besoin d'un appui gestuel sont des arguments auxquels il manque toute la conviction suffisante et nécessaire pour persuader l'adversaire. Par-delà les mains gauche ou droite, l'énumération s'opère souvent à partir du même doigt. Ce qui enrichit encore l'interprétation gestuelle.

 En résumé, s'il utilise la main gauche comme main boulier et la droite comme main active, le discours du sujet repose sur la manipulation des émotions de son interlocuteur, il sera implicite.

S'il utilise la main droite comme main boulier et la gauche comme main active, son mode d'argumentation se fondera sur son besoin de faire autorité ou de s'affirmer face à l'autre, il sera explicite.

En conclusion, celui qui énumère fréquemment n'a pas les idées claires ! Aurait-il besoin de l'aide de ses doigts pour exposer et ordonner ses arguments si ceux-ci étaient bien rangés dans son esprit ? Non, n'est-ce pas ? Ce raisonnement tombe sous le sens.

Les doigts croisés

Pourquoi ressent-on soudainement le besoin de croiser les doigts ? Cette réaction gestuelle correspond à un état de stress. Chaque fois que vous êtes confronté à une situation dans laquelle vous devez défendre votre point de vue, vous aurez automatiquement tendance à reproduire ce croisement. Les doigts s'accrochent pour symboliser l'alliance entre les deux aires cérébrales du cerveau et potentialiser les capacités qu'elles commandent. Émotion et raison, ces deux sœurs ennemies, se retrouvent alliées de force dans un même combat. Il est indispensable de défendre le territoire mental de l'ensemble corps-esprit face à l'ennemi.

Nous croisons les doigts à tout bout de champ en face à face, mais jamais ou rarement quand nous sommes seuls. Les croisements de doigts ne sont jamais innocents car ils évoquent un maillage protecteur contre l'entourage et se reproduisent le plus souvent en situation d'exception. On croise rarement les doigts dans une soirée entre amis. Les doigts entrelacés sont un geste pare-chocs que la plupart des individus mis en situation d'examen (interview télévisée, par exemple) reproduisent de la même manière : les pouces s'écartent en antenne au rythme des phrases, les doigts restent imbriqués les uns dans les autres.

Le croisement des doigts exprime une multitude de réactions émotionnelles, suivant le site anatomique où les doigts croisés se posent le plus régulièrement. Croiser ses doigts, c'est se donner la main (à défaut de l'offrir à l'autre) et s'accorder une dose d'affection et/ou de réassurance dans une situation de tension ou de stress. Par exemple, le croisement des doigts en chevrons est un signal de trac pur et dur que vous pouvez apercevoir dans la plupart des talk-shows.

La position des pouces

Doigts croisés en un geste de pseudo-supplication, la position adoptée par les pouces est hautement significative. Cartésien, scientifique ou logique si le pouce droit est dominant et créatif, analogique et empirique si c'est le gauche qui domine le droit. Mais il arrive aussi que les pouces soient accolés ou qu'ils se cachent derrière le rempart des doigts croisés. Sachant que les pouces représentent à droite le désir, à gauche le plaisir, les deux pouces non dominants signalent un manque de conviction et une imagination passive. Le geste est rare, heureusement. On l'observe chez des personnes qui n'ont plus d'objectifs dans la vie ou qui vivent une période d'incertitude. Lorsque les pouces se cachent, désir et plaisir sont déconnectés. Le sujet a l'impression de ne pas exister à ses propres yeux. Il est en retrait total par rapport à la société qui l'entoure.

Quel est le pouce qui domine ?

Le croisement des pouces est un code gestuel réflexe invariable. Il intervient comme un réflexe conditionné, dès qu'un petit vent d'angoisse vient balayer la confiance en soi. Les pouces gauches dominants ne sont pas les pouces droits dominants. Les premiers sont investis dans toutes les déclinaisons du plaisir, de l'émotion à l'imagination, de la créativité à l'empirisme. Le pouce gauche dominant est un intuitif, il croit que ce qu'il ressent est vrai. Le pouce droit dominant est un cognitif, il croit que ce qu'il voit est vrai.

Nous privilégions l'un ou l'autre mode de croisement des pouces dès notre plus tendre enfance et n'en changeons plus de toute notre vie. Ce constat me donne à penser que le croisement en question ne s'acquiert pas par imitation, mais est déjà inscrit dans le génotype. Si vous regardez autour de vous, vous remarquerez une minorité de pouces dominants droits et une majorité de pouces dominants gauches. Ce déséquilibre est significatif sur le plan sociétal. Le pouce dominant gauche est moins discipliné et plus individualiste que le pouce dominant droit. Ce qui revient à dire que l'insécurité, routière par exemple, pourrait aussi trouver ses racines dans un comportement adolescent des pouces gauches dominants face à l'autorité. Mais ce n'est là qu'une spéculation qui n'engage que moi.

Les croisements classiques

Le refus
Les pulpes des pouces sont en appui. Elles restent scotchées. Les pouces scotchés n'expriment ni désir ni plaisir. Ils sont neutres et trahissent un individu psychorigide dans 99 % des cas. C'est le genre de personnage borné et procédurier qui préférera un mauvais procès à un arrangement amiable. Et ne vous fiez surtout pas à son air débonnaire.

Les pouces marionnettes
Les pouces s'écartent réguliè-rement pour ponctuer le dis-cours et retrouvent un contact régulier au niveau des pulpes. L'écartement régulier des pouces trahit le peu de conviction qu'il investit dans ses propos ou le peu de connaissances qu'il possède sur le sujet. C'est l'un des codes gestuels typiques du simulateur.

Les pouces démobilisés

Les pouces reposent côte à côte sans dominance parti-culière. Ni désir ni plaisir ! Ni motivation ni rêve ! Ni sexe ni jouissance ! Les pouces sont inertes. La plupart des téléspectateurs repus qui s'adonnent à leur sport favori après un bon repas adoptent parfois cette atti-tude. La tête vide, les yeux pleins d'images, ils voient la télé plus qu'ils ne la regardent, quand ils ne la subissent pas.

Les pouces cachés

Les pouces se dissimulent derrière le rempart des doigts croisés. Désirs et plaisirs sont interdits ou tabous. J'ai pu observer ce genre de refrain chez un nombre important de personnes désœuvrées. Cependant, on peut aussi rencontrer ce refrain chez des ados timides.

Les pouces en alternance
L'alternance gauche-droite du croisement des pouces révèle un état de surmenage ou un signe clinique de chaos mental. Ce type de conduite apparaît souvent dans les débats télévisuels chez des invités qui ne savent plus comment se sortir d'une situation qui les liquéfie. Ils perdent littéralement les pédales. Si vous faites l'essai, vous constaterez que le croisement inverse de votre croisement habituel est inconfortable.

La courte échelle

Les doigts sont croisés, paumes tournées vers le haut, comme si le sujet s'apprêtait à faire la courte échelle. Ce geste particulier révèle une sorte d'appel au secours. Il est fréquent chez les individus en situation précaire, prêts à se soumettre à toutes les influences, si ces dernières leur permettent de sortir la tête de l'eau.

La herse

Votre interlocuteur entrecroise ses doigts en forme de herse, doigts tendus. Le manque de franchise est ce qui caractérise le plus le sujet qui reproduit souvent ce code gestuel : la herse est difficile à franchir au propre comme au figuré.

La herse est aussi reproduite à l'envers, paumes orientées vers le ciel.

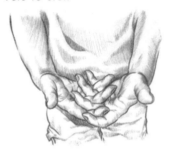

Le double canon

Index et majeurs tendus en travers de la bouche, annulaires et auriculaires croisés. Geste redoutable du débat-
teur ironique qui cherche l'ouverture pour abattre son
adversaire en le ridiculisant.

L'épi

Votre interlocuteur, coudes
en appui, presse ses mains
l'une contre l'autre, les
doigts accrochés en épi. Le
geste est remarquable en ce
sens qu'il trahit un tempérament torturé doublé d'un
esprit tortueux. Un petit
point de détail qui pourrait avoir son importance ! Cette
attitude appartient à des individus qui tirent un plaisir
trouble de leurs souffrances. Or, la souffrance a ceci de
fabuleux qu'elle autorise la sublimation et permet à un individu médiocre de devenir génial, du jour au lendemain.

L'engrenage

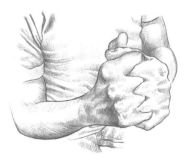

Les doigts en engrenage croisés vers l'intérieur, pouces
écartés, paumes ouvertes vers l'intérieur. Le maillage des
doigts croisés est produit à l'inverse d'un croisement

habituel. Le geste est étonnant et doit être légèrement douloureux, surtout si le producteur porte des bagues aux
doigts. Ce code particulier dévoile un individu psychorigide en contradiction avec le côté conciliant et tout sourire
du personnage. Et si sa gentillesse très superficielle divulguait un tueur potentiel qui attend son heure pour abattre
ses cartes et vous par la même occasion ? Méfiez-vous des
engrenages ! Ils sont le fait d'individus de très mauvaise
foi, très accro à leurs prérogatives ou aux pouvoirs qui
leurs sont confiés. Si vous refusez de danser comme ils
chantent, ils vous évacueront sans l'ombre d'une hésitation.
L'engrenage digital est un refrain gestuel privilégié par des
individus narcissiques, égotistes et très jaloux. C'est aussi
un code gestuel qui annonce la panique à bord. J'ai été
agréablement surpris d'observer ce croisement des doigts
singulier chez un ancien ministre allemand qui a écrit un
ouvrage accréditant la thèse d'un complot américano-
sioniste en rapport avec le drame du 11 septembre 2001.
Un remake des *Protocoles des sages de Sion*[1], sans doute !
La mauvaise foi ne vous échappera plus dorénavant.

Le corset
Celui qui croise souvent ses doigts sur son ventre protège
symboliquement sa motivation.

DOS (le)

Le dos est le siège de l'énergie la plus fondamentale pour
la survie de l'humanité : l'amour. Le dos, pris dans sa glo-

---

1. Les *Protocoles des sages de Sion* ou *Programme juif de conquête du monde*
est un faux document exécuté pour le tsar de Russie en 1903 tendant à faire
croire qu'il existait un complot juif pour dominer le monde.

balité, est le siège anatomique de toute sensibilité affective, ce qui a été prouvé scientifiquement au cours des années 1980. David Servan-Schreiber rapporte les faits suivants[1] :

« Malgré la température idéale, les conditions d'oxygène et d'humidité parfaitement établies, une alimentation mesurée en milligrammes et des UV…, les nourrissons ne grandissaient pas ! Scientifiquement, c'était un mystère […]. Une fois sorti de la couveuse, les enfants – c'est-à-dire ceux qui avaient survécu – rattrapaient leur poids rapidement. Mais un jour, dans une unité de néonatalogie américaine, on a remarqué que certains bébés, bien qu'encore en couveuse, semblaient grandir normalement. Rien pourtant n'avait changé dans les protocoles de soins. Rien… ou presque. […] [Une infirmière de nuit] était incapable de résister aux pleurs de ses petits patients. […] Elle avait entrepris quelques semaines plutôt de caresser le dos des bébés pour calmer leurs pleurs. »

De cet incident, les chercheurs ont pu déduire que le contact affectif tactile est bel et bien un facteur indispensable à la croissance. Incroyable mais vrai ! Et la portée de ce constat est incommensurable, car elle confirme que le dos est bien le siège anatomique de l'amour.

David Servan-Schreiber rajoute un principe fondamental en ces termes : « Chez les humains, on a établi que la qualité de la relation entre les parents et leur enfant, définie par le degré d'empathie des parents et leur réponse à ses besoins émotionnels, détermine, plusieurs années plus tard, la tonicité de son système parasympathique, c'est-à-

1. David Servan-Schreiber, « L'amour est un besoin biologique », in *Guérir le stress, l'anxiété et la dépression sans médicaments ni psychanalyse*, pp. 188-189, Robert Laffont, 2003, 298 pages.

dire le facteur précis qui favorise la cohérence du rythme cardiaque et permet de mieux résister au stress et à la dépression…[1] » Ce qui est vrai pour les tout-petits dont l'équilibre physiologique dépend de l'affection qu'on leur porte est aussi vrai pour les adultes. Un dos dont on souffre est un signal qu'il ne faut jamais négliger. Il signifie que « vous en avez plein le dos » d'un imbroglio, d'une situation professionnelle ou d'un partenaire dont vous vous détachez insensiblement. Mais les douleurs dorsales peuvent également indiquer une carence affective installée depuis l'enfance (notamment chez les prématurés). Les tensions s'installent un peu comme des couches sédimentaires qui se superposent. Ce n'est qu'une image, mais elle parle mieux à l'imagination. Seul un retour massif de l'estime de soi peut contrecarrer cette sédimentation.

Certains chercheurs prétendent que l'une des causes majeures des douleurs dorsales serait liée à la frustration sexuelle. Le simple fait de refaire l'amour régulièrement les chasserait automatiquement. Si vous avez mal au dos et si vous oubliez vos devoirs conjugaux, vous savez ce qu'il vous reste à faire. Le sexe est comestible à toutes les sauces ! On peut aussi privilégier les massages ou les caresses mutuelles sans connotation sexuelle. Le succès considérable des stages de massages orientaux n'est pas la conséquence unique de leur efficacité. Une majorité de stagiaires s'inscrivent à ces formations pour recevoir cette compensation affective de la caresse qui leur fait cruellement défaut dans leur vie quotidienne. Hélas, la confusion entre massages et sexe est encore très présente dans les mentalités. Dès qu'on touche le corps d'autrui, le contact est considéré comme pervers.

---

1. ID., *ibid.*, p. 192.

Elle accroche souvent une de ses mains derrière l'épaule, sur l'omoplate.

Un geste tellement éloquent dont son compagnon ignore superbement la signification. Elle lui réclame un peu d'amour, mais il croit qu'elle se gratte le dos pour apaiser des démangeaisons. « Parle à mon dos, mon cœur est malade ! » Telle pourrait être la formule idéale pour signaler un vide affectif à son partenaire ou à un candidat au partage de sentiments amoureux. En tout état de cause, tout contact entre les mains et le dos est l'appel au secours d'un bleu à l'âme.

Vous avez déjà remarqué qu'une jolie femme dénudera son dos en public quand elle n'est pas pourvue d'une poitrine opulente.

Il y a des dos séducteurs et d'autres qu'il vaut mieux cacher sous un voile translucide. Les vertèbres proéminentes ne sont pas des atouts séducteurs. En revanche, les omoplates bien découpées peuvent avoir un effet très attractif sur l'homme qui vous suit. Si elles se complètent d'une ravine au creux du dos, vous avez tout intérêt à dévoiler ce dos, dès que l'occasion s'en présente ou que le climat s'y prête.

Votre invité appuie souvent l'une de ses mains dans le bas de son dos.
Soit il souffre de douleurs lombaires, soit il fait semblant de vous écouter pour vous donner le change. Fils d'un mariage de raison entre ses préjugés et ses idées préconçues, il ne vous suivra jamais au-delà de ses convictions.

Les deux mains prennent appui dans le bas du dos.
Littéralement : « J'en ai plein le dos. » Il faut savoir que toute douleur ou gêne lombaire apparaît quand le mental plonge dans une atmosphère de déprime ponctuelle.

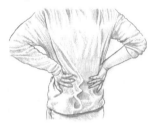

Votre interlocuteur vous parle en vous tournant le dos.
Votre interlocuteur refuse de vous voir, mais accepte de vous parler, comme si vous n'étiez que le dernier des larbins.

Il envoie une tape d'encouragement dans le dos.

Dans un autre contexte, vous vous souviendrez certainement de cette réplique célèbre extraite du roman de Paul Féval « Touchez ma bosse, Monseigneur ! Ça porte bonheur ! » Taper dans le dos de quelqu'un pour l'encourager n'est que le sens premier du geste. Il provient probablement de la superstition évoquée dans la réplique célèbre de Jean Marais. Ce contact amical n'est pas désintéressé puisqu'il permet à celui qui en fait usage de subtiliser un peu de bonne fortune à celui qui est censé la recevoir du destin. Par voie d'extension, tous les gestes de contact associés à un esprit d'encouragement procèdent du même intérêt, même s'il est inconscient. La superstition a la vie dure !

E

Le corps a du génie.

ÉCOUTER

L'écoute passive

L'écoute passive est une écoute subjective qui s'attache essentiellement au sens global du message. L'auditeur est protégé par ses mécanismes de défense et demeure engoncé dans son ego. Un ego vigilant et envahissant qui fonctionne *a priori* comme un filtre protecteur. Le locuteur n'existe que sur le plan virtuel. Un brouillard mental filtre son discours dans l'esprit de l'auditeur. Ses propos ne sont pas considérés comme étant essentiels. Le regard de l'auditeur est introspectif, c'est-à-dire vide ou atone. Il arrive que la fréquence du clignement des paupières s'accélère, un peu comme s'il cherchait à effacer l'image du locuteur. La dimension gestuelle est pauvre, Il ne voit rien, n'écoute pas, mais approuve mécaniquement du chef. Vous avez sûrement déjà remarqué ces individus qui agitent la tête compulsivement en signe d'approbation, ce sont des auditeurs passifs. Ils font semblant d'écouter. Le mouvement de la tête est un écran de fumée. S'ils étaient réellement attentifs, ils n'auraient pas besoin de jouer à M. Banania avec une telle conviction. L'écoute passive est totalement subjective. Tout ce qui ne correspond pas au moule de sa pensée est évacué de sa mémoire. Ça rentre par une oreille, ça ressort par l'autre, avec un vide intersidéral entre les deux. Il répondra à côté de la question ou du sujet du débat justement parce qu'il a effacé les arguments qui dérangent ses préjugés. Il nous arrive à tous de jouer ce rôle quand la conversation nous lasse. Les infos à la télé sont aux neuf dixièmes écoutées passivement, comme si notre cerveau opérait un tri dans le déluge de mots et d'images. L'esprit décroche, incapable d'absorber toute l'information qui se déverse. D'où la mise en place de cette écoute sélective. Nous pratiquons une espèce de lecture auditive en diagonale ! Le bombardement de mots par les médias est une pollution permanente d'informations souvent inutiles. Dans ce contexte, l'écoute subjective est un moyen de défense parfaitement justifié et légitime. Hélas, à force d'appliquer cette forme d'écoute pour nous protéger de l'agression médiatique, nous finissons par privilégier l'écoute passive en toutes circonstances. Le mari entend le discours de son épouse à travers le brouillage protecteur de sa conscience. La communication ne passe plus ou est déformée par l'absence d'écoute objective. Avez-vous entendu ce qu'il a dit ou l'avez-vous rêvé ? L'écoute subjective brouille la réception de l'information. Le message réel devient virtuel. On décroche ! Nos oreilles nous servent à écouter, nous les utilisons pour entendre le message. Nos yeux nous servent à regarder, nous les utilisons pour voir mille et une fois la même image sans jamais user de la faculté d'observation. Notre bouche nous sert à parler, les mots s'en échappent sans contrôle. À l'instar des possibilités du cerveau humain, nous utilisons notre audition, notre vision ou notre faculté d'expression à 10 % de leurs capacités, laissant en friche les 90 % restants. Dans le même ordre d'idées, l'analyse des gestes, pourtant tellement visibles, est oblitérée au profit du discours subjectif (manipulé) des mots.

Entendre ou écouter

Tout échange verbal ou infraverbal est sous-tendu par un échange émotionnel. Les énergies s'affrontent, les inconscients communiquent à l'insu des consciences par gestes interposés. Cette communication non consciente peut être l'objet de véritables affrontements énergétiques dont les protagonistes sortent satisfaits ou éreintés. Le père furieux a l'impression de parler dans le vide à son fils ado qui fait semblant d'écouter. C'est un mode de communication fragilisé par le fossé énergétique qui les sépare. Le message ne passe pas, même si les termes utilisés par le père sont parfaitement intelligibles. L'objection mentale du fils face au père entraînera rapidement un malaise fondé sur un affrontement énergétique de polarité antagoniste. Le premier veut convaincre le second : « J'accepte de t'entendre, mais je refuse de t'écouter. » Éviter l'affrontement énergétique exige une connaissance des mécanismes émotionnels qui entrent en jeu. Les mimiques du visage et les mouvements subtils de la tête du fils pourraient fournir de précieux indices à son père.

Par exemple, le mouvement des arcades sourcilières qui s'étirent vers le haut marquent en principe l'étonnement.

En pratique, ce mouvement, s'il devient un tic gestuel, change totalement de sens. Il devient manipulateur de l'information. Certains journalistes de télévision en font un usage abusif et ponctuent gestuellement leurs phrases de cette manière. Ce geste trahit alors un besoin d'accréditer le message, de donner à la rumeur le poids de la vérité. Il s'agit d'un banal dispositif hypnotiseur, hérité de l'enfance, destiné à crédibiliser les propos de l'adulte dans l'esprit de l'enfant. Rappelez-vous les grands yeux, une ouverture oculaire censée prévenir une bêtise que vous vous apprêtiez à commettre.

Quand les lèvres se referment sur un vague sourire ironique à la fin d'un commentaire, la mimique consiste à sous-entendre que le journaliste en sait bien plus qu'il ne veut le dire. Il nous fait l'aumône des rumeurs qu'il vient de nous livrer, mais nous évite la douleur d'une vérité insupportable dont il se veut le dépositaire.

ENCADRER

Attitude narcissique, dans le contexte d'une mise en valeur du visage, par exemple. Les mains ne servent pas uniquement à soutenir la tête, elles peuvent aussi se substituer à une sorte de maquillage gestuel du visage.

Les mains, doigts écartés, sont posées sur les joues.
C'est la posture du lotus ! Elle embellit toujours le visage, fut-il le plus laid de tous ceux que vous avez croisés. Il existe ainsi des dizaines de gestes qui servent à mettre en valeur ou à gommer les défauts d'un visage

ingrat de la manière la plus naturelle qui soit. Ce sont les gestes de la beauté !

ENFANTS (la gestuelle des)

Les enfants s'expriment gestuellement bien avant d'avoir la possibilité de se faire comprendre verbalement. Il existe des centaines de gestes typiques dont la traduction est connue, voire reconnue, par toutes les mamans. Ils imitent les gestes des grands. Le corps d'un enfant est animé d'une énergie extraordinaire qui s'exprime par une permanence des mouvements du corps. Ces mouvements ne sont pas des gesticulations, comme le croient la plupart des gens, mais de véritables codes gestuels (tels ceux des sourds-muets) qu'il faut apprendre à observer pour les comprendre.

« Le geste est premier, écrit Christiane Olivier[1]. C'est avec le corps que nous avons d'abord communiqué. Demander, refuser, accepter, l'enfant le fait avec son corps : s'il ne veut pas de biberon, il détourne la tête ; s'il a faim, il cherche le sein avec la bouche ; s'il a envie de votre présence, il commence à trépigner de joie à votre approche et, si vous l'attrapez, vous sentez tout son corps se tendre vers vous ; de même, s'il ne veut pas être saisi par une personne inconnue, il se raidit au fond de son berceau. À cette époque de la vie nous ne saurions mentir, notre corps dit la vérité absolue de ce que nous sentons. »

La connaissance des refrains gestuels invariables permet aussi aux parents de dresser le profil psychologique de

---

1. Christiane Olivier, « Naître au féminin », in *Filles d'Ève*, p. 29, Édition Denoël, 1990, 219 pages.

leur enfant. Portrait de leurs qualités principales, prédis-positions, aptitudes en bouton, etc. Une information accessible et objective, d'une richesse étonnante qui permet de nouer un dialogue fructueux avec votre enfant dès la seconde enfance. L'enfant qui se construit a besoin de savoir qui il est et comment il fonctionne. Si son parent lui apporte ces informations, il devient l'initiateur du dialogue parent-enfant.

ENLACER

L'étreinte est une conduite destinée à rassurer ou à consoler bien plus qu'à transmettre un sentiment amoureux pur et simple. Le contact du corps de l'autre est roboratif.

Les footballeurs qui s'enlacent spontanément.

Ils se félicitent d'un but marqué dans le camp adverse et se rassurent mutuellement dans la perspective d'une victoire. L'étreinte est une façon de partager sa joie dans l'instant de son expression. Elle sera toujours euphorique, voire violente, et brève. Comme quand deux vieux amis se retrouvent après des années d'absence. L'étreinte est une conjugaison des sentiments et non une réunion des sexes.

ÉPAULES (les)

« En faisant peser la responsabilité sur ses épaules. » La formule est d'origine biblique. Les épaules prises ensemble sont le siège du sens des responsabilités. Il faut qu'elles soient fortes de l'investissement affectif (épaule gauche) à l'ambition (épaule droite) pour conduire l'individu vers son destin.

Votre épaule gauche est le siège symbolique de vos affects, en d'autres termes de votre capacité à vous investir dans une action ou un projet. Ce qui signifie qu'une carence affective pourrait être à l'origine d'une arthrose de votre épaule gauche, un beau matin. Cette affirmation n'est bien évidemment qu'une hypothèse fondée sur de multiples observations. L'affect est une énergie qui vous pousse à vous identifier (attraction ou répulsion) à un sujet ou à un objet et pas seulement à un sentiment amoureux. Une incapacité chronique à prendre une décision est souvent à la racine d'une arthrose de l'épaule gauche.

Votre épaule droite est le siège symbolique de l'ambition (chez les droitiers). Une ambition réfrénée, pénalisée ou castrée pourrait entraîner des douleurs atypiques de type rhumatismal à l'épaule droite ou dans le deltoïde correspondant, voire une tendance aux torticolis. Mais les douleurs rémanentes des trapèzes peuvent aussi être dues au shopping ou à la nécessité de porter de jeunes enfants sur de longues distances. On y accroche aussi sa main gauche pour protéger l'ego d'un échec toujours possible ou d'une démotivation brutale.

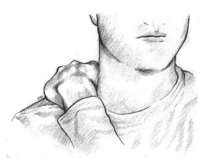

Il faut avoir les moyens de sa politique. Si vos ambitions dépassent vos moyens vous aurez tendance à reproduire ce code gestuel plus souvent qu'il ne le faudrait. Soyez-y attentif !

Ses deux mains sont souvent suspendues à ses épaules, les bras se croisant sur sa poitrine.
Cette posture très fréquentée par les jeunes femmes indique un tempérament hyperémotif de la part d'un individu qui tire volontiers des plans sur la comète.

La main droite de votre interlocuteur est accrochée à l'épaule gauche.

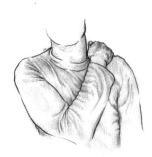

Quand l'enthousiasme se dégonfle, quand le désir est bafoué ou quand l'implication ne mène à rien de tangible, la main droite s'accroche souvent à l'épaule gauche pour panser la blessure.

La main gauche de votre interlocuteur est accrochée à l'épaule droite.
Il affiche la démesure d'une ambition qui l'obsède bien plus qu'elle ne peut s'exprimer.

L'épaule gauche remonte contre le menton, offrant au visage un air aguichant. Attitude puérile reprise par une jeune femme qui joue les ados amoureuses en situation de séduction active.

Le bras droit est replié au niveau de l'épaule correspondante, la main gauche vient recouvrir le dos de la main droite.

La joue peut pencher ou s'appuyer sur le dos de la main droite. Ce sont les bras en toge. Une posture qui émet un message de tendresse.

Votre interlocuteur rentre systématiquement la tête dans les épaules.
On rentre la tête dans les épaules quand on craint les retours de manivelle de promesses impossibles à tenir. Plus les enjeux sont élevés, plus la tête s'enfonce et le cou s'efface. Le simple fait de rentrer la tête dans les épaules symbolise aussi la peur du ciel qui vous tombera fatalement sur le crâne. Ce qui signifie par analogie que ce tic gestuel se rencontre généralement chez des individus fatalistes ou ceux qui sont soumis à une situation de stress intense.

Votre interlocuteur hausse souvent les épaules.
Il affirme son incertitude et une incapacité congénitale à prendre une décision quelconque. Il s'agit souvent d'un signal de perplexité et non comme on pourrait le croire d'un aveu gestuel de désinvestissement ou de je-m'en-foutisme. Le haussement d'épaules est parfois moins théâtralisé, donc plus subtil et plus difficile à observer. En général, nous faisons mine de hausser les épaules pour amoindrir l'importance d'un événement ou pour effacer l'amertume d'une désillusion. Il faut savoir que le haussement d'épaules est une réaction gestuelle de perdant. Celui qui en abuse se solde mieux qu'il ne se vend.

ERGONOMIE GESTUELLE (l')

Votre corps est un lieu de confort ou d'inconfort suivant le degré de conscience que vous avez de son fonctionnement. Mais votre corps précède, escorte ou protège votre discours contre ses propres abus. Les gestes en décalage alternent avec les attitudes ergonomiques en fonction du contexte auquel vous êtes confronté. La recherche d'ergonomie gestuelle est une manière originale d'influencer positivement le psychisme ou de restructurer une personnalité fragilisée. C'est aussi un moyen créatif d'apprendre à communiquer plus efficacement. Il suffit de se poser une question élémentaire : mon corps est-il satisfait de la posture que je lui impose ? Vos pieds réfugiés sous le siège avanceront automatiquement dans la position la plus ergonomique ; votre dos rond se redressera ; vos bras se décroiseront pour libérer votre poitrine, etc. Prendre conscience de la position de son corps dans l'espace est une gymnastique mentale contraignante, mais largement profitable, si vous faites l'effort de vous poser cette question quelques dizaines de fois dans la journée. Car les postures corporelles ne sont jamais que la traduction visible des sentiments qui s'affrontent dans votre mental.

EXTRAVERTI OU INTROVERTI ?

L'introversion et l'extraversion sont deux modes de communication antagonistes mais complémentaires qui vont du moi vers l'autre ou de l'autre vers le moi. Il faut admettre que les inconscients communiquent entre eux à l'insu des consciences. Les introvertis projettent leurs désirs sur l'environnement par le truchement d'une conscience fortement imprégnée de leur moi. Ce sont les « moi, je... », les « moi, mon fils... », pour ne parler que de leurs refrains verbaux les plus courants. L'introverti ne perçoit l'extérieur qu'à travers le filtre de son ego, qui le protège efficacement contre les frustrations de l'existence. Les introvertis vivent en général plus vieux que les extravertis, leur égoïsme naturel leur sert d'élixir de longue vie.

L'introverti

L'introverti se communique à l'autre tandis que l'extraverti communique avec l'autre.

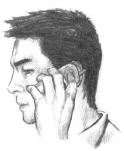

Voilà la définition que je vous propose. Mais tous deux communiquent avec le monde qui les entoure. La majorité des artistes, acteurs, chanteurs et autres stars du petit et du grand écran sont des introvertis. Leur ego est leur fonds de commerce. Les extravertis dépensent trop d'énergie à écouter le monde pour pouvoir l'investir dans un égocentrisme forcené.

Comment savoir si vous êtes l'un ou l'autre ? À quelle oreille portez-vous votre portable ou le combiné du téléphone ? Oreille gauche ? Vous êtes introverti. Oreille droite ? Vous êtes extraverti. Indifféremment droite ou gauche ? On peut aussi être introverti ou extraverti suivant les contextes auxquels nous sommes confrontés. Par exemple, dans un contexte de séduction, vous pourriez vous avérer parfaitement introverti et, dans un contexte de danger, extraverti. Certains sont des héros sans le savoir. Tout n'est pas noir ou blanc ! On peut aussi être noir et blanc !

L'extraverti

L'extraverti cultive amitiés et inimitiés au détriment des opportunités.

C'est là tout le secret de ses succès ! L'extraverti communique avec l'autre, il est « tu » avant d'être « je ». Il questionne plus qu'il n'affirme. L'ouverture aux autres est une richesse qui a un coût énergétique. Les extravertis dépensent beaucoup d'énergie à écouter le monde mais aussi à le manipuler. Ils préfèrent souvent assister au spectacle qu'en faire partie. Ce qui ne signifie pas qu'ils négligent leur carrière pour autant. La différence avec l'introverti, c'est que l'extraverti qui réussit y arrive souvent grâce aux autres ou malgré eux. Il n'est pas forcément généreux et peut s'avérer redoutable en tant qu'adversaire, car il écoute l'autre au lieu de s'écouter en priorité.

F

Un corps qui chante faux a tout faux.

FESSES (les)

Historiquement, les fesses rondes distinguaient l'homme de la bête, les monstres des ténèbres devaient en être dépourvus. C'est ainsi que le diable gagna sa réputation de ne pas avoir de fesses. Est-ce la raison pour laquelle les hommes qui ont les fesses plates sont réputés diaboliques en affaires ? Et les femmes qui sont généralement très pourvues sur le plan mammaire n'ont pas des muscles fessiers en rapport avec la générosité de leur poitrine. En revanche, elles sont souvent très exigeantes sexuellement[1]. Le manque de fesses stimule peut-être la demande de compensation ? Statistiquement, les femmes à forte poitrine sont plus clitoridiennes que vaginales. Y aurait-il là un rapport avec les fessiers peu développés ? J'ai pu constater, lors d'une enquête dans le milieu de la prostitution, que les jeunes femmes pourvues de fesses proéminentes privilégiaient largement la pénétration à la fellation (ce sont les réponses que j'ai obtenues, évidemment).

---

1. Cette remarque repose sur une investigation que j'ai conduite au cours d'un doctorat sur la prostitution au début des années 1980.

En revanche, les prostituées à forte poitrine évitaient la pénétration autant qu'elles le pouvaient et proposaient systématiquement une fellation à leurs clients. Pourquoi ce lien de causalité étonnant ? Pour une raison stupide, à première vue. Les femmes pourvues de fortes poitrines sont fétichistes. Elles sont très fières de l'effet que font leurs seins sur les hommes, mais craignent que leurs amants ne fassent une fixation et les abîment à force de les malaxer ou de les écraser. Voilà pourquoi les femmes qui bénéficient d'une poitrine plantureuse sont généralement plus clitoridiennes que vaginales.

En revanche, les femmes aux fesses stéatopyges adorent littéralement que leurs amants triturent, malaxent ou caressent leurs fessiers et autres modes érotiques compris dans le menu.

Or ce type de caresses ou de massages accompagne souvent la pénétration avant ou arrière. Elles sont donc plus vaginales.

Les fesses au masculin

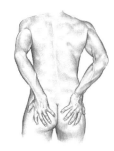

Quand un homme pose ses mains à plat sur ses fessiers.
Il trahit sans le savoir sa sensibilité anale, ce qui ne veut pas dire qu'il est attiré par d'autres hommes. Dans le climat actuel, les femmes admettent qu'elles sont attirées par les fesses masculines. Leurs préférences vont généralement aux fesses dures, petites et musclées. Il paraît qu'elles les veulent sportives car elles sont synonymes de poussées pelviennes efficaces durant la copulation. Hélas, la dureté des fesses ne permet pas de préjuger de la valeur des performances d'un futur amant.

Certaines femmes aiment caresser le plus naturellement du monde les fesses de leur compagnon, en privé ou en public. Le geste n'est pas choquant dans la mesure où il est reproduit sur le tissu du jeans ou du pantalon. C'est un geste de provocation et un appel du pied qui exprime une demande non verbale de sexe à un partenaire qui fait la sourde oreille. Des enquêtes ont montré que 34 % des femmes du XXIe siècle accordaient beaucoup plus d'importance aux fesses des hommes qu'à d'autres détails anatomiques plus visibles. Un homme qui a des fesses au carré a plus de chance de séduire de nos jours qu'un minet à la belle figure mais aux fesses tristounettes.

Quand l'iconographie fessière se démultiplie au détriment de l'iconographie mammaire (la mode des strings en est un symptôme édifiant), cela signifie que nous passons d'une ère de contestation à une ère de provocation.

L'écueil du voile islamique en est une représentation typique. Le terrorisme urbain est le point d'orgue de la provocation. Je ne vais pas m'étendre sur ce véritable phénomène de société, mais juste relever que la mode du string s'est imposée sans la moindre levée de boucliers contrairement à celle du voile dans les banlieues. L'inconscient collectif a peur de ce que l'avenir nous réserve. Il s'arme de provocation pour évacuer le sentiment d'un futur effrayant dont les médias se font, comme toujours, les Cassandre. Le diable est parmi nous, montrez-lui votre postérieur !

Quelques repères gestuels

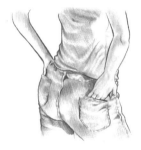

Un individu (masculin ou féminin) qui se promène régulièrement avec les mains enfoncées dans les poches arrière de son jeans est un provocateur, même s'il vous paraît totalement pacifique.

Quand votre femme vous met la main aux fesses.
Elle exprime, parfois sans le vouloir expressément, son envie de sexe, voire même sa frustration sexuelle. Avis aux observateurs !

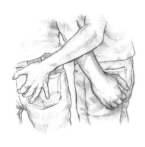

Quand un homme s'empare des fessiers de sa compagne.

Le message est très différent, il affirme son droit de cuissage sans demande de passage à l'acte. Les fessiers sont souvent plus sensibles au toucher que les seins. Si l'on considère que la nature (ou Dieu[1]) a prévu que l'homme et la femme passeraient à l'acte en face-à-face, cette sensibilité me semble logique.

Les bras qui s'accrochent dans le cou, dans le dos ou sur les fesses ne délivrent pas le même message. Dans le cou, ils soulignent une demande de tendresse ; dans le dos, ils représentent un désir de sécurité ; sur les fesses, ils signalent une invitation au passage à l'acte. Si vous acceptez de danser la salsa avec un cavalier inconnu, vous lui proposez implicitement la possibilité de passer à l'acte en offrant vos fesses à ses mains.

Elle est assise, les fesses sur le dos de ses mains en télésiège.

---

1. Si vous en avez l'occasion, posez à un ministre du culte la question suivante : « Qui de Dieu ou du diable a inventé la sexualité ? » La réponse risque de vous surprendre.

L'attitude est assez courante chez les enfants qui ont envie de grandir vite. Les grands qui la reproduisent sont des enfants de chœur et des adultes malgré eux.

Votre interlocuteur, debout, pose souvent ses fesses sur le bord d'une table.
Attitude courante mais souvent mal interprétée comme étant paternaliste. Il s'agit, en fait, d'une posture destinée à écraser l'adversaire en l'infériorisant.

Votre amie, assise sur un banc public, coince l'un de ses pieds sous ses fesses.
On s'assoit sur son pied quand on ne peut pas le prendre, selon l'expression consacrée. Posture relativement rare dans une réunion formelle, elle peut se manifester quand les débats s'éternisent tard dans la soirée.

Elle se caresse le haut des fesses sans fausse pudeur.

L'attitude est provocatrice et, par voie de conséquence, calculatrice au masculin comme au féminin, habillé ou non. Dans l'intimité, le message est on ne peut plus clair…

FLANCS (les)

Siège de la vanité ! « Je m'en bats les flancs. » L'expression est un peu vieillotte. Elle signifie que l'on fait des efforts vains et inutiles sans obtenir de résultats. Est-ce la raison pour laquelle le choix du coq comme emblème national a fait de la France un pays ubuesque où l'on se bat les flancs avant de se faire plumer par l'État ? L'expression est une allusion au coq qui se bat les flancs de ses ailes. Le coq est le parangon des animaux vaniteux. Quel mauvais choix ! Le Français est-il à ce point le modèle de l'homme vaniteux ? C'est ce que pensent la plupart des étrangers que j'ai rencontrés en Amérique du Nord ou dans les autres pays européens. Quand on prête le flanc à la critique, on s'expose à l'échec. Le flanc d'une armée est le ventre mou des plans de bataille. Il faut toujours protéger ses flancs avant de se lancer dans une entreprise. Les vaniteux s'en moquent et c'est souvent la raison de leurs fiascos.

Il existe une variante du croisement des bras dans laquelle les paumes des mains viennent protéger les flancs, doigts écartés.

Cette attitude est majoritairement féminine et confirme l'incapacité à aimer de la personne qui la reproduit. Rien à voir avec l'orgueil ou la vanité, sinon qu'aimer peut parfois s'avérer vain quand l'autre vous ignore. La protection des flancs par les paumes indique que le reproducteur du geste n'est pas sûr d'être aimé en retour, effectivement.

Il se gratte les flancs.
On se gratte toujours les flancs quand on s'ennuie.

FRONT (le)

Front et frontière sont issus de la même racine étymologique. Le front est la frontière entre le mental et le monde extérieur. Il abrite le mystère de la pensée humaine.

Le front est le siège du temps et qui dit temps dit espace, car ces deux notions sont indissociables et essentielles à notre perception de la vie elle-même. La logique se situe au niveau du lobe frontal droit et l'imaginaire au niveau du lobe frontal gauche. La glabelle, ou le centre du front juste entre les sourcils au-dessus de la racine du nez, serait le siège symbolique de l'intuition.

Quelques gestes significatifs

Il pose ses doigts en visière sur le front, le pouce en appui sur la pommette.
Faux geste de gêne de la part d'un individu moqueur. Et rappelez-vous toujours cette règle essentielle en matière de sémantique gestuelle : l'action de cacher traduit évidemment un tempérament simulateur ou un discours frauduleux.

Il appuie la paume de sa main contre son front, doigts pointés vers le haut du crâne, coudes en appui.

Geste de désespoir ou de tristesse quand il est reproduit devant témoin. On retrouve aussi ce code gestuel chez les étudiants désespérés par un bouquin incompréhensible.

Il appuie une main à plat sur son front, coude en appui.
La main à plat sur le front symbolise la main qui frappe pour rappeler les idées en désordre.

Coudes en appui, il plaque ses deux mains sur le haut de son front et sur la partie antérieure de son crâne tout en dirigeant ses yeux vers le sol ou la table.
Attitude qui marque une forme de désespoir ou de lassitude.

Il plisse la peau de son front vers la racine de ses cheveux.
Mimique du doute et surtout code gestuel dupliqué par les pessimistes de tous bords. Le président Bush reproduit souvent ce tic. Le front ridé est-il uniquement le signe des hommes qui portent de lourdes responsabilités ? Faux ! C'est aussi la conséquence d'un tic très courant chez ceux qui écarquillent systématiquement les sourcils chaque fois qu'ils essayent de masquer leurs sentiments. Des menteurs !

Votre interlocuteur plisse la peau de son front entre les sourcils.

Tempérament soucieux. Il est sans surprise, s'excuse toujours avant de vous marcher sur les pieds et ne fait jamais long feu nulle part.

FROTTER

Action qui permet de produire de l'électricité statique. On se frotte les mains avant de se mettre à l'ouvrage. Un geste antique qu'on retrouve encore chez les ouvriers ou les agriculteurs. Les manuels, en somme. Frottez vos mains l'une contre l'autre, à plat, de temps en temps. Vous sentirez la chaleur que ce geste dégage au bout de quelques secondes et vous ressentirez l'impression tonique qui découle de ce geste.

FUITE (les distances de)

Les règles de la proxémique (science des distances de fuite) interviennent pour beaucoup dans l'établissement d'une relation entre deux individus séparés par des motivations antagonistes, tels l'acheteur et le vendeur. Il faut apprendre à mesurer la distance physique qui convient. La chorégraphie gestuelle qui s'installe entre deux personnes qui dialoguent est surprenante à observer. L'un se penche sur son bureau et l'autre se recule contre le dossier de son fauteuil. Il conserve une distance de fuite. Et le degré d'influence est totalement tributaire de la distance qui sépare les individus.

G

*Le mot majuscule ne parvient pas
à éliminer le geste minuscule.*

GENOUX (les)

Le genou droit est le siège symbolique de l'agressivité, de la mobilité et du progrès. Le genou gauche est le siège symbolique de la soumission ou de la fuite. On s'enfuit toujours par la gauche face au danger.

La langue des genoux

Elle tend les bras dans le prolongement de ses cuisses, ses mains cachent ses genoux.

Attitude de stress associée à une crainte physique de recevoir un coup de pied virtuel. Le recours à cette posture se double souvent d'un visage crispé ou constipé. C'est la posture typique de celle dont l'amour-propre est aussi visible que son décolleté plongeant.

Votre amie est assise et croise ses bras sur ses genoux, relevés à hauteur de sa poitrine.

Posture fœtale qui trahit une demande de tendresse dans un contexte d'intimité. Dans une ambiance amicale, elle indique un personnage immature et agressif. C'est la séquence de la forteresse !

Votre patron croise les jambes en équerre, quel est le genou protégé par le tricot des doigts croisés ?
Refrain gestuel alternatif ! Le droit ? Il réprime son hostilité à votre égard. Le gauche ? Il exprime sa soumission, contraint et forcé, mais certainement pas de bon gré. Le croisement des doigts sur l'un des genoux renforce à la fois le sentiment d'infériorité et une surprotection du territoire.

GESTICULATIONS (les)

Si le profilage gestuel ne reposait pas sur le contenu du discours verbal, du contexte ou des événements qui le justifient, il n'aurait aucune raison d'être. Car nul ne peut comprendre les gesticulations d'un individu sans connaître les raisons qui les justifient. Si vous écoutez chanter Lara Fabian à la télé et que vous coupez le son, il vous semblera qu'elle souffre le martyre alors qu'elle interprète une chanson d'amour. Sans la prise en compte du contexte, les gestes ne sont que des pantomimes.

Les gestes insignifiants

Il existe autant de mots qui ne signifient rien et que nous utilisons pour remplir les blancs que des gestes qui sont autant de gesticulations gratuites.

Gesticulations, attitudes, postures instinctives, gestes conventionnels, qu'ils soient insignifiants ou non, les signaux corporels sont la manifestation de la recherche d'une harmonie psychosomatique. Les gestes ont pour rôle primordial d'assurer l'évacuation immédiate des crispations musculo-articulaires générées par l'environnement. Le moindre stress (stress du territoire) provenant de l'environnement (thriller télévisuel, bruits nocturnes, cris des voisins, etc.) engendre une série de crispations musculaires qui ne sont que le reflet des événements agresseurs. « Où as-tu mis les clefs de la voiture ? » hurle votre mari excédé ! Vous rentrez automatiquement le cou dans les épaules avant de lui répondre. Ces stress innombrables sont donc dilués au quotidien, comme un goutte-àgoutte, dans toute la carapace musculaire. S'ils n'existaient pas, nous n'aurions pas besoin de nous mouvoir sans objectif ou de gesticuler sans raison pour les évacuer. Car il semble que nous gesticulions à 80 % de manière insignifiante et ne produisions des gestes significatifs que pour les 20 % restants et peut-être moins. Encore que ces pourcentages demeurent sujets à caution !

Les refrains gestuels

Pourquoi tous ces gestes aussi gratuits qu'inutiles ? *A priori*, pour évacuer l'acide lactique qui submerge les muscles ! Une partie importante de ces gestes peuvent être des réponses nerveuses à des états d'excitation ou d'objection mentale. Mais il en reste qui n'entrent pas dans cette catégorie particulière. Le corps est animé de mouvements aussi divers qu'inexplicables. Les jambes, les mains, le visage sont le siège d'une multitude de tics, d'attitudes mimiques, de postures réactionnelles, de gestes ou de grimaces qui ne trouvent aucune explication logique et demeurent intraduisibles, mais dont la fréquence répétitive est remarquable. Le même geste revient à intervalles irréguliers. Il est alors essentiel d'écouter ce qui est dit ou d'observer les rapports de force existants entre les parties en présence pour découvrir que ces gestes auraient peut-être bien une traduction dans le texte. Voilà pourquoi il me semble évident qu'il existe une signification analogique au ballet gestuel exécuté en permanence par le corps humain. Nier cette évidence reviendrait à refuser toute signification à une langue étrangère parce que la suite de sons n'aurait aucun sens à vos oreilles. Certains scientifiques ont tellement peur de ce qu'ils ignorent qu'ils nient le sens des gestes comme s'il s'agissait d'une expression extraterrestre du genre humain.

GORGE (la)

La gorge serrée, elle ne peut plus répondre à la calomnie dont elle est la cible. Siège de l'anxiété, selon les neuro-biologistes, la gorge peut aussi être assimilée à la tristesse et à la mélancolie. « J'ai la gorge serrée ou j'ai la gorge sèche », dit-on quand le chagrin s'annonce ou encore : « Il est pris à la gorge » quand les créanciers acculent un débiteur à la faillite. Un grand classique gestuel de la per-sonnalité anxieuse consiste à porter sa main gauche en collier à la base du cou.

Quelques standards gestuels de l'angoisse

Le ministre pose son index en travers de sa pomme d'Adam.
Il se coupe la gorge, littéra-lement.

La concierge pose ses deux mains superposées sur sa gorge.

Geste typique des individus qui fréquentent les petites frayeurs, celles qui leur procurent un plaisir trouble d'avoir échappé à la grande frayeur pure et dure. Ce geste trahit également un individu craintif, voire superstitieux à souhait. La gorge est le siège caractéristique des peurs infantiles.

La main de la jolie dame couvre sa gorge.

La main ne couvre jamais la gorge sans qu'un sentiment archaïque de peur ne remonte à la surface de la conscience. Peur d'être décapité ou d'être étranglé par une situation préoccupante.

En conclusion, rappelez-vous que tous les gestes qui aboutissent à la nuque sont en rapport avec le degré de confiance ou de méfiance en soi ; tous les gestes qui impliquent la gorge révèlent une angoisse ou une peur quelconque. (Voir aussi Nuque.)

H

*Les gestes expriment
ce qui ne s'exprime pas.*

HANCHES (les)

La posture des mains sur les hanches passe pour un signal d'agressivité, de résistance, d'impatience ou même de colère. Exact ! Mais c'est aussi une manière de se mettre en vitrine.

Le « pot à deux anses », comme le nomment les Anglais, est le geste typique d'un individu qui abuse de cette attitude pour rehausser son image publique. Un peu comme on redresse son nœud de cravate ! Il signifie aussi que le sujet se sent diminué. Les personnes interloquées reproduisent ce geste particulier. Poser ses mains en appui sur ses hanches remonte légèrement les épaules. L'humoriste Titoff en a fait une marque de fabrique personnelle qu'il exagère avec beaucoup d'humour.

Il n'en reste pas moins que les hanches de la danseuse du ventre sont au moins aussi importantes que son ventre ou que ses seins.

Quant aux hanches de la danseuse de flamenco, elle s'arrangera toujours pour les marquer avec un carré de tissu ou un foulard à franges. Le sweater de l'adolescente, noué sur les hanches, prodigue le même message. Le roulement des hanches des danseuses hawaiiennes de *hula* et des *ghawazi*, danseuses du ventre des pays musulmans, sont les premières images qui viennent à l'esprit quand on s'intéresse aux hanches. Mais que se passe-t-il dans la conscience individuelle quand les mains ou les poings viennent se poser dessus ?

La main gauche posée sur la hanche correspondante témoigne d'un individu vaniteux ou futile. La hanche gauche dépend du cerveau droit, le cerveau yin, pour mémoire.

La main droite posée sur la hanche correspondante signale un personnage impatient et plutôt orgueilleux.

Suivant le contexte, les deux mains sur les hanches peuvent traduire la colère, l'orgueil ou la fierté. Les mains sur les hanches sont aussi une mise en avant de l'image sociale, associée à un manque d'assurance, pour autant que ce geste revienne couramment dans le registre gestuel du sujet observé.

Restent les poings sur les hanches qui sont ce qu'on appelle un geste litote.

C'est l'attitude pseudo-hostile de la mamy qui fait semblant de gronder son petit-fils. Généralement le sourire dément la colère jouée. « Espèce de petit monstre qui a encore caché les lunettes de sa mamy ! » La tirade est accompagnée d'un sourire entendu et à peine réprimé. Un geste litote traduit le contraire de ce qu'il est censé figurer.

L'orientation des doigts sur les hanches

1) Les doigts orientés vers l'arrière ou le haut des fessiers.
2) Les doigts orientés vers le sol.
3) Les doigts orientés vers l'avant : le paon.

1) Cette orientation indique que la personne en a plein le dos, mais elle ne fait que le mimer en le soutenant au niveau des reins.

2) Les doigts orientés vers le sol trahissent une hypersensibilité socio-affective. Cette attitude est typique des femmes réservées ou timides. Elle indique aussi que la personne observée se sent dans ses petits souliers. Mais encore une fois, tout dépend de la posture globale.

3) Le paon

Beaucoup d'acteurs de cinéma campent la posture des mains sur les hanches pour occuper l'espace face à la caméra. À ce titre, la palme revient à Brad Pitt dans le film *Rencontre avec Joe Black*[1], mais aussi dans *Ocean's Eleven*[2]. L'interprétation de cette attitude récurrente est aux antipodes de la séduction. Elle signifie que le sujet est victime d'un complexe d'infériorité coriace. Il cherche à tout prix à s'affirmer. Rappelez-vous seulement que l'impatience ou l'orgueil sont perchés sur la hanche droite et que la vanité est située à gauche, d'où l'appellation de ce gestcode : le paon.

1. Martin Brest, *Rencontre avec Joe Black*, États-Unis, 1998.
2. Steven Soderbergh, *Ocean's Eleven*, Australie et États-Unis, 2001.

I

Chaque geste est un mot du corps.

IDÉOMOTRICITÉ DE LA PENSÉE (l')

Chaque pensée ou groupe de pensées trouve instantané-
ment sa traduction mimique sur le visage ou kinesthésique dans les mouvements du corps. Ainsi, la grimace de
dégoût est universelle et n'importe quel clown se fera
toujours comprendre par les enfants du monde entier
sans pour autant s'exprimer dans la langue du cru. L'idéomotricité de la pensée est un phénomène connu de tous
les physiologistes et surtout de tous les hypnotiseurs de
spectacle. Ces derniers l'utilisent par ailleurs pour identifier la réceptivité hypnotique des spectateurs. La suggestion du goût acide d'un citron produit toujours un réflexe
de salivation accompagné d'une déglutition. Les hypnotiseurs s'en servent pour repérer les sujets réceptifs. Ce
qui signifie que l'idée suggérée entraîne automatiquement une réaction incontrolée chez celui qui est la cible
de cette suggestion. La pensée ou l'action est toujours
sous-titrée par le langage du corps, d'où le terme idéomotricité.

INCOHÉRENCE GESTUELLE (l')

À l'instar des lieux communs ou des formules stéréotypées, il y a des attitudes gestuelles qu'il vaudrait mieux
éviter de fréquenter, d'autres qu'il serait recommandé
d'intégrer à son vocabulaire gestuel. Mais est-il possible
de prêter une attention soutenue à ces gesticulations
expressives qu'il semble impossible d'endiguer et encore
moins de contrôler ? Oui et non ! Si l'on peut gommer
certains tics gestuels dévalorisants, il est exclu d'envisager une reconversion gestuelle totale sans tenir compte
de la qualité du discours verbal. Car le geste, après tout,
n'est jamais que le décor de la parole ou l'émanation
silencieuse de la pensée. Il en va des tics gestuels comme
des tics verbaux (« Bon ! Etc. C'est vrai ! En fait. »), ces
mots qu'on répète en guise de ponctuation d'un discours
souvent peu cohérent. L'incohérence verbale fait le lit de
l'incohérence gestuelle.

INDEX (les)

Une curiosité morphologique

J'ai déjà eu l'occasion d'aborder brièvement la longueur
des index à différentes reprises, une curiosité morphologique inexplicable. Malgré son importance, l'index n'est
que le troisième doigt par la taille, plus petit que le
majeur ou l'annulaire. Néanmoins, chez 22 % des hommes et 45 % des femmes, il est le deuxième en taille sur
l'une des deux mains au moins, reléguant l'annulaire à
la troisième place. Ces pourcentages sont fournis par

Desmond Morris. Cette différence selon les sexes est significative mais demeure un mystère. Je vous propose une hypothèse améliorée par rapport à celle que j'ai incluse dans mon précédent ouvrage[1].

Index droit plus court

Si votre index droit (doigt de la maîtrise de soi) est plus court que votre annulaire droit (doigt de la volonté), cela pourrait signifier que vous êtes plus tenace ou plus persévérant qu'orgueilleux. Que l'origine de cette différence de longueur tienne à un caractère héréditaire ne change rien à cette proposition interprétative. Il existe des familles tenaces et d'autres plus fières (index droit plus long que l'annulaire droit).

Index droit plus long

Si votre index droit (doigt de l'affirmation et de la maîtrise de soi) est égal ou plus long que votre annulaire droit (doigt de la volonté), vous manifesterez votre amour-propre ou vous chercherez à vous affirmer en toute occasion. Il est vrai que les sujets émotifs sont moins bien armés que ceux qui parviennent à contrôler leurs émotions en toutes circonstances.

Index gauche plus court

L'index gauche (doigt de la fusion affective) plus court que l'annulaire correspondant (doigt des passions)

---

1. Joseph Messinger, *Le Langage psy du corps*.

conduit à un premier constat : le plus grand des deux annulaires est souvent le gauche chez la plupart des femmes. Cette comparaison est fonction de la différence de dénivellation qui existe entre l'index et l'annulaire de chaque main. Ce qui pourrait vouloir dire qu'une majorité de femmes sont plus investies dans leurs passions que possessives et jalouses.

La jalousie est peut-être une caractéristique masculine. Ce constat vaut pour les deux sexes évidemment. L'index gauche plus court (doigt de la fusion) détermine, en théorie, des sujets affectueux quand ils aiment et redoutables quand ils se mettent à haïr. Il ne faut pas les trahir. Ce qui expliquerait pourquoi les divorces débouchent presque toujours sur des conflits insolubles. Le fait est facile à vérifier dans la mesure où les index gauches dominés sont majoritaires dans la population occidentale. Je ne connais pas les proportions des autres régions du globe, mais je suis persuadé qu'une étude sur ces distorsions morphologiques pourrait déboucher sur une nouvelle vision sociétale des divorces.

Index gauche plus long

Les index gauches plus longs appartiennent à des individus nettement plus possessifs. Ils réussissent en général mieux sur le plan affectif que les index courts. Il ne s'agit évidemment que d'une série d'observations qui ne reposent pas sur des données statistiques suffisantes pour être confirmées.

Être ou avoir

Les index sont les doigts du sacré en ce qu'ils symbolisent les deux moitiés (père et mère) qui ont réalisé l'entité : vous. « Au nom du père, de la mère, du fils (ou de la fille). Ainsi soit-il ! » Telle est l'invocation que l'esprit fait au sanctuaire du corps. Telle est la pierre philosophale de la religion corporelle. L'être répond à l'index droit, message de l'image paternelle : « Affirme-toi et tu seras un homme, mon fils ! » L'avoir correspond à l'index gauche, message de l'image maternelle : « Possède et tu seras en sécurité, ma fille ! » Celui ou celle qui souscrit au message existentiel s'identifiera à l'image du père ; celui ou celle qui souscrit au message sécuritaire s'identifiera à l'image de la mère.

Celui qui aura tout acquis voudra exister enfin – « J'aurais voulu être un artiste » –, celui qui existe voudra acquérir cette sécurité matérielle qui lui fait défaut – « Si j'avais des sous ». Mais peut-on exister si on ne possède pas ? Peut-on posséder, si on n'existe pas à ses propres yeux ? Ceux qui croient exister en se prévalant de ce qu'ils possèdent sont des faux self (des coquilles vides sur le plan de la personnalité), ceux qui croient posséder parce qu'ils ont conscience d'exister confondent l'amour de soi et l'eau fraîche. Ce qui prouve bien que comme toujours, aucun des deux camps ne détient la vérité. Affirmation de soi et sécurité sont indissociables de la poursuite du bonheur. Nul ne peut être sans avoir, mais l'avoir ne suffit pas à être.

L'index droit est le doigt de la maîtrise de soi, de l'affirmation de soi, de l'autorité paternelle, ou de l'animus, et le doigt existentiel de l'être. La capacité de choisir, c'est aussi celle de prendre une décision.

L'index gauche correspond symboliquement à l'avoir, l'image maternelle, ou anima, les sentiments de jalousie et au besoin de posséder pour se sentir en sécurité. Mais c'est aussi le doigt de la vocation dans laquelle on s'investit corps et âme. La vocation fait partie de l'avoir à l'origine, même si elle permet d'affirmer l'être par la suite. Cette vocation n'est pas uniquement transmise par la lignée maternelle, mais il faut croire que son éclosion dépend en partie des conduites affectives de la mère. La vocation est une aptitude préétablie qui détermine souvent, sinon toujours, le choix d'une carrière et dont la racine peut aussi se situer dans le patrimoine génétique de la lignée paternelle.

Pratiquement

Si vous accompagnez votre discours de l'index droit, vous avez besoin de vous affirmer ! Si vous vous exprimez en soulignant vos propos de l'index gauche, vous avez besoin de persuader ou de (vous) convaincre.

La saga des index principaux

L'importance des gestes associés à l'index est telle que j'ai jugé bon de leur associer des dénominations pittoresques pour faciliter la mémorisation de leur signification.

L'index agité

Le ministre qui sous-titre son discours en agitant son index sous le nez des caméras ignore qu'il trahit son dirigisme politique, voire son intolérance. L'index est un doigt accusateur par excellence. Dans le contexte d'un affrontement verbal, on l'utilise pour épingler l'adversaire, pour soustitrer l'hostilité ressentie ou pour embrocher ses arguments sur un fleuret imaginaire (voir l'index fleuret).

Les index amoureux

Coudes en appui, il croise les doigts, les index sont collés l'un contre l'autre perpendiculairement à sa bouche et pointent vers le plafond.

Voilà une attitude gestuelle récurrente qui cerne une attitude mentale qui ne l'est pas moins. Votre interlocuteur est coincé ou à court d'arguments. Il se demande comment il va s'en sortir pour se dégager tout simplement d'une situation embarrassante.

Cette même attitude change de signification quand elle est reproduite par une femme guettant un homme qui lui plaît. Elle signifie alors que le désir est de la partie. D'où la dénomination choisie pour désigner ce refrain gestuel particulier. Le geste en question est alors prédictif et représente une véritable invitation à la parade amoureuse.

L'index barbichette

L'index est posé sous la lèvre inférieure, les autres doigts forment comme une barbe dissimulant le menton.

Il s'agit d'un index suspicieux et très sceptique.

L'index bluffeur

L'index dissimule les lèvres de celui que vous observez, se substituant à elles en quelque sorte.
Geste typique du bluffeur, évidemment.

L'index cannibalisé
Votre interlocuteur mordille l'un de ses index. La situation lui échappe.

L'index comptable
C'est un index qui se présente paume de la main tournée vers l'interlocuteur.

C'est une sorte d'index pense-bête non agressif qui sert à souligner un point important dans le discours du locuteur. S'il souligne de l'index gauche, l'individu est plutôt généreux et disponible. S'il souligne de l'index droit, vous êtes face à un individu respectueux des traditions ou des règles du jeu... et totalement fermé aux innovations que vous aimeriez lui suggérer.

L'index coupe-circuit
Tout contact entre les lèvres et le bout de l'index provoque une coupure de l'intelligence logique et de la réflexion qui l'accompagne. C'est le geste inconscient de celui ou celle qui compte sur son instinct, son inspiration ou la chance pour l'emporter. Les individus de tempérament créatif reproduisent souvent ce geste.

Les index étalon

Coudes en appui, les doigts croisés devant le visage, les index écartés donnent l'impression qu'il mesure la largeur de la bouche. Les index simulent une évaluation des propos que votre interlocuteur s'autorise à tenir.

L'index faux témoin
Il pointe son index (gauche ou droit) en direction de son interlocuteur, comme s'il voulait le prendre à témoin. L'index va à la pêche d'un allié et devient dans ce cas une sorte d'hameçon. C'est le doigt fallacieux d'un individu frauduleux.

L'index fleuret
Il fait mine de vous embrocher le ventre avec son index en vous adressant la parole. C'est un geste de mépris.

L'index du gourou

Le sujet pointe l'index en direction de son interlocuteur, paume tournée vers l'intérieur, comme s'il menaçait un enfant turbulent. Sorte d'avertissement gestuel très couru chez les faux prophètes et les gourous de tout poil. Ce code gestuel trahit aussi la lâcheté de celui qui le reproduit. C'est le genre d'individu qui poussera les autres à se faire kamikazes tandis que lui appuiera sur le bouton de la commande à distance.

L'indexplorateur

Celui qui toilette, trifouille, gratte, explore les cavités est un index indiscret ou très curieux, c'est selon. Plus un individu se sert de l'un de ses index pour explorer, plus il se sentira interpellé par les ragots croustillants ou les indiscrétions que vous pourrez lui fournir. Les indexplorateurs sont généralement plus bavards (parfois jusqu'à la logorrhée) et plus agités que les autres. Souvent très actifs socialement, ils se sentent plus concernés par la rumeur, dont ils se font volontiers le relais.

L'index de Lagardère ou index fleuret

« Prends garde à toi ! » Voilà un avertissement qui ne peut se passer de son index menaçant. Il se présente de profil pour conserver toute sa crédibilité d'index en colère. Il souligne, sous-titre, signifie et donne tout son poids aux mots qu'il accompagne, quand il ne les précède pas. C'est l'index dit de Lagardère, celui qui met en garde, héritier d'une épée oubliée dont le tranchant se présentait de la même manière. Index droit ou gauche ? Sempiternelle question qu'il faut toujours avoir présente à l'esprit. La menace gauchère est plus fictive et moins agressive que la menace droitière.

L'index moqueur

Votre interlocuteur, coude en appui, enfonce son index dans sa joue pour soutenir sa tête. Cette séquence gestuelle particulière préfigure le geste moqueur conventionnel de l'index qui dégonfle la joue.

L'index moustache

L'index forme une moustache au-dessus de la lèvre supérieure, le pouce en appui sur le menton ou sous l'oreille ; les autres doigts sont repliés sur eux-mêmes, coude en appui.

L'index moustache colle au portrait de celui qui sait être affirmatif, surtout quand il n'est sûr de rien, craint les ravages du qu'en-dira-t-on, brasse un maximum d'affaires en même temps sans se soucier le moins du monde de leur aboutissement. Il est bourré de préjugés et d'idées préconçues, qu'il préconçoit d'ailleurs à sa mode, sans plus jamais les remettre en question. Il tire en général sa crédibilité du scepticisme qu'il affiche, comme si le doute était un acte religieux.

L'index omerta

Elle pose son index perpendiculairement à ses lèvres, comme si elle mimait l'idée de se taire. Elle fait semblant de vous écouter. Vous perdez votre temps avec elle.

L'index paratonnerre

Il lève l'index droit vers le plafond pour appuyer ses arguments. Par expérience, je dirais qu'il s'agit d'un individu au tempérament versatile, voire cyclothymique. Il peut aussi s'avérer violent (en paroles), changeant d'avis comme le vent tourne, se faisant une règle de ne prendre que des risques sans danger.

L'index revolver

Celui qui dégaine trop souvent son index, ou les deux, pouces en gâchette, pour donner du poids à ses interventions, est une sorte de cow-boy gestuel. Il se prive de ses mains au profit d'un seul doigt, comme si tout son pouvoir était contenu dans son index hostile pointé vers son interlocuteur. Il dévalorise le sens du mot communication au seul profit de son besoin d'avoir toujours raison. Il suit son index comme un chien suit son maître, sans questionner son interlocuteur, mais en affirmant qu'il connaît déjà toutes les réponses aux interrogations que l'autre n'aura jamais l'occasion de lui poser. Quel genre de cow-boy avez-vous en face de vous ? Il dégaine de l'index gauche ou de l'index droit, ou peut-être des deux ? Le proc' dégaine de l'index droit. Un peu tyrannique, pas très sympa et surtout très accro à ses préjugés. L'usage abusif de l'index droit révèle une mentalité de procureur de mauvaise foi. Ce qui n'est pas forcément synonyme. L'envieux dégaine l'index gauche. L'utilisation de cet index est prédictif d'une crise de jalousie. Le caractériel dégaine les deux index à la fois ! Il fonctionne sur le mode agressif dès qu'on le contredit. Le jaloux passe d'un index à l'autre. L'homme à deux doigts est un individu qui voyage de son tempérament tyrannique pour ses proches ou ceux qui ont le malheur d'être sous ses ordres à une jalousie dévorante. Une qualité le démarque des index invariables, cependant : il se fait souvent remarquer par un degré d'audace hors norme. Un atout qui gomme bien des défauts. On a aussi les qualités de ses défauts. Les individus très jaloux sont parfois aussi très audacieux. Le joie de posséder est un tel carburant que la jalousie ou l'envie deviennent les moteurs de l'audace. Et c'est grâce à l'audace que le jaloux se procurera l'objet ou le sujet qu'il a tellement envie de posséder. C.Q.F.D.

L'index suicidaire

L'index est pointé sur la tempe gauche ou droite tandis que le pouce soutient le menton, coude en appui. Le geste se produit souvent quand l'interlocuteur ne voit plus d'issue au débat.

L'index violeur

Coudes en appui, l'index droit ou gauche tendu de votre interlocuteur donne l'impression de vouloir forcer ses lèvres. Tourné vers les lèvres de votre interlocuteur, le geste révèle une mentalité élitiste, voire un comportement de parvenu fier de ses œuvres… ou de celles qu'il empruntera à autrui. Ce geste signale un tempérament arriviste. C'est le genre d'individu qui promet généralement bien plus qu'il ne tient parole.

L'index vindicatif

Elle lui dédie une sourire pincé tout en posant son menton sur un index tendu de manière affectée. L'index planté dans le menton est une déviation d'un geste conventionnel (« Tu l'as dans l'os ! »). Visser l'index sous le menton révèle un état d'esprit vindicatif.

L'index vulve

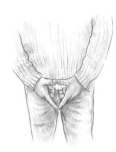

« Je suis coupable, madame ! » admet goguenard l'interlocuteur de la ministre. Les index et les pouces en extension préfigurent l'ouverture d'une… vulve. Geste tabou d'un inconscient sexiste, si on l'associe à la phrase qui a suscité ce geste. « N'hésitez pas à me b… en public ! » est le sens figuré de cette perle gestuelle.

Et la liste est loin d'être épuisée. Les figures « indexiales » sont probablement les plus nombreuses de tous les doigts, ce qui prouve bien l'importance de ce doigt très particulier.

INERTIE GESTUELLE (l')

Sans l'intervention des gestes, notre communication sociale perdrait toute sa dynamique. Avez-vous déjà observé une brochette de vieux assis sur un banc dans un jardin public en train d'échanger quelques mots ? Ils se parlent sans bouger la tête, sans même se regarder, comme si l'autre servait de miroir à l'expression de leur pensée verbalisée à voix haute. La dynamique corporelle de leur discours ainsi que sa dimension d'échange social est quasi inexistante. Ils sont enfermés dans un système de communication sans modulation de fréquence.

INTELLIGENCE GESTUELLE (l')

Si la communication interindividuelle se limitait à un échange verbal, la société humaine ne serait qu'une vaste entreprise de télécommunications où chacun aurait l'écouteur de son portable incorporé dans l'oreille interne et un micro greffé sur les cordes vocales. Notez que le succès phénoménal du portable n'est peut-être que le stade préhominien de l'homme alphanumérique !

Dans cette perspective totalitaire du verbe, le mot tout-puissant élimine tout autre mode de communication et réduit les relations interpersonnelles à un échange sonore. Gestes, attitudes corporelles et mimiques du visage passent à la trappe. L'image s'efface au profit d'un univers de sons articulés avec ou sans signification. Les extravertis qui ont tant besoin de communiquer de visu avec les autres sont dominés par les introvertis qui se communiquent aux autres sans avoir besoin de les rencontrer physiquement. Car le succès du portable repose essentiellement sur l'adhésion massive des introvertis, grands bavards devant l'Éternel, dès qu'ils peuvent se cacher derrière leur téléphone. Moins sociables que les extravertis, les introvertis apprécient ce mode de communication qui leur permet de briller sans se montrer et sans se trahir. Ce sont eux qui squattent les chats du Web. Si on leur interdisait l'accès au réseau téléphonique, tout le secteur de la téléphonie serait en faillite. Car les extravertis, pourtant majoritaires en Europe, utilisent le mode verbal de manière beaucoup plus pragmatique ou factuelle et privilégient surtout la rencontre physique au détriment du rendez-vous téléphonique.

Certains scientifiques avancent l'hypothèse selon laquelle le mode de communication verbal ne représenterait que 20 % de tous les modes de communication utilisés par l'homme. Quel intérêt ont-ils à minorer un mode au détriment d'un autre ? Il est évident que le geste, les attitudes corporelles, les mimiques du visage et le ton de la voix sont des dimensions aussi indispensables à une communication globale que celle du verbe. À l'opposé, les tenants du discours dénient toute signification aux gesticulations qui animent le corps humain et affirment haut et fort que c'est le verbe qui a fait l'homme et non l'inverse.

Après l'épisode de la tour de Babel, les hommes ont cessé de parler le même idiome et se sont dispersés sur la terre, car ils n'arrivaient plus à se comprendre. Les gestes sont restés identiques, mais le discours commun a explosé en une multitude de dialectes. De nos jours, on considère la diversité des langues comme une richesse culturelle. Mais faut-il exclure pour autant l'unicité du langage gestuel de cette richesse culturelle ? Car les gestes conservent le même sens, sans distinction de race, de culture ou de religion. Pour autant qu'on accorde une signification aux gestes !

Votre Intelligence gestuelle est fonction de la diversité des codes que vous utilisez involontairement. Plus votre vocabulaire gestuel est riche, plus vous avez de chances de séduire ou de convaincre vos auditeurs, plus vous attirez les regards, quels que soient vos atouts plastiques. La beauté inerte manque totalement de sexualité. La laideur en mouvement peut aussi émouvoir.

INTENTION (les codes d')

Avoir l'intention, c'est faire semblant ! L'intention, c'est comme la promesse qui ne sera pas tenue si vous la confondez avec « deux tu l'auras » du proverbe « Un tiens vaut mieux que... ». L'intention est un devis qui n'engage personne d'autre que vous et surtout pas celui qui vous fait le devis. Avoir l'intention, c'est déjà solder l'action avant de déposer le bilan de l'entreprise.

Il existe une série de gestes ou de postures qu'on retrouve systématiquement dans les entretiens professionnels, lorsqu'on regarde des débats à la télé ou quand on est confronté à une situation d'examen. Ce sont des codes d'intention implicites[1] !

Tous les codes d'intention sont des gestes prédictifs. Ils annoncent un changement subtil du climat d'un entretien. La connaissance des codes d'intention vous déniaisera et vous offrira l'avantage de prendre vos distances avec tous ceux qui vous assurent de leur considération distinguée après vous avoir parlé de leurs intentions.

Un code d'intention à titre d'exemple

Votre interlocuteur, coudes en appui, presse les pulpes de ses doigts les unes contre les autres en forme de clocher ou de toit.

---

1. Je vous renvoie à mon ouvrage : *Les gestes du succès, les mots de la réussite*, Éditions J'ai lu, n° 9446. Un chapitre entier leur est consacré.

Séquence gestuelle à la mode chez les politiciens qui font semblant de comprendre ce qu'ils ignorent. Les pulpes des doigts se touchent comme l'ossature d'une calandre virtuelle. Ce geste symbolise l'aspect désossé de leurs discours. Les locuteurs qui reproduisent le clocher jouent parfois à rompre le contact entre les pulpes. Une espèce de sautillement des doigts, coudes en appui. On dirait qu'ils sont impatients d'en finir. Vous l'avez certainement compris. Ils le sont effectivement s'il y a rupture de contact entre les pulpes des doigts. J'ai donné autrefois la définition suivante de ce geste particulier : « Révisionnisme et langue de bois, tel pourrait être le sens synthétique de ce geste particulier et surtout très politique. Quand votre interlocuteur écarte les paumes pulpes jointes, cela signifie qu'il parle sans filet d'un sujet qu'il ne maîtrise pas ou qu'il tente de noyer le poisson. »

J

Un discours sans gestes est comme un regard sans âme.

JAMBES (les)

Les jambes sont les ailes de la liberté de mouvement.

Elles raccourcissent les distances et font gagner du temps et de l'espace au marcheur. Je fais évidemment référence aux jambes prises dans leur ensemble anatomique avec tous les accessoires en option. Mais les jambes ne se limitent pas à cette fonction. Le petit homme qui se tient debout pour la première fois et sans appui doit éprouver un sentiment fabuleux : un sentiment de puissance, de domination, de maîtrise de soi. Être debout sur ses deux jambes, c'est maîtriser l'univers. Demandez donc à un handicapé moteur ce qu'il en pense ! Les gens valides ne réalisent pas ce que représente le bonheur de se tenir debout sans appui.

Normalement siège de la maîtrise de soi, des jambes dont on souffre sont le symptôme d'une perte de contrôle du territoire. Ce n'est pas fatal, même si nombre de personnes âgées correspondent à ce descriptif. C'est la raison pour laquelle la marche, le vélo ou les exercices qui activent les jambes sont conseillés par les médecins. On dit même que trente minutes de marche par jour peuvent vous éviter la chaise roulante en fin de vie. La liberté de mouvement est une liberté fondamentale inscrite dans la constitution psychique du moi, mais il faut se méfier du soi qui voudrait que le moi redevienne un vieil enfant dépendant en fin de parcours, qu'il accepte l'obligation de retourner au stade fœtal, c'est-à-dire le stade de la dépendance totale. Il vaut mieux mourir debout et en bonne santé que malade et grabataire. C'est mon opinion et rien ne vous oblige à la partager. Des jambes qui marchent appartiennent à un individu qui maîtrise sa vie. Ne l'oubliez jamais !

Les jambes croisées

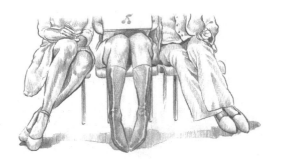

Le croisement des jambes est un refrain gestuel alternatif fondamental qui incarne la météo de vos humeurs en temps réel. Il est commandé par l'amygdale (le cerveau limbique), donc par vos émotions, elles-mêmes filtrées par votre cerveau droit. Si vous êtes un homme droitier, vous croiserez la jambe droite sur la gauche quand vous maîtrisez la situation ou quand vous êtes en sympathie avec le contexte. C'est la position attractive. Si cette même situation vous met mal à l'aise, vous passerez automatiquement en position répulsive, jambe gauche sur la droite. Pour les gauchers, il suffit d'inverser les rapports. Si vous êtes une femme, c'est le contraire. Vous êtes en position attractive, jambe gauche sur jambe droite, et répulsive, jambe droite sur jambe gauche.

Une femme droitière intègre ses énergies positives dans la partie gauche de son corps et ses énergies négatives dans la partie droite. Pourquoi ? Tout simplement parce que la femme est identifiée sexuellement à l'anima, ou élément féminin, qui est consigné dans l'aire cérébrale droite. Et cette aire commande la partie gauche du corps. Un homme droitier intègre ses énergies positives dans la partie droite de son corps et ses énergies négatives dans la partie gauche. Il est fatalement identifié sexuellement à l'animus, ou élément masculin, qui est inscrit dans l'aire cérébrale gauche. Quand un homme droitier croise la jambe gauche sur la droite, il exprime sa répulsion ou son antipathie (au sens strict du terme) par rapport au contexte. Quand il croise la droite sur la gauche, il passe en mode attractif et exprime sa sympathie par rapport au contexte. Une femme qui croise la jambe gauche sur la droite est attractive, elle maîtrise la situation ou son self-control. Droite sur gauche, elle est répulsive et ne maîtrise plus rien du tout, même, et surtout, si elle vous donne l'impression du contraire. La maîtrise de soi repose entièrement sur le sentiment de sympathie (ou de non-stress) au sens large du terme.

Pourquoi éprouve-t-on le besoin de croiser les jambes ? N'est-il pas plus naturel d'enraciner ses pieds dans le sol ? Observez les gens assis autour de vous, vous n'en trouverez pas beaucoup dont les deux pieds reposent sereinement sur le sol ! La plupart des individus croisent les jambes sous la table ou leurs chevilles sous la chaise. Certains même, les femmes surtout, entortillent la jambe gauche de leur jambe droite et vice versa (voir la jambe boa). Nous croisons surtout nos jambes pour protéger le centre de gravité de nos plaisirs d'une possible castration verbale. À mon avis, le fait de croiser les jambes ressort aussi d'un comportement de protection contre le stress de la vie quotidienne et/ou professionnelle. Vous constaterez comme moi que l'on croise beaucoup moins les jambes en vacances qu'au boulot.

Le croisement des jambes appartient à la famille des codes gestuels réflexes alternatifs. Il traduit les variations du climat mental. Il est assez facile de s'en rendre compte en situation de recrutement, par exemple. Suivant l'évolution de l'entretien, le candidat passera d'un croisement à l'autre en fonction de son ressenti ou de l'attitude du recruteur. Mis sur la touche, il adoptera presque toujours un croisement répulsif. L'observation d'étudiants en situation d'examen écrit est remarquable. Le croisement attractif est minoritaire et ceux qui l'adoptent affichent une satisfaction visible au niveau du visage. Ils maîtrisent le sujet de l'examen ou disposent des connaissances suffisantes et nécessaires pour réussir l'épreuve. En revanche, on observe des visages grimaçants chez tous les étudiants qui privilégient les croisements répulsifs. Dans ce cas de figure, les gauchers sont facilement repérables. L'observation de ce type de réaction posturale est une source d'information essentielle.

Le refrain gestuel alternatif

Il est une réponse mécanique à un stimulus, et peut donc être contrôlé par la conscience. Libérer les jambes du croisement, c'est décontaminer le climat mental ! Il faut considérer cette manifestation corporelle comme un répresseur des moyens de communication. Le croisement est un code gestuel de protection, donc un moyen de défense. L'intervention intempestive de ce moyen de défense particulier découle de toute une série de sentiments ou d'impressions fugaces ou tenaces : trac, frustration, exaspération, agacement, sentiment d'infériorité, perte de contrôle, méfiance, etc. Chaque fois que vous ressentez l'ébauche de ce mouvement, soyez certain qu'il est commandé par l'un des sentiments évoqués. Vous constaterez qu'il est difficile de le contrarier et de conserver sereinement les pieds sur le plancher des vaches. Ce travail d'auto-observation vous paraîtra fastidieux. Il l'est effectivement, mais l'objectif poursuivi n'est-il pas la maîtrise de soi ?

Pour mémoire

L'homme croise les jambes à hauteur de la cuisse, en position assise. La jambe droite couvre la gauche.
Il maîtrise le débat ou se sent en sympathie avec son interlocuteur ou le contexte de son vécu.

Il croise les jambes à hauteur de la cuisse. La jambe gauche couvre la droite.
Il ne maîtrise pas le débat, ses émotions sont perturbées.

La femme droitière croise les jambes à hauteur de la cuisse, en position assise. La jambe gauche couvre la droite.

Elle se sent à l'aise dans la situation qui lui est imposée.

Elle croise les jambes à hauteur de la cuisse. La jambe droite couvre la gauche.
Elle exprime involontairement son désaccord ou son anxiété de cette manière.

Le menu des postures jambières

Il croise sa jambe gauche sur sa cuisse droite ou l'inverse, tandis que l'un de ses pieds se réfugie en retrait sous sa chaise.
Attitude d'indisponibilité et/ou de refus du dialogue.

Il est assis jambes croisées, le genou en appui contre le bord de la table.
La position de protection du territoire est évidente.

Il croise la jambe droite sur la gauche et retient son genou droit de sa main gauche.

Il dissimule son hostilité (genou droit). Il se sent obligé de se soumettre aux événements et/ou estime qu'il est en train de perdre son temps. (Voir les jambes croisées.)

La jambe boa

La jambe dite boa traduit assez précisément le degré de jalousie de celle qui produit cette posture assise. Il s'agit d'une jambe qui se cramponne à l'autre comme un lierre. Cette attitude est typiquement féminine et quasi impossible à dupliquer pour un sujet masculin. La jambe boa est souvent reproduite quand une femme s'assoit dans un fauteuil ou sur un sofa.

La jambe boa gauche.

La jambe boa gauche trahit la femme fusionnelle, pos-sessive et/ou jalouse.

La jambe boa droite.
La jambe boa droite révèle une femme directive qui sublime sa jalousie par une prise de pouvoir sur son entourage.

La jambre cariatide

La jambe droite doit pouvoir compter sur la gauche, ou l'inverse, pour pouvoir répondre aux questions que se pose le propriétaire des deux jambes dans le secret de ses pensées. Debout, il est rare que le poids du corps repose sur les deux jambes en même temps. La droite ou la gauche s'avance sur le devant de la scène et le poids se reporte sur la jambe qui demeure en coulisse. Pourquoi cette ségrégation alternative entre les deux jambes ?

L'équilibre pondéral porté sur les deux jambes est un signe de dynamisme, que les pieds soient écartés ou non. Pourtant la majorité des gens que j'ai observés en public, à l'arrêt du bus, à la sortie des écoles ou faisant la queue, déportent ce poids sur l'une des deux jambes.
Les jambes sont les piliers de la maîtrise de soi. Si votre équilibre émotionnel est perturbé, la jambe gauche fait un pas en avant. Elle est commandée par le cerveau affectif (droit). La perturbation des émotions entraîne automatiquement une réaction sous la forme d'une chute de tonus musculaire de la jambe commandée par le cerveau affectif, c'est-à-dire la gauche.

Si votre esprit logique est perturbé, c'est la jambe droite qui s'avance, celle qui est commandée par le cerveau cognitif (gauche). La chute de tonus s'inscrit dans la masse musculaire de la jambe droite. Ces phénomènes ne sont pas conscients, mais accomplis à l'insu de la conscience. Évidemment, quand les deux cerveaux sont pris à partie et qu'émotions et esprit logique battent la campagne, on a les jambes coupées par l'émotion et l'incapacité de réagir rationnellement. Il faut donc impérativement prendre un siège pour retrouver un équilibre tonique et la maîtrise de soi.

Les jambes en équerre

La posture des jambes en équerre est une attitude générique des individus mal à l'aise ou mal dans leur peau. On pourrait les traduire par le refrain suivant : « Je ne veux pas ou je veux bien, mais… je ne peux pas. Oui, mais non ! » C'est chou vert et vert chou ! La position de la jambe en équerre est une séquence gestuelle classiquement défensive et typiquement masculine, même si quelques femmes s'y risquent. Elle augmente le territoire corporel de l'homme assis et lui sert en quelque sorte de barrière défensive élargie. Face à un personnage qui détient l'autorité ou une trop grande influence, nous ressentons tous cette impression bizarre d'un territoire qui rétrécit comme une peau de chagrin. Face au jugement du public, la même impression de « mise en accusation » persiste. C'est le syndrome du bouc émissaire. Ces situations entraînent presque toujours la reproduction d'un croisement des jambes en équerre. Le croisement des doigts sur l'un des genoux renforce à la fois le sentiment de malaise et la protection du territoire.

La jambe gauche en équerre.

En règle générale, cette posture est révélatrice d'un niveau de stress peu propice à un entretien équilibré et profitable. Elle indique que le producteur a peur de perdre la main. Il fonctionnera par déni de tout ce que vous pourriez lui offrir.

La jambe droite en équerre.
Posture révélatrice d'une situation de stress, comme la précédente. Aucun refus *a priori*, mais un intérêt du bout des lèvres pour votre proposition ou votre visite. « Je veux bien, mais… je ne peux pas souscrire à votre proposition. Oui, mais non ! »
La jambe en équerre donne souvent l'impression d'une pseudo-décontraction. Et surtout ne vous fiez pas aux mines réjouies des individus qui palabrent en se faisant des mignardises. Ils ne s'apprécient pas pour autant. Pour ma part, je n'ai jamais croisé la jambe en équerre face à un interlocuteur avec lequel je me sentais en harmonie. Et vous ? (Voir aussi Ancrages de la cheville et du genou qui favorisent le croisement des jambes en équerre !)

Les jambes sans repos

C'est une réaction corporelle assez remarquable pour ne pas passer inaperçue. L'impatience marque une conduite agressive de la part d'un personnage pressé d'aboutir sans prendre le temps d'arriver. Beaucoup d'ados passent par cette phase « magique ». Pourquoi magique ? Parce qu'il est tellement plus simple d'avoir la réponse au problème posé que de se stresser les neurones à développer les moyens d'y parvenir. Un adulte qui reproduit ce genre de réaction au niveau des jambes ou des doigts de la main mesurera toujours la distance avant de l'avoir franchie.

Les jambes croisées en X

Les jambes croisées en X debout avec ou sans appui sont une attitude puérile que l'on retrouve parfois chez des adultes qui n'ont pas encore jeté leur gourme. Elle peut traduire une mentalité abandonnique.

J'ai souvent observé que les préadolescentes ou les postadolescentes en pantalon ou en jeans croisent les jambes en X, en position verticale. Il s'agit évidemment d'un refrain gestuel courant et parfaitement alternatif. Les adultes qui reproduisent ce genre de posture souffrent d'un retard ou d'une carence affective. Comme une fixation définitive au niveau d'une adolescence dont la porte s'est mal refermée. J'ai vu de vénérables dames d'un âge, disons, très mûr, bien que paraissant beaucoup moins sur la photo de leur carte d'identité, reproduire cette posture en chœur en discutant avec une amie.

La jambe droite croise la gauche.
Il s'agit d'une jeune femme qui tentera toujours de conserver une distance de fuite par rapport à l'autre.

La gauche prend généralement le pas sur la droite.
Vous avez affaire à une fugueuse, parfaitement versatile, donc d'humeur changeante comme la météo de ses sentiments.

Il peut arriver que votre sujet d'observation passe systématiquement d'un croisement à l'autre. En tout état de
cause, si cette alternative se présente, votre interlocutrice
ne sait pas sur quel pied danser (littéralement !).

Les sujets masculins adultes reproduisent très rarement
cette posture. Les enfants mâles, en revanche, y ont
recours systématiquement. C'est un signe caractéristique
de timidité.

Angle des jambes au sol

Quand un individu est installé sur un siège, l'angle des
jambes au sol permet d'évaluer immédiatement son
niveau de disponibilité.

L'angle aigu
C'est-à-dire que les orteils, plantes et talons décollés, sont
en retrait sous la chaise. Ce retrait est voisin de celui qui
conduit à se lever ou à bondir de son siège. La personne
n'est pas disponible.

L'angle obtus
C'est une position de détente. Les pieds sont posés à plat
devant la chaise, la déclivité des jambes avoisine souvent
plus de 45°. Cette position signale une bonne disponibilité mentale.

L'angle droit
Les jambes repliées en équerre ou les pieds au sol indiquent une maîtrise de soi et une forte personnalité.

Ces observations sont élémentaires, mais peu de gens
y sont attentifs et nous perdons souvent notre temps à

convaincre des interlocuteurs indisponibles qui n'osent pas exprimer ouvertement leur manque de disponibilité.

JOUES (les)

Le degré d'altruisme, le sens du bénévolat vraiment désintéressé, l'humanisme, l'indulgence ou le sens de la dérision se lisent sur les joues des gens. Évidemment, on peut aussi y lire les antonymes de ces qualités rares : la cruauté, l'égoïsme, la rancœur, la haine de la société, etc. Ne vous fiez jamais à l'homme (ou la femme) aux joues creuses qui vous assure de sa compassion, car il en est dépourvu.

Tendre la joue droite témoigne d'un acte de courage. La joue gauche est le siège de la générosité et les deux sont le symbole de la tendresse. Quand Jésus-Christ préconise de tendre la joue gauche si on vous frappe sur la joue droite, il ne fait rien d'autre que désamorcer votre agressivité en vous proposant de mettre votre courage sous le coude au profit de votre générosité, symboliquement identifiée par la joue gauche.

Y a-t-il quelque chose de plus attendrissant que les joues rebondies d'un bébé ? Bien sûr, les joues se creusent ou se ravinent chez les seniors, enfin pas tous. Effet mécanique consécutif à la perte des dents, sans doute, mais aussi conséquence psychoanatomique d'une culture intensive de certains sentiments pas toujours très recommandables. Un amaigrissement associé à une pathologie sérieuse peut en être à l'origine. Les individus au visage carré (les types musculaires) perdent aussi leurs joues l'âge venant. Les joues creuses sont le signe d'un manque de générosité, voire d'un égoïsme militant. Le culte de la personnalité se lit aussi dans ces visages ravinés, visages de personnages sans scrupules chez lesquels une vie de pouvoir a éradiqué les sentiments d'humanité élémentaire. Les personnes généreuses gardent les joues pleines en vieillissant (mais sans bajoues), quelle que soit l'évolution de leur morphologie.

Les joues de la tendresse

Les mains et les joues aiment à se retrouver plusieurs fois par jour. Surtout quand la vie est ingrate et que les caresses font défaut. Quand votre interlocuteur pose son ou ses coudes en appui sur son bureau ou sur la table de bistro qui vous sépare, notez le lieu où atterrissent les paumes de ses mains. Sur les joues ? Vous êtes en présence d'un mendiant affectif. Il a « besoin d'amour », comme dans la chanson interprétée par France Gall.

Tendre la joue au baiser ou à la caresse d'une main est un aveu de tendresse exceptionnel. L'image est d'autant plus belle à imaginer. Les stars embrassent le vent pour que les lèvres n'entrent pas en contact avec la peau de l'autre, genre : « Je t'aime, salope ! » Difficile de savoir à quel point les artistes se haïssent cordialement ou non. Les amitiés sont presque insolites dans ce milieu où l'argent est le maître de tous les serviteurs. Le seul vrai baiser d'amitié ou de tendresse est celui qu'accompagne la main sur la joue de celui qu'on embrasse.

Et ces baisers-là sont rarissimes, car ils prouvent la sincérité des liens ou de l'élan vers l'autre. Est-ce la raison pour laquelle la joue est aussi le lieu privilégié de la gifle ? Un signal de blessure affective profonde de la part de celui qui la donne et non de celui qui la reçoit !

Le menu

Il se caresse les joues du bout des doigts.
Vous avez affaire, de toute évidence, à un manipulateur dont l'arme la plus redoutable est la mauvaise foi. La caresse de la pulpe des doigts indique un raffinement dont la gratification est auto-attribuée. Il se félicite à l'avance.

L'avant-bras est replié sur le bras, main à hauteur de l'épaule, la joue repose sur le dos de la main, coude en appui.
Le geste est complexe et fortement prisé par les despotes familiaux. Son machiavélisme sera transparent pour tout le monde sauf pour vous.

Votre vis-à-vis gonfle ses joues sans raison.

Ses doutes lui emplissent la bouche d'amertume, mais il n'osera jamais les cracher sur la table.

Coude en appui, il appuie sa joue sur son index et son majeur, alors que le pouce soutient son menton.
Le geste est très posé et le reproducteur très poseur.

Coude en appui, elle pose l'une de ses joues sur la main correspondante, la paume est ouverte et les doigts déliés.

Si elle fait souvent appel à cette posture en vous écoutant, vous avez virtuellement gagné la première manche.

Votre interlocuteur se mordille l'intérieur des joues.
Votre présence le met mal à l'aise. Mais vous vous en doutiez.

L

Le corps est le sanctuaire de l'esprit.

LANGUE (la)

La langue est le siège de l'instinct de conservation. Elle préserve l'individu en lui offrant la possibilité de communiquer avec ses semblables et sert d'outil majeur à l'alimentation. Deux fonctions essentielles à la préservation de l'espèce. Une langue pour parler, mais aussi une langue pour manger.

Organe remarquable aux multiples fonctions, sa surface rugueuse est couverte de neuf mille à dix mille papilles gustatives capables de détecter quatre saveurs différentes : le salé et le sucré sur le bout de la langue, l'acide sur le côté et l'amer à l'arrière. Mais la langue est aussi un organe de communication visuelle (tirer la langue) tout en ayant un rôle capital dans le processus de la phonation. Imaginez un seul instant que l'homme ne dispose pas d'une langue qui lui permette de s'exprimer, même si on sait que la langue n'est pas le seul intervenant. Un monde du silence, un monde de signaux corporels aux significations grossières. Car si on considère la langue comme la source de la communication verbale, on peut aussi considérer qu'elle est l'un des instruments qui ont permis à l'Homo sapiens de survivre. Aucune société humaine n'eût été possible sans la faculté de communiquer oralement. L'homme a ceci de particulier qu'il est un tueur sans nécessité vitale. L'homme a-t-il inventé la violence ou est-ce la violence qui a fait l'homme ? Le langage articulé est un facteur de préservation du genre humain. Il a permis à la poésie, à la dialectique, à l'écriture d'exprimer les mille et un sentiments humanistes de l'homme. Le langage est un miroir dans lequel nous pouvons admirer la supériorité de notre intelligence sur nos cousins, les primates. Mais qui dit évolution sous-entend aussi préservation de l'espèce.

Le menu gestuel de la langue

Votre interlocuteur passe régulièrement sa langue sur ses incisives supérieures.
Cette mimique trahit plus un intérêt sonnant et trébuchant qu'un besoin de se laver les dents (voir aussi les Dents).

On vous tire la langue de manière tout à fait inattendue.
Vous avez droit à une salve d'honneur du pitre à bout d'arguments. Il peut aussi s'agir d'une licence qui permet de mesurer le degré de connivence entre deux individus.

Elle rit en tirant la langue.
Les personnages puritains ou qui se veulent vertueux rient de cette manière.

LARMES (les)

Les larmes ne servent pas seulement à lubrifier la surface de l'œil, mais contiennent aussi un enzyme (le lysozyme) qui protège l'œil des infections oculaires. La sécrétion abondante de larmes n'est pas toujours liée au chagrin ou à un débordement émotionnel inopiné ; il s'agirait aussi d'un moyen astucieux qui débarrasserait l'organisme des produits chimiques produits par l'excès de stress. Les larmes, comme l'urine, ont pour principale fonction l'excrétion des déchets corporels. L'analyse chimique des larmes engendrées par le chagrin et de celles dues à l'irritation de l'œil montre des protéines différentes. Voilà pourquoi « pleurer un bon coup » fait du bien à l'individu très stressé. Pleurer est un comportement antistress oublié auquel les enfants ont recours sans en faire un cas de conscience.

Les larmes du stress

À ce titre, le coup de foudre, en tant qu'émotion amoureuse, est un stress violent. Les larmes qui peuvent en découler ne sont donc pas uniquement l'expression d'un bonheur trop fort, mais aussi d'un besoin d'éliminer le stress occasionné par ce type de situation. Les pleureuses ne sont pas toujours des amoureuses transies, mais aussi des femmes un peu trop hystériques chez lesquelles le coup de foudre est, somme toute, une somatisation salutaire à peu de frais. Navré de vous ôter vos illusions ! Les jeunes lauréats des plateaux de télévision, les challengers de la télé-réalité pleurent aussi sur commande. Le stress qu'ils subissent génère ces comportements hyperémotifs qui aboutissent invariablement à des fontaines de larmes de bonheur (quelle horreur !) ou de détente brutale pour éliminer le stress en question.

Dans le même ordre d'idées, les yeux de l'amoureux passionné peuvent produire un regard trouble lié à une surproduction des glandes lacrymales en cas d'émotion forte. L'œil devient brillant comme s'il était noyé de collyre, une solution médicamenteuse que l'on applique sur la conjonctive et qui fait scintiller les yeux. Les yeux humides transmettent alors un signal émotionnel d'une forte intensité. Les actrices utilisent ce stratagème pour offrir à la caméra un regard inoubliable.

Pleurer pour réussir

Selon Desmond Morris, le fait que nous soyons les seuls à pleurer parmi les primates a soulevé d'innombrables questions. On a émis l'hypothèse que cette différence provenait de l'origine aquatique du genre humain, il y a quelques millions d'années. Mais sommes-nous vraiment les seuls mammifères à verser des larmes ? Les phoques pleurent aussi et on a observé des loutres marines pleurer après avoir perdu leurs petits. La production lacrymale comporte aussi d'autres avantages en relation indirecte avec les attitudes de succès (*successful behaviour*). Quelques larmes deux ou trois fois par semaine ont un effet bénéfique pour la tension et, par voie de conséquence, pour le cœur. C'est pour le volet somatique.

Psychologiquement, le fait d'accepter de pleurer, surtout en ce qui concerne les hommes, est une forme de lâcher-prise qui offre un recul face au stress d'une situation difficile ou d'un parcours du combattant. Alors, donnez-vous la liberté de pleurer au moins une fois par semaine en regardant une émission de télé « Kleenex ». Il existe aussi des films très émouvants qui vous arracheront quelques larmes pour décontracter vos rigidités musculaires.

LATÉRALITÉ (la)

Êtes-vous vraiment droitier ou un gaucher refoulé qui a retourné sa veste ? La main qui écrit est le critère absolu en la matière. On peut être gaucher du pied et droitier de la main, comme vous le savez sans doute. Votre latéralité dépend de l'écriture, qui est l'automatisme le plus complexe à maîtriser et celui qui occupe le plus de connections synaptiques dans votre cerveau. Les gauchers contrariés sont bien plus nombreux qu'on ne l'imagine. Le refus parental de l'enfant gaucher n'a pas rendu les armes. Être différent est encore très mal vu dans la vieille Europe. Aux États-Unis, les gauchers représentent une forte minorité de la population. La majorité droitière demeure néanmoins intolérante et nombres d'ustensiles ou d'outils sont conçus pour les droitiers. Nul ne sait d'où provient cette différence. L'existence des générations de gauchers demeure une énigme. On sait par l'étude de l'embryogenèse que le cerveau gauche (qui contrôle la partie droite du corps) se développe plus vite que l'autre.

Par la suite, produisant une activité neuronale plus intense que le cerveau droit, la logique conduit à une majorité de droitiers. Une contribution hormonale plus élevée de l'hémisphère droit au moment de la naissance pourrait être à l'origine de la constitution du gaucher.

Le cerveau gauche est celui qui gère les fonctions visuelles, sonores, spatiales et émotionnelles, ce qui expliquerait un nombre élevé de gauchers chez les artistes et chez certains délinquants. Il est bien connu que les personnes créatives ont un conflit avec les règlements, la norme ou les traditions. Les caractériels aussi.

15 % de la population mondiale serait constituée de gauchers effectifs. Il s'agit d'un pourcentage admis, mais non vérifié. Sur plus de deux mille lecteurs testés au travers des animations que j'ai effectuées dans toutes les régions de France en librairie, j'ai obtenu un score maximum de 13 % de gauchers.

Il faut aussi tenir compte des populations dans lesquelles tout enfant gaucher sera rééduqué d'office et deviendra dès lors un adulte bilatéralisé. Contrairement à ce que prétendent certains auteurs, la main qui induit l'éloquence ne permet pas de déduire la latéralité d'un sujet. La main parlante est un refrain gestuel invariable chez la majorité des gens que j'ai observés et parfaitement indépendant de leur latéralité.

LÈVRES (les)

La bouche est le fruit du désir et les lèvres les messagères du plaisir.

La lèvre supérieure est le siège symbolique du mensonge ou de la colère, c'est selon. Dans l'expression de ces deux caractéristiques, la lèvre supérieure se fige discrètement. La lèvre inférieure est le siège de l'avidité ou de la cupidité. Plus une lèvre inférieure est creusée et arrondie, plus le sujet serait avide ou cupide. Et ces signaux ne sont pas morphologiquement innés, mais résultent de l'acquis comportemental du sujet observé.

Les lèvres émettent un signal sexuel puissant. Tous les gestes qui y sont associés ne dégagent évidemment pas la sensualité propre à ce signal. Cependant, le plaisir ressenti ou non lorsque nous les touchons involontairement du bout des doigts ou lorsque nous passons la langue entre les lèvres pour les humidifier vous semblera évident. Elles sont le portique de la bouche dont nous nous servons pour absorber la nourriture-plaisir. Elles sont également le premier outil de contact privilégié dans la parade amoureuse achevée. Ce n'est pas sans raison que les femmes ont adopté le rouge à lèvres pour signaler leur présence.

En assiette de potage renversée ou non ; des lèvres ourlées comme si la gourmandise y était inscrite ; des lèvres aussi minces que du papier à cigarettes, presque invisibles ; la lèvre inférieure proéminente et la lèvre supérieure en forme de moustache stylisée ; une bouche entrouverte avec des lèvres protubérantes et colorées comme celle d'Emmanuelle Béart ; de petites lèvres en trait de crayon… Elles sont aussi nombreuses que diversifiées dans leur apparence.

Les lèvres sont faites pour embrasser tout comme la bouche est faite pour manger. Le dessin des lèvres n'est pas uniquement lié à la programmation génétique comme la forme du nez. Un séducteur qui est très bisou-bisou s'exprimera lèvres en proue. Les femmes qui ont une lèvre inférieure proéminente sont des amoureuses cupides. Les lèvres en assiette de potage renversée trahissent des individus amers ou insatisfaits. Les commissures des lèvres affaissées sont un signe de frustration. Comme je l'ai déjà évoqué, on ne naît pas comme ça ! Le dessin des lèvres évolue en fonction des fluctuations de l'existence.

Les lèvres du mystère

Le baiser étant considéré comme un reproduction de l'acte sexuel proprement dit, les lèvres représentent symboliquement la vulve, ce qui fait qu'on peut considérer le baiser avec pénétration comme un véritable acte sexuel, même si les nouveaux partenaires n'ont pas encore atteint ce stade de l'intimité amoureuse.

Selon Desmond Morris[1] : « Comme les lobes de l'oreille et le nez protubérant, les lèvres de notre espèce sont un trait unique, qu'on ne rencontre nulle

1. Desmond Morris, « Sexe », in Le Singe nu, p. 70, Éditions Bernard Grasset, 1968, 283 pages.

part ailleurs chez les primates. Certes, tous les primates ont des lèvres, mais elles ne sont pas comme les nôtres tournées vers l'extérieur. Un chimpanzé peut faire saillir et retourner ses lèvres dans une moue exagérée, révélant ainsi la muqueuse qui, normalement, se trouve dissimulée à l'intérieur de la bouche. Mais les lèvres n'apparaissent que brièvement dans cette posture, avant que l'animal retrouve son visage normal "aux lèvres serrées". En revanche, nous avons des lèvres retroussées et en état de déversion permanent. Aux yeux d'un chimpanzé, nous devons avoir l'air de faire continuellement la moue. [...] Se penchant sur la signification de nos lèvres, muqueuses sans pareilles, les anatomistes ont déclaré que leur évolution "n'est pas encore clairement comprise" et ils ont laissé entendre qu'elle tient peut-être aux fréquents mouvements de succion exigés du bébé qui tète. Mais le jeune chimpanzé lui aussi tète longuement sa mère et ses lèvres préhensiles plus musclées sembleraient au contraire mieux équipées pour cette tâche. Cela n'explique pas non plus l'apparition d'une marge bien nette entre les lèvres et le visage qui les entoure. Pas plus que cela n'explique les frappantes différences observées entre les lèvres des populations à peau claire et à peau sombre. Si, en revanche, on considère les lèvres comme des émetteurs de signaux visuels, ces différences sont plus faciles à comprendre. Si les conditions climatiques exigent une peau plus sombre, le phénomène va aller à l'encontre des possibilités de signalisation visuelle des lèvres en réduisant leur contraste coloré. Si elles ont vraiment une importance dans les signaux visuels, on peut alors s'attendre à une sorte de développement compensatoire et c'est précisément ce qui semble s'être passé, les lèvres négroïdes gardant leur caractère bien apparent en devenant plus grosses et plus protubérantes. Ce qu'elles ont perdu en contraste de couleur, elles l'ont compensé en taille et en forme. De plus, les marges des lèvres négroïdes sont plus nettement délimitées. Sur le plan anatomique, ces caractères négroïdes ne semblent pas primitifs, mais ils paraissent représenter plutôt un progrès positif dans la spécialisation de la région des lèvres. »

En tout état de cause, les lèvres, le nez et les sourcils sont trois sites anatomiques qui, selon les anthropologues, n'ont d'autre fonction que de signaler les changements d'humeur.

Lèvres, gestes et mimiques du visage

Le fait de lisser les commissures des lèvres du pouce et de l'index du haut vers le bas, de part et d'autre d'une bouche légèrement grimaçante est un code d'intention simulateur.

C'est le geste star des menteurs du monde entier ! Personne n'est blanc-bleu ; nous avons tous des petites zones d'ombre dans la trame de nos souvenirs, quelques casseroles qui nous suivent à la trace. Des actions dont nous ne sommes pas particulièrement fiers génèrent ce type de geste, comme s'il fallait se frotter la bouche pour évacuer la bave du crapaud. Cela ne doit pas vous faire oublier qu'un interlocuteur qui abuse de cette séquence gestuelle est un magouilleur de première main.

Le livreur se grattouille les commissures des lèvres, du bout de l'ongle, en reproduisant une grimace de dégoût ou de mépris.

Vous remarquerez qu'il est impossible de se gratter les commissures des lèvres sans effectuer cette petite grimace qui induit une torsion inélégante des muscles orbiculaires de la bouche. La reproduction fréquente de cette séquence révèle un tempérament jaloux.

Coude en appui, il fait des arpèges digitaux sur sa lèvre inférieure.
Vous êtes en présence d'un individu économe de son souffle, parcimonieux de ses conseils et peu enclin à vous suivre s'il n'y voit pas d'intérêt personnel.

Il se caresse la lèvre inférieure du bout de l'index.
Il trouve que vous manquez de franchise à son égard. Il faut dire que la franchise ne fait pas partie de son CV.

Elle se caresse le tour des lèvres de l'index, comme si elle se remettait du rouge, la bouche en cul de poule.
Geste typiquement féminin. Elle essaye de vous donner le change. Elle est manifestement perturbée.

Il fronce ses lèvres en direction du nez.

Cette mimique particulière équivaut aux narines pincées pour éviter de sentir une mauvaise odeur. Il y a des mots qui puent. Mimique décalée fortement prisée par feu Louis de Funès, pour ceux qui s'en souviennent.

Il gonfle d'air sa lèvre supérieure.
Son sectarisme a gommé depuis des lunes une ouverture d'esprit qu'il n'a jamais supportée chez les autres.

Il écarte les commissures de ses lèvres vers les joues tout en reproduisant un pseudo-sourire très mécanique.
Il est en recherche de soumission absolue au système. Tracassier, criard, parcimonieux, prévoyant, scrupuleux, il ne conjugue sa vie qu'au conditionnel, n'utilisant que très rarement le temps présent ou même le futur de l'indicatif. Il dégouline de respect devant ses supérieurs et méprise ses subalternes, comme il se doit.

*Il grimace un sourire en tendant la commissure gauche
ou droite de sa lèvre vers la joue correspondante.*

Demi-grimace typique des personnes hypersensibles qui
tentent de se protéger en affichant une moue ironique.

*Votre interlocuteur appuie les derniè-
res phalanges de son index et de son
majeur sur ses lèvres, coudes en appui,
comme s'il fumait une cigarette imaginaire.*
Ce geste est un simulacre de baiser à distance, dont le sens premier n'est pas forcément affectueux pour l'interlocuteur.

Elle mordille sa lèvre supérieure ou sa lèvre inférieure.

Ce geste révèle un malaise évident.
Elle est débordée ou surmenée
(lèvre supérieure). Elle a peur d'être
dépossédée (lèvre inférieure).

Les mimiques génériques

Une lèvre supérieure rigide est un signe de… rigidité, comme il se doit. L'animation des lèvres et leur degré d'ouverture au repos sont des signaux essentiels.

On scelle ses lèvres en contractant les muscles orbiculaires, pour ne pas interrompre un interlocuteur envers lequel on n'éprouve pas de sympathie particulière ou pour ne pas relancer un débat stérile.

Les lèvres retroussées
Elles sont une mimique typique des individus qui ont tendance à s'exprimer « du bout des lèvres ». Un peu comme s'ils embrassaient de loin leur interlocuteur quand ils parlent. On parle aussi de lèvres gustatives. La réaction labiale de succion est assez courante chez les séducteurs de tous bords, mais aussi chez les gustatifs qui savourent la succulence des mots.

Aviez-vous déjà remarqué que les mots du mensonge sont moins amers que les mots de la vérité ? Ainsi les lèvres du président Chirac se resserrent autour de la succulence des mots. Notre ex-président est un gustatif, il savoure la bonne chère et les privilèges du pouvoir avec un égal plaisir gastronomique.

La bouche en forme d'assiette à soupe renversée

Elle désigne les individus acrimonieux, souvent impitoyables avec leurs ennemis, et provoque deux plis d'amertume aux coins des lèvres. Certaines jeunes femmes, dans la trentaine, sont déjà marquées du sceau de l'infâme amertume alors que le dessin des lèvres d'autres femmes quinquagénaires laisse percevoir un redressement des commissures. Les lèvres en croissant de lune, tirées vers le bas, sont la signature du mépris ou du dégoût. La méchanceté de ces personnages est parfois perceptible dans leur comportement. Ils ont vécu une existence de frustration qui les porte à envier tout ce qu'ils n'ont pas su s'approprier.

Évidemment, ce descriptif ne s'adresse pas à Lino Ventura qui fait la pose pour les besoins de la cause.

Raminagrobis se pourlèche les babines.
Le fait de se lécher les commissures des lèvres à tour de rôle est symbolique du plaisir que l'on prend à goûter un mets chargé de promesses succulentes. Ou on se lèche les lèvres dans une situation diamétralement opposée : quand on n'est pas sûr de soi, la salivation se tarit souvent en cas de stress ou à cause d'un propos dont on regrette la spontanéité.

Les lèvres figées, voire inexpressives.
Tandis que votre sujet lit son discours, elles sont le signe d'une rigidité de ses intentions réelles.

Les lèvres projetées en avant.
C'est une mimique du courtisan cauteleux. Et quand la tête est rejetée en arrière, la mimique est typique du snobisme méprisant du crapaud qui se prend pour un prince.

Les lèvres goulues.
Il est intéressant d'observer que le genre de vie vécue par une personne se marque, avec l'âge, dans le dessin de ses lèvres. Les lèvres goulues, des lèvres sinusoïdales comme des vagues ourlées d'écume.

Ce dessin particulier est celui de la rapacité ou de l'avarice ! On ne naît pas ainsi, on le devient ! « Mon ami Léon était le parangon des rapaces avares parmi tous mes amis d'enfance. Je me souviens parfaitement que le dessin de ses lèvres a évolué avec le temps et l'accumulation des millions sur son compte en banque. Quand il se vantait de sa cassette, il en bavait de plaisir. Littéralement ! Las ! Il est mort à 58 ans et n'a jamais pu profiter de son pactole. Je le soupçonne d'avoir organisé inconsciemment son décès pour ne pas se retrouver face à l'obligation de dépenser ce précieux trésor dans ses vieux jours. Dans le fond, il est mort riche. »

Les lèvres en cul de poule.

Elles sont l'équivalent des lèvres serrées ou effacées. On pince les lèvres pour ne pas devoir se boucher le nez.

Signe de mépris pour l'insecte qui nous fait face et qu'on écraserait volontiers d'un talon rageur.

L'affaissement des commissures.
C'est une mimique typique ! Le muscle releveur redresse la lèvre supérieure pour exprimer le chagrin ou le dépit tandis que les muscles triangulaires abaissent la bouche pour lui donner une expression de tristesse. Cette dernière contorsion buccale est héritée des mimiques communes à tous les enfants qui vont éclater en sanglots. La tristesse est confirmée par le regard perdu, dirigé vers le bas.

Quand les lèvres s'effacent.

Mimique des individus pudibonds ou vertueux, au choix, le pincement des lèvres exprime aussi le dégoût. On pince les lèvres quand on ne peut pas se boucher le nez en public. Le dégoût est aussi synonyme d'une attitude globale de rejet. La quasi-disparition de la pigmentation des lèvres confirme l'apathie du personnage (insensibilité aux sentiments d'autrui). La misanthropie suscite ce genre de mimique, la misogynie aussi. L'ouverture sociale commence au bord des lèvres avec les mots. La fermeture s'inscrit logiquement au même endroit. Toutes ces formes de rejet finissent par s'imprimer dans le registre mimique de la face quand un individu passe du rejet pur et simple à la violence des sentiments qu'il éprouve face à un contexte ou un vécu inextricable. Elle se métamorphose alors en cruauté contrainte.

« Je me souviens d'une affiche représentant un personnage religieux dont le placard vantait la sagesse. Il avait des lèvres de chimpanzé et un regard sans aménité. Je me souviens également du visage de Yehudi Menuhin, un vieux musicien de génie dont le dessin des lèvres pleines et la lumière qu'on pouvait lire dans son regard étaient un véritable régal humaniste. Et si la musique était une religion universelle ? Et si la parole était la religion du diable ? »

Les ridules verticales.
Elles s'impriment au-dessus de la lèvre supérieure et sont consécutives à une culture intensive des pensées parasi-

tes. Cette marque infamante est réversible par le biais d'une gymnastique buccale toute simple : la fréquentation de spectacles humoristiques ou la location de films comiques au vidéo-club du coin. Plus vous rirez, plus vite ces vilaines rides disparaîtront en même temps que les pensées nocives qui polluent votre conscience.

M

*Il suffit d'un geste minuscule
pour trahir des paroles majuscules.*

MÂCHOIRES (les)

Qui dit mâchoires, dit colère, avec toutes ses déclinaisons négatives, comme la contestation systématique, le radicalisme, l'extrémisme, la révolte. Mais on peut aussi considérer les mâchoires comme l'un des sièges symboliques de la ténacité et de l'endurance. On serre les mâchoires pour ne pas lâcher prise.

Elle grince des dents

C'est exaspérant ! Elle grince des dents chaque nuit. Mais qui est exaspéré, en vérité ? Il est tout le temps en train de mastiquer sa colère.

La forme des mâchoires ne détermine évidemment pas la capacité d'endurance d'un individu. En revanche, le carburant principal qui alimente cette qualité est … la colère sublimée. Endurance ou combativité ont besoin du carburant de la colère pour retrouver du tonus. Peut-on durer sans râler contre le sort qui nous est contraire ou contre le temps qui prend toujours tout son temps ? On ne peut pas déterminer le degré de ténacité d'un individu en fonction de son type de mâchoires. En revanche, la mastication discrète est un signe de colère.

Du point de vue psychoanatomique, les mâchoires sont le siège de la colère, de la ténacité ou de l'endurance.

Les maxillaires se découpent sous les joues du président Clinton. On peut deviner, en observant ses yeux, qu'il tente de contrôler son chagrin pour ne pas verser de larmes en public. Le simple fait de mordre sur ses mâchoires et de les crisper par la même occasion est une mimique complexe connue de tous. Elle est consécutive à une émotion puissante qui bouleverse la maîtrise de soi.

Un sportif serre les mâchoires en permanence. Dans le contexte d'un effort sportif, l'athlète serre les mâchoires pour conforter sa combativité ou son endurance. Hors de ce contexte, la tension des mâchoires révèle une incapacité à se détendre, voire un sentiment d'hostilité permanent.

MAINS (les)

Les mains enveloppent les mots, ponctuent les subordonnées, contiennent les phrases et soutiennent les émotions. Le langage des mains est essentiel au sous-titrage du discours. Trop de gens tentent de contrôler cette expression gestuelle en figeant leurs mains sur un support ou en les cachant sous la table. D'autres privilégient la main droite au détriment de la gauche ou vice versa. Les derniers agitent la tête pour compenser inconsciemment l'inertie de leurs mains. Ce faisant, ils se privent d'un mode de communication non verbal essentiel.

Les mains communiquent

Les mains interviennent dans un nombre incalculable de séquences gestuelles involontaires. Elles n'en tiennent pas toujours le premier rôle, mais figurent intelligemment dans presque toutes. Elles sont avant toute chose le siège symbolique de toute communication entre les hommes. Cette allégation est tellement vraie qu'il est quasi impossible à une large majorité des gens de convaincre sans le concours de leurs mains. Comme si la parole n'était pas suffisamment explicite pour être comprise d'emblée. Les mains sont le sémaphore indispensable à la transmission du message. Elles véhiculent aussi un double message que peu de gens sont capables de décoder. Les mains sont une source de vérité qui embarrassent tous les menteurs.

Elles résument le climat mental du locuteur sans se préoccuper de la nature de ses prises de position verbales. Ce que dit la bouche est une chose, ce qu'expriment les mains en est une autre. Trahison corporelle ? L'esprit et le corps ne partagent pas toujours le même point de vue. La manière dont les mains chorégraphient leur rôle est à la fois un code d'intention et un refrain gestuel. En tant que code d'intention ponctuel, elles suivent généralement le discours et lui servent d'appui. Elles révèlent parfois une fraude verbale manifeste et trahissent une prise de position que le locuteur souhaite garder pour lui. Nul ne peut communiquer ses émotions sans le concours de ses mains. Et sans émotion, la communication est insignifiante.

Les mains à la carte

« *La sincérité a toujours besoin des mains nues pour s'exprimer sans retenue* », dit le poète.

Les mains centrifuges
Ce sont des mains qui tendent à s'écarter du corps du locuteur. Elles sont dirigées vers l'interlocuteur ou vers l'extérieur. Elles appartiennent aux codes gratifiants pour l'image publique. La plupart des hommes de haute taille adoptent les mains centrifuges. Y aurait-il un rapport entre les mains centrifuges et le nombre de centimètres excédentaires sur la toise ?

Les mains centripètes

Les mains reviennent systématiquement vers le corps du locuteur. Le mode de communication est égocentrique[1]. Le sujet se désigne régulièrement des deux mains sans rapport avec le contenu du discours. Ce mode gestuel trahit aussi un individu victime de ses devoirs et non-acteur de ses entreprises. Ce qui sous-entend qu'il refusera de porter la responsabilité de ses échecs. Les rappeurs abusent de ce refrain gestuel, ce qui ne devrait pas vous étonner outre mesure.

Les mains compulsives

Elles reposent l'une sur l'autre *a priori*, mais s'écartent dans un mouvement d'ouverture à intervalles réguliers avant de revenir systématiquement à la case départ. C'est un geste de ponctuation du discours verbal. Les mains tentent de s'exprimer, mais sont rappelées à l'ordre chaque fois qu'elles quittent les starting-blocks. Ce refrain peut révéler un trouble obsessionnel et compulsif, dit TOC. Les mains compulsives sont comme des portes battantes qui s'ouvrent et se referment constamment pour laisser passer les mots.

---

1. À ne pas confondre avec l'égotisme qui est le culte du moi. L'égocentrisme est une tendance à se prendre pour le centre de l'univers.

La main en cornet

Il consulte ses notes ou il vous écoute, la main gauche ou droite en cornet, doigts repliés contre la bouche. On dirait qu'il réprime un rot ! Cette attitude est courante chez les hommes qui jouent de leur influence. La main en cornet préfigure le réceptacle des objections qu'ils n'exprimeront jamais pour s'éviter une perte de temps inutile.

Les mains qui se cachent

On dissimule généralement ses mains quand il est nécessaire de déguiser la vérité. Celui qui agit de la sorte ne dit jamais ce qu'il pense ou ne pense pas ce qu'il dit. Inconsciemment, il empêche ses mains de confirmer ou d'infirmer son discours. Celui qui cache ses mains sous la table dissimule symboliquement sa pensée. L'action de cacher traduit évidemment un besoin de simuler. On cache toujours la même main sous la table en situation d'exception. La gauche quand on est en panne d'inspiration, la droite quand on est face à un interlocuteur qui détient le pouvoir. Les deux quand on nage dans le mensonge. Ce n'est pas un tic mais une réaction de protection inadéquate. Il s'agit d'une attitude relique héritée de l'enfance. Vous avez déjà remarqué que les enfants cachent leurs mains quand ils se sont emparés d'un objet interdit, n'est-ce pas. Le mensonge est un « objet interdit », lui aussi.

Le dos des mains
Le dos de la main gauche est le siège du sens de l'improvisation. L'improvisation est une expression sauvage de la liberté créative, voire une forme de délinquance des idées, dont l'objectif consiste à secouer l'ordre établi.

Le dos de la main droite est le siège de la malice. Un individu qui gratte régulièrement le dos de sa main gauche est en recherche d'inspiration ; celui qui gratouille systématiquement le dos de sa main droite cherche un moyen de vous rouler dans sa farine.

La main dynamique
De quelle main vous servez-vous en priorité ? Il va falloir être attentif, car cette information gestuelle est souvent occultée.

La main droite dynamique signale un individu identifié à l'image paternelle. Il se comportera de manière directive et axera sa communication sur le mode stratégique. Tendu et parfois hypertendu, c'est un individu implicite. Plus pourquoi que comment, il se fera toujours avoir par la main gauche du malicieux.

La main gauche dynamique indique un individu non directif identifié à l'image maternelle. Homme de terrain et de contact, c'est un tacticien et un rusé renard ! Plus explicite que la main droite dynamique, il dispose d'une intelligence pratique, donc plus comment que pourquoi.

Les mains fermées

Elles n'ont rien à offrir, mais tout à prendre. Le sujet observé les referme comme s'il retenait un insecte au creux de ses mains. Les mains fermées sont la marque d'un individu possessif, comme vous l'avez deviné. Attention ! Il ne faut pas confondre les mains fermées et les poings.

Le gendarme

Votre interlocuteur lève systématiquement la main en l'air, paume vers l'extérieur, quand il veut vous interrompre pour prendre la parole. Il fait du rase-mottes sous sa ligne d'horizon comme tous les demi-malins qui connaissent toujours les mauvaises réponses aux bonnes questions et vice versa. Mais de quelle main se sert-il pour vous stopper dans votre élan ? De la main droite, son objection est téléguidée par son cerveau rationnel. Il essayera de faire appel à votre esprit logique pour convenir que vous avez tort et qu'il a forcément raison. De la main gauche, son discours sera plus nuancé, plus manipulateur ! Il tentera de vous persuader en faisant appel à votre sensibilité.

Les inducteurs

Sa main droite est scotchée sur la table tandis que, sur le plateau de télé, il s'exprime essentiellement en se servant de la main gauche comme inductrice d'éloquence. Le contrôle exercé sur sa main droite est évidemment inconscient de sa part. Personnage paradoxalement émotif, en figeant sa main droite, il altère la qualité de sa communication. Il répond avec ses émotions à des questions qui exigent une réaction logique et, vice versa, il revient à un point de vue logique quand il faut exprimer une émotion. En théorie, l'animation de la main gauche est justifiée par une intervention des émotions tandis que l'érection de la droite soutient l'esprit critique, voire la logique du discours.

C'est la main de la raison. Évidemment, sur le plan neurobiologique, les choses ne sont pas aussi simples, mais cette distinction est largement admise. La main gauche est rivée à la table et la main droite sert d'inducteur d'éloquence. Le geste aboutit au même résultat global que la posture inverse. La différence vient de ce que c'est l'aire cérébrale gauche qui contrôle le discours, hypertrophiant le raisonnement doctrinaire ou rationnel au détriment de l'inspiration du moment. La plupart des politiciens soviétiques privilégiaient ce type de contrôle de la main gauche. Ils « gestualisaient » leur discours de la main droite.

Coudes en appui, les mains de votre interlocuteur sont jointes à hauteur de son nez, comme s'il priait. Il recherchera la polémique tout en déclarant qu'il est l'homme le plus consensuel de la galaxie. Les mains en prière ne sont pas une demande muette, mais trahissent un climat mental oppositionnel et surtout très habilement pervers. Par mensonge, j'entends aussi déguisement, travestissement, fraude, simulation, charlatanisme, fumisterie, escroquerie et... fascisme. Qu'est-ce qu'un fasciste, sinon un mythomane qui refuse à l'autre sa liberté de penser et qui l'oblige à croire que ses mensonges sont les racines de la vérité universelle ?

Les mains de votre interlocuteur, coudes en appui, sont jointes, mais les doigts sont écartés deux à deux.

Cette variante gestuelle signale une attitude intégriste ou la rigidité des rares sentiments qu'il est susceptible d'éprouver.

Il joint les mains et appuie ses lèvres contre ses pouces.
Les mains pressées trahissent un vide qu'il va falloir combler avec des mots. Les lèvres posées contre les pouces sont une façon de préparer une réponse politiquement correcte.

Il joint les mains en prière, pouces cassés.
La supplication paraît évidente. Et pourtant ! Les pouces cassés représentent une marque de fabrique : le besoin de castrer l'autre.

Mains en prière, les majeurs sont repliés, geste aussi rare qu'atypique chez un adulte.

Il s'agit, en effet, d'un jeu digital essentiellement infantile et plutôt inattendu de la part d'un responsable politique. Les majeurs sont les sièges respectifs de l'estime de soi et de la confiance en soi. Quand ces doigts sont repliés, les qualités désignées sont inopérantes.

Les mains en lecture

Les mains jointes comme pour une lecture du Coran, le geste est habile, car il donne une image de sincérité au personnage. Les paumes annoncent la vérité qu'il est censé lire dans ses mains. Rappelez-vous que les mains préfigurent le temps et l'espace, c'est-à-dire les deux images divines qui nous constituent, le père et la mère.

La levrette

Coudes en appui, elle pose délicatement la paume de sa main droite sur le dos de sa main gauche ouverte tout en vous fixant d'un regard en biais. « Je sais exactement ce que je veux… » est le sens de ce geste dans ce contexte particulier de séduction. Cette signification tient aussi au regard en biais. Le geste est plus rare dans d'autres contextes. En tout état de cause, il signifie toujours que le besoin de dominer est au programme.

Les mains en tenaille
Les mains qui se rejoignent en tenaille sont pressées l'une contre l'autre en quinconce, comme des mâchoires. Ce sont aussi les mains de la dame de charité. Elle tient le sort du monde entre ses mains. Code gestuel réflexe synonyme de devoir ou de savoir, deux voies antagonistes qui définissent les profils instinctifs des hommes de pouvoir ou les profils pragmatiques des hommes de savoir.

Les mains du savoir
Le mode d'achèvement du savoir est proactif et instinctif. Le savoir est considéré ici dans le sens des prédispositions de l'individu. Il se détermine par une préhension des mains en tenaille. La main gauche domine la droite. Généralement, les individus qui croisent les doigts sur le mode affectif font partie de cette catégorie, mais il y a des exceptions.

Le mode d'achèvement du devoir
Il est réactif, pragmatique et se révèle par une préhension inverse, la main droite domine la gauche. Les individus qui croisent les doigts sur le mode cognitif appartiennent au profil des hommes de devoir. L'homme de devoir est discipliné et fonde son action sur l'ordre et la méthode. Quand les mains se rejoignent en tenaille, le corps exprime

une contrainte qui varie entre le pouvoir et le devoir, mais aussi entre le mode d'action ou de réaction. On ne plaque jamais ses mains en tenaille quand on est libre d'agir à sa guise. Vous remarquerez que ce code réflexe apparaît souvent à la fin d'un entretien ou quand l'un des protagonistes souhaite conclure. Ce qui pourrait sous-entendre qu'un individu qui plaque ses mains en tenaille au cours d'un entretien trahit son besoin d'en finir ou de changer de sujet de conversation. Ce refrain gestuel devient donc prédictif, s'il intervient avant la conclusion logique de l'entretien.

Les mains en opposition

Les paumes sont face à face. Les mains représentent les limites que l'on s'impose. Cette attitude se justifie en fonction du contenu du discours, mais devient un refrain gestuel, ou un tic, si elle perdure au-delà de cette justification. Nombre de locuteurs limitent leurs compétences ou leur pouvoir d'influence en reproduisant les mains en opposition sans rapport direct avec le contenu de leurs propos. Ils se conduiront toujours comme les gardes-frontières de leurs réussites... et des vôtres, si vous dépendez d'eux.

La main ouverte

Un interlocuteur qui s'adresse à vous en soulignant son discours d'une main ouverte dans votre direction ne véhicule pas le même message infraverbal que celui qui utilise son index (gauche ou droit). Le premier est ouvert et non directif, il vous offre ses paroles. Le second est directif et autoritaire, il vous impose son point de vue (voir aussi le module consacré aux Index).

Les mains ouvertes, doigts collés

Elles trahissent un individu rigide et peu créatif. Il ne sera jamais ouvert à la remise en question de ses préjugés. Si les pouces sont en érection, décollés du reste des doigts, ce mode indique un individu fortement impliqué dans ses ambitions au détriment des vôtres, évidemment. Si les pouces restent collés, il confirme sa psychorigidité.

Les mains ouvertes, doigts déliés

Ce sont les mains du séducteur ou de la séductrice. Les doigts s'expriment en toute liberté au rythme des propos.

Le paravent

Elle pose sa main en paravent du côté de sa bouche pour se confier à son voisin. Comme vous l'avez deviné, c'est l'attitude privilégiée par les commères pour donner à leurs confidences une allure de secret d'État. Tous les tricheurs sont abonnés à ce type de refrain gestuel. Le geste du paravent rappelle aussi l'image stéréotypée du fourbe de comédie.

291

Les mains polarisées

Déjà évoquées, les deux mains sautent de droite à gauche ou de gauche à droite avec une constance exaspérante. On dirait qu'il peine à choisir son camp. En vérité, les mains polarisées trahissent un tempérament alternatif, incapable de prendre une décision claire et nette. Le tempérament alternatif est une version remaniée du caractère indécis.

Ponce Pilate

Votre interlocuteur se frotte les mains, comme s'il se les lavait sous le jet d'un robinet. Les hommes d'affaires qui usent volontiers de ce geste ont souvent une mentalité de boutiquier au sens le plus péjoratif du terme. « Que puis-je faire pour vous ? » dit-il en se frottant les mains avec une satisfaction à peine dissimulée. Le regard glacial (pupilles minuscules) dément la jovialité préfabriquée qu'il affiche au niveau des quenottes. Car le geste de Ponce Pilate appartient à une catégorie très particulière : les envieux chroniques.

Les mains en supination

Les paumes sont dirigées vers le haut. Ce sont les mains en offrande. Elles révèlent un tempérament généreux de la part d'un individu coopératif et convivial. L'attitude est évidemment qualifiante pour l'image publique du locuteur. Cependant, il n'est pas aisé d'implanter les mains en supination chez un locuteur qui s'exprime en pronation de manière constante. Difficile de transformer un chat en chien ou un égocentrique en oblatif.

Les mains en pronation

Les paumes sont dirigées vers le bas. Ce sont les mains réductrices. Le mode de la pronation peut apparaître ponctuellement quand il faut calmer le jeu. Il se manifeste involontairement quand les propos du locuteur ne sont pas le reflet de sa pensée. Il ne pense pas ce qu'il dit, comme tous les révisionnistes.

Les mains mortes
Sachant déjà que les mains expriment leur version des faits ou sous-titrent le discours, celui qui se prive de leur concours donne l'impression de dissimuler une partie des informations qu'il accepte de communiquer verbalement. L'inertie des mains entraîne souvent une compensation corporelle, la tête s'agite en même temps que le discours chez certains locuteurs.

Le VRP est assis, les mains posées à plat sur la table ou sur son attaché-case.
Le fait de cacher ostensiblement ses paumes est une manière de dissimulation et un refus d'accorder du crédit à son interlocuteur.

Votre chef de service pose ses mains, doigts à moitié refermés, sur le bord de la table.

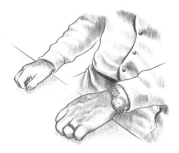

Signe de versatilité. Il nage entre deux eaux, encore ignorant de la manière dont il mettra fin à l'entretien.

Les mains sont posées sur les bords du pupitre, bras en pattes d'araignée.
Il n'est pas aussi à l'aise qu'il y paraît.

Les mains posées sur un bureau ou sur les genoux, à plat, recroquevillées comme des griffes ou poings fermés.
Il s'agit des mains de l'auditeur et non du locuteur. Les mains à plat révèlent un caractère flexible, une disponibilité et une attitude sincère de la part d'un individu qui se sent concerné par vos propos. Les doigts recroquevillés trahissent le côté exclusif, voire possessif. Les poings fermés dévoilent un tempérament agressif ou une attitude mentale hostile.

La main du fauve

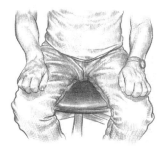

Votre interlocuteur appuie ses paumes sur ses cuisses, en position assise, tandis que ses doigts sont recroquevillés. Il est constipé. Psychologiquement, bien entendu !

Les mains en couverture

La superposition systématique des mains, coudes en appui, indique le mode de raisonnement de votre interlocuteur.

Si la main droite couvre la gauche, son mode de raisonnement est analytique. Ce mode de superposition implique un personnage sous influence, donc sans influence. Il prend rarement une décision sans consulter. C'est le genre de décideur qui vous dira oui sous la pression avant de vous dire non après avoir pris conseil auprès de ses oracles. Le décideur consultatif est un individu inquiet par nature. S'il vous arrive de reproduire les mains en couverture dans le vif d'une rencontre informelle ou amicale, la main droite dominante est prédictive d'une perspective de temps perdu ou d'enlisement.

En revanche, si la main gauche domine la droite, le mode de raisonnement du sujet observé est synthétique, voire analogique. Dans ce cas de figure, votre interlocuteur est parfaitement capable de prendre sa décision sans en référer. Il sait ce qu'il veut et ce qu'il ne veut pas. Les individus qui raisonnent de manière synthétique sont des décideurs instinctifs. Ils disposent du flair utile et nécessaire au succès de leurs entreprises. Nombre de gens posent les avant-bras en parallèle du corps et superposent leurs mains sur la table, face à leur plexus solaire. Cet autre mode de superposition des mains, qui rejoint celui des coudes en appui, situe le mode de raisonnement analytique (main droite dominante) ou synthétique (main gauche dominante) mais aussi le mode de décision.

Autre variante soumise aux mêmes règles : coudes en appui, la main gauche de votre interlocuteur enveloppe son poing droit et vice versa. Geste typique des hommes de pouvoir, mais aussi des psychopathes. Sans rapport !

La température des mains

Les mains que l'on serre en guise d'entrée en matière délivrent un message barométrique essentiel auquel peu d'entre nous sont attentifs. Il est vrai que la poignée de main est souvent trop rapide pour prendre conscience de ce détail.

Je vous livre en gros la signification de ces différences de température des mains. Les mains froides et humides sont les mains de l'insatisfaction et de la frustration. Les mains froides et sèches, mains des calculateurs ou des opportunistes mais aussi de ces personnes qui ne s'intéresseront pas à vous. Ils sont profondément égoïstes. Ils sont inflexibles, voire impitoyables et peu influençables. Les mains tièdes ou chaudes et sèches sont les mains de l'hospitalité, de la convivialité et de la disponibilité. Les mains tièdes ou chaudes et humides, mains sensuelles et fondantes ! Elles appartiennent aux troupes du plaisir de vivre le plus goulûment possible.

MAJEURS (les)

Les majeurs sont généralement plus longs que les autres doigts de la main. Cependant, il arrive que l'index ou l'annulaire soient aussi longs que le majeur. Ces détails morphologiques ont un sens en psychoanatomie. Si votre majeur droit (confiance en soi) est rejoint par l'annulaire droit, votre confiance en vous repose sur vos schémas volontaires. Si c'est l'index droit qui rejoint le majeur droit, votre confiance en vous repose sur votre besoin de vous affirmer ou votre maîtrise de soi. Le majeur gauche représente l'estime de soi. Si l'index gauche lui est équivalent en taille, cela signifie que cette estime passe par l'expression de votre vocation. Si c'est l'annulaire gauche qui équivaut au majeur gauche, l'estime de soi dépend du niveau de narcissisme investi dans l'image que l'on offre aux autres (voir aussi la longueur des index).

Les majeurs sont les doigts les plus protégés de la main et les plus forts en traction. En langage psychoanatomique, l'action des majeurs est souvent associée à celle des index plutôt qu'à une combinaison gestuelle sollicitant les annulaires. Le majeur est enfin celui qu'on nomme pudiquement le doigt d'honneur. La raison de ce choix me semblait obscure jusqu'au jour où un caméraman de France 3 m'a donné sa vision de l'origine historique de ce geste très explicitement conventionnel.

« À la bataille de Crécy, en 1346, qui a vu la victoire des Anglais sur les troupes françaises de l'époque, les archers français présomptueux (comme de juste) ont levé leur majeur droit en guise de provocation envers leurs adversaires anglais en leur criant : "Vous n'aurez pas celui-là !" Et de pointer leur majeur vers le ciel. Pourquoi le majeur ? Parce que les archers du temps jadis utilisaient ce doigt pour tendre la corde de leur arc. Faits prisonniers, on coupait le majeur droit aux archers afin qu'ils ne puissent plus se servir de leur arme favorite contre leurs ennemis. Provocation guerrière parfaitement légitime ! Mais pourquoi dans ce cas le majeur est-il devenu un pénis virtuel par la suite ? La question reste ouverte. »

Un signal gestuel majeur !

Une personne qui emprisonne son majeur droit dans le creux de son autre main se sent en état d'infériorité intellectuelle.

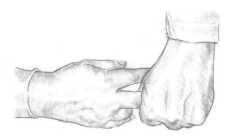

Le geste est très courant chez des ados en situation d'échec scolaire. Quant à celui qui incarcère son majeur gauche dans sa main droite, il trahit haut et fort son manque d'estime de soi.

MENTON (le)

Le menton est rentré ou le menton est relevé, mais il retrouve rarement sa place idéale. Quand le sentiment de colère, de contrariété non exprimée ou de frustration s'affiche sur l'écran mental, il a tendance à rentrer, effaçant du même coup la dénivellation entre le cou et la gorge. Le menton relevé est un menton de confrontation, de fierté ou de mépris. On le dit volontaire quand il est prognathe, mais sa forme est involontaire sur le plan purement morphologique. J'ai croisé plusieurs individus au menton en galoche qui n'étaient pas des foudres de persévérance. Alors, d'où vient cette légende des volontaristes à la large mâchoire ? Elle n'est peut-être pas aussi fantaisiste qu'on serait en droit le penser. Les profils athlétiques (dans la typologie de Kretschmer[1]) sont des individus à l'ossature lourde et saillante, au menton carré et au visage rectangulaire.

1. Ernst Kretschmer, 1888-1964, psychiatre allemand, père de la caractérologie, système se basant sur les rapports entre morphologie et troubles psychiques.

Ce sont généralement des hommes ou des femmes très physiques, actifs, sportifs et surtout énergiques. Ils sont plus endurants que les deux autres types définis par Kretschmer, les pycniques (plus ronds ou trapus) ou les leptosomes (plus longilignes). Évidemment, ces typologies sont empiriques et représentent une tentative de classement morphopsycholgique des individus sans véritable assise statistique. Comme toujours je vais donc aller à la pêche aux indices analogiques pour tenter de cerner la signification psychoanatomique du menton.

Le petit sein

Le muscle releveur du menton projette celui-ci en avant, imprimant une expression de défi au visage avec le concours du muscle buccinateur qui comprime les joues contre les dents. Quand les enfants se défient du regard dans la cour de récréation, ils amorcent toujours un mouvement qui expose leur menton aux coups hypothétiques de l'adversaire.

Sous le coup de l'horreur ou d'une douleur violente, le muscle peaucier du cou tire la bouche vers le bas ou sur le côté du menton.

On peut aussi lire cette grimace comme un signal fruste d'ignorance. Dans un autre registre, les bébés mordent volontiers le menton de leur maman. Une réaction relique de la tétée. Le menton ovale ou rond de la mère préfigure un petit sein que le bébé aime à mordre.

La fossette du menton

La fossette du menton est une curiosité morphologique au même titre que les fossettes qui marquent les joues. Les mentons à fossette remportent toujours un certain succès, bien qu'ils soient plutôt rares dans nos régions. Une légende veut que le bébé qui naît avec ce genre de détail morphologique soit né coiffé. Les fossettes ont toujours été considérées comme un attrait du fait de leur rareté. Selon certaines légendes, elles seraient une marque de distinction divine. Rareté égale chance, car la rareté a toujours une valeur ajoutée en toutes circonstances ! Le raccourci est un peu facile. Les fossettes au menton sont encore plus rares que celles des joues. Les hommes ou les femmes qui en sont pourvus ont donc bien de la chance. Mais l'héritage de cette pliure de la peau du menton pourrait s'expliquer différemment. Je vous livre mon hypothèse. Elle repose sur un raisonnement analogique, c'est-à-dire un rapport de similitudes dont le rapprochement est susceptible de déboucher sur une partie de la vérité. Ce type de raisonnement est l'un des outils de base du travail de recherche psychoanatomique. Il procède directement de l'observation.

En réalité, une lignée d'ancêtres bien nourris pourrait être à l'origine de cette pliure de la peau du menton. Des ascendants tout en rondeur sous-entendent un certain confort et une aisance certaine. Des lignées de bourgeois bien portants et fatalement en bonne santé ont donné naissance à des descendants du même bois.

Et puis, les rondeurs ont brutalement disparu. Une génération fut confrontée à l'adversité. Les rondeurs ont été remplacées par des muscles et une énergie du désespoir, la racine de la bonne fortune. D'où l'idée de la chance associée à la fossette. Car la chance n'est jamais qu'une déclinaison de certaines grâces subtiles qui accompagnent le vrai talent : inspiration, intuition, flair, opportunisme, créativité, etc. Je dois avouer que je n'ai jamais observé de fossette au menton chez les personnes dont l'existence est un échec permanent. Cette interprétation de la fossette du menton va dans le sens du siège symbolique attribué à cette partie anatomique du visage : le défi. Pour braver le sort, il faut avoir du courage ; pour provoquer, il faut avoir du talent ; pour oser, il faut avoir de la chance. Et pour avoir de la chance, il faut peut-être en être doté. Navré de vous décevoir si vous êtes un fervent partisan des coïncidences et du hasard des rencontres.

Voyons maintenant le menu des gestes du menton !

Coude en appui, il repose son menton sur le bout des doigts, main ouverte vers l'extérieur, bras en torsion.

Il s'agit d'un geste décalé hautement inconfortable, mais qui trahit bien l'individu ambigu.

Quand on pose le menton et la joue au creux de la main, le socle de la main droite révèle une attitude plus réfléchie tandis que le socle de la main gauche trahit une attitude plus rêveuse (ou plus amoureuse) de la part de celle ou celui qui reproduit cette posture.

Coude en appui, votre interlocuteur soutient sa tête de son pouce (bord du menton), de son index (en appui sur la tempe) et du majeur inséré entre ses lèvres.

Refrain gestuel anxiolytique par excellence quand il est reproduit de la main gauche. Attitude d'un individu motivé quand le geste est reproduit de la main droite.

Il se caresse le menton de la pulpe du pouce.
Le refrain gestuel du boxeur qui étudie l'angle d'attaque par lequel il pourra déstabiliser son adversaire. Pouce droit égale offensif ! Pouce gauche égale sur la défensive !

Le sujet pose finalement son menton sur ses deux paumes, doigts écartés sur les joues.

Attitude de sympathie ou de séduction.

Coudes en appui, l'inconnu pose son menton dans la paume de sa main, doigts écartés contre le visage.
Les doigts pointent vers le haut et dissimulent en partie ses traits comme un masque digital. La dissimulation des traits du visage permet de contrôler ses mimiques. Séducteur actif de la main droite, séducteur passif ou narcissique de la main gauche. Encore un refrain gestuel !

Coudes en appui, votre amie pose son menton dans sa paume gauche ou droite, doigts recourbés.

Refrain gestuel courant qui traduit toujours une attitude extravertie, séductrice à droite, narcissique à gauche.

Il cale son menton dans l'ouverture supérieure de son poing, coude en appui.

Le poing préfigure une barbichette de prof d'une autre époque. Il tournera autour du pot dès que vous lui demanderez de prendre position. Poing gauche égale petit professeur ! Poing droit égale grand mamamouchi !

Il pose son menton sur la première phalange de son pouce gauche ou droit en extension, coude en appui et poing fermé.

Refrain gestuel alternatif ! L'appui du pouce est instable. Il se laissera facilement influencer par vos arguments, quitte à le regretter ensuite. Pouce gauche égale impulsif ! Pouce droit égale indécis !

Coude en appui (droit/gauche), elle cale son menton entre le pouce et l'index ou entre le pouce et le majeur. Refrain gestuel complexe révélant un tempérament de femme d'affaires et un sens certain des perspectives.

Votre nouvelle amie rentre le menton en vous parlant, effaçant parfois la dénivellation entre la saillie du menton et du cou.
Elle est contrariée ou en colère. Cette attitude typique est souvent remarquable chez la femme à partir de la trentaine. Elle est un véritable baromètre des fluctuations de son climat mental. En alternance avec un port de tête normal, dans lequel le menton se démarque du cou, l'effacement trop fréquent du menton signale qu'elle est contrariée.

Il a tendance à désigner un objet ou une personne de la pointe du menton.
Mélange de mépris et de ruse de la part d'un individu qui n'accorde du crédit qu'à ceux qui serviront de marchepied à sa carrière.

Il relève le menton chaque fois qu'il vous adresse la parole.
Il a une haute estime de lui-même. « Tiens qui voilà », semble-t-il dire en hochant la tête, menton en proue ! Jusqu'à ce jour, vous n'aviez jamais remarqué ce détail gestuel qu'il reproduit pourtant régulièrement sous vos yeux. Un comportement tellement sympathique de sa part, toujours assorti d'un sourire. Difficile de croire que

ce personnage, que vous croisez chaque jour, vous signale involontairement ou non son mépris ! C'est peut-être votre patron, votre collègue du bureau d'en face, un client que vous croisez souvent dans les allées d'une foire commerciale. Et chaque fois ce hochement de la tête pour vous informer qu'il vous a vu.

MOLLETS (les)

Les mollets sont des révélateurs de l'effort à fournir. Les muscles des mollets fondent rapidement quand le corps se sédentarise. Lieux privilégiés de tensions et de crampes nocturnes souvent douloureuses, la structure neuromusculaire des mollets évolue ou s'arrête suivant votre niveau de combativité. Les mollets fondent avec l'âge en cas de démission face à la vie, ils continuent à se restructurer jusqu'à un âge avancé, si vous demeurez actif ou sportif. Les crampes nocturnes, par exemple, sont des rappels à l'ordre du subconscient. Il vous signale par ce truchement que votre combativité manque de ressort. Le virus mental le plus nocif pour la combativité est sans conteste le besoin de mesurer tout effort à fournir contre la montre.

Gare à vos mollets !

Soyez toujours attentif à vos mollets ! Ils sont le seul thermomètre de votre combativité. Si vous ressentez des douleurs musculaires, même discrètes, lorsque vous faites l'effort de monter un escalier ou quand vous pédalez sur votre vélo d'appartement, c'est un signal à ne pas négliger. Il indique que votre combativité est précaire ou que vous êtes légèrement dépressif. La combativité prend sa source dans l'investissement affectif. Si vous êtes peu ou mal investi dans votre activité professionnelle ou votre vie privée, votre combativité perdra des points, malgré vos efforts de sportif du dimanche. Mais par-dessus tout, si vous mesurez constamment la distance à parcourir pour chacune de vos initiatives, vous prenez le risque de solder la valeur de tous les efforts que vous accomplissez pour maintenir votre combativité à un bon niveau. Et gare à vos mollets !

Vous vous caressez le mollet, jambes croisées.
En tout état de cause, vous avez besoin de temps pour réfléchir. S'il vous arrive de vous gratter souvent le mollet en circuit fermé, vous saurez dorénavant que ce message signifie que votre combativité boude face à l'effort à fournir.

Certaines femmes posent leurs talons sur le sol avec une telle détermination que leurs mollets vibrent à chaque pas.
Cette caractéristique indique un tempérament autoritaire et peu enclin à la fantaisie, genre cheftaine aux mollets d'acier.

MORDILLER

Le fait de se mordiller (peaux mortes, ongles, cheveux, l'intérieur des joues, entre autres exemples) est un geste banal en soi, mais ô combien révélateur du climat mental ponctuel de vos interlocuteurs. La morsure est symbolique de la punition que l'on s'inflige quand on a l'impression d'avoir fait un faux pas. Un signal anxiogène à ne pas négliger ! Il est synonyme des ongles que l'on ronge pour apaiser des angoisses infantiles. L'onychophagie est un passage obligé chez la plupart des enfants, il se résout rapidement, mais on trouve des manies corollaires à différentes époques, dont le tabagisme ou l'addiction aux drogues dites douces ne sont pas les moindres épigones. Les mordeurs sont des anxieux chroniques. Mais je suis sûr que vous l'aviez déjà deviné.

CARAPACE MUSCULAIRE (la)

Votre attitude mentale est en mouvement perpétuel. Elle puise dans votre imagination les contenus nécessaires à son fonctionnement. De la pensée parasite à la réflexion structurée, elle influence constamment vos comportements et les attitudes de votre corps et, par voie de conséquence, les muscles qui prolongent les remous de votre mental à la surface de votre corps. Il semble évident que nombre d'attitudes corporelles sont à l'origine de kystes d'énergie bloquée dont votre musculature et vos articulations sont percluses. Ne suffit-il pas de serrer les poings pour contracter les muscles du dos ou plus particulièrement les trapèzes inférieurs et les angulaires situés entre les omoplates et le haut du dos ? Serrez donc les vôtres en vous concentrant sur les réactions discrètes de votre corps ! La carapace musculaire accompagne chacune de vos pensées, de vos paroles ou de vos gestes. Pourquoi une attitude corporelle inappropriée offrirait-elle une image qualifiante à votre interlocuteur alors qu'elle entérine la racine d'une gêne musculaire ou renforce certaines douleurs déjà existantes ? Cette question pose un problème fondamental. Pourquoi la gestuelle signifiante n'a-t-elle pas été investiguée par les physiologistes ?

Toute situation de stress trouve automatiquement un écho dans vos chaînes musculaires ou articulaires par le truchement des postures d'autoprotection, de refus ou de rejet. Quand l'esprit dit non à son corps défendant, le corps en souffre. Les attitudes oppositionnelles sont aussi des attitudes musculo-articulaires dont les effets nocifs se manifestent inévitablement tôt ou tard sur le plan psycho-somatique.

N

*Celui qui prétend que les gestes ne sont
que des gesticulations est comme cet
individu qui écoute parler le suédois
et pour lequel les mots ne sont
que des pets de nonne.*

NARINES (les)

La narine gauche est le siège symbolique de la générosité,
de la subtilité et de la spiritualité (dans les deux sens du
terme : esprit vif, finesse et drôlerie ou en rapport avec
l'âme ou la religion). La narine gauche dépend du cerveau droit (affectif).

   La narine droite est le siège symbolique de la capacité
d'évoluer par l'apprentissage ou l'initiation et de la fluidité des mécanismes de compréhension.

Le menu gestuel

*Il se bouche systématiquement la narine gauche d'un
index pensif.*
C'est un individu qui manque totalement de générosité.

Quant à son alter ego qui se bouche, itou, la narine droite, je dirais que ses mécanismes de compréhension ont fort à faire pour qu'il ne meure pas idiot.

Les doigts dans le nez, quelle est votre narine complice ? La gauche ? Vous avez de l'humour ! La droite ? Vous en manquez singulièrement.

Quelle est votre narine bouchée de prédilection quand vous êtes enrhumé ? La gauche ? Vous devriez croire en Dieu ou spiritualiser votre existence un peu trop matérialiste. La droite ? Votre QI manque d'exercice. Une heure quotidienne de bonne lecture (des classiques) vous aidera à déboucher votre nez plus vite qu'une boulimie de bonbons à la vitamine C. On parie ? Un rhume, ça n'est jamais qu'un cerveau qui se bouche ou qui se stresse, après tout.

La narine de Coluche

Il pose son index contre sa narine gauche ou droite.

« Attention ! Prends garde à toi ! » est le sens premier de ce gestcode désuet d'origine très populaire.

NEZ (le)

Flair et savoir-faire ont toujours été colocataires. Ces deux qualités ne sont pas héréditaires. On les acquiert à force d'observation, d'écoute et de réflexion. Ce qui signifie que tous ceux qui voient au lieu de regarder, tous ceux qui entendent au lieu d'écouter et tous ceux qui pensent au lieu de réfléchir, tous ceux-là sont exclus du flair et de leur savoir-faire. Or, le savoir-faire n'est jamais qu'un épigone du talent.

Le nez est le siège du flair (logique), du savoir-faire (un peu moins logique) et aussi le méridien du charisme (analogique). Ce qui me fait dire qu'un nez peut sévir dans beaucoup de domaines, à condition de savoir s'en servir. Pour l'intervention du sexe, la convergence entre le nez et la sexualité procède d'un rapport biomécanique. Les parois latérales du nez contiennent un tissu érectile spongieux qui provoque l'élargissement des conduits nasaux et des narines par vasodilatation lors de l'excitation sexuelle. Vous commencez à comprendre le rapport de cause à effet, je suppose.

La sympathie ou l'antipathie passe-t-elle par l'odeur de l'autre ? « Je ne peux pas le sentir, celui-là ; il n'est pas en odeur de sainteté ; avoir quelqu'un dans le nez ; se bouffer le nez » avant de divorcer de celui qu'on a tant aimé, etc. Ce ne sont pas les expressions idiomatiques qui manquent à l'appel pour magnifier le rôle socio-affectif du nez. Il faut croire que l'odeur subliminale intervient dans les coups de cœur, irrationnels par définition. On peut craquer à l'odeur d'un individu ou oublier sa première impression visuelle très favorable parce qu'une odeur de trop-propre-sur-lui vient interjeter appel.

Dans la section consacrée au mensonge, je tords le nez à cette présomption stupide qui accrédite que le fait de se tripoter le nez trahit le menteur. En revanche et *a contrario*, les individus qui dissimulent souvent leur bouche à l'abri d'une main sont des personnes qui ont des relations très conflictuelles avec la vérité ou qui craignent d'en dire trop.

Nez, que fais-tu ?

Parmi les gestes qui se rattachent à la sexualité non verbalisée, on trouve la pince en V.

Elle cache la bouche et encadre le nez un court instant. Il s'agit là de la reproduction inconsciente d'un signe obscène d'origine arabe, dans lequel le bout du nez préfigure un phallus en érection. C'est également un geste conventionnel en Angleterre pour conspuer les arbitres sportifs. Le geste effectué sans intention de nuire indiquerait une frustration sexuelle au même titre que le bonhomme qui vous tend un doigt d'honneur est souvent frustré sexuellement.

Si vous observez une sorte de frémissement chevalin des narines chez votre interlocuteur, sachez qu'il exprime inconsciemment son impatience. Si votre amie se caresse l'arête du nez du bout de l'index, coude en appui, tout en vous épiant du coin de l'œil, un geste plus érotique que nature, cela signifie qu'elle se caresse le pubis sous votre nez, sans fausse pudeur. Chaque fois que je surprends une femme se caressant l'arête du nez, j'ai droit à un sourire ambigu de la part de la coupable, sans qu'un seul mot ne soit échangé. Dont acte !

Comme toutes les excroissances, le nez est fort sollicité par ceux qui estime que la nature ne les a pas gâtés. Vous remarquerez aisément que les individus dont le nez se marie idéalement avec le visage ont moins tendance à le triturer dans tous les sens que tous ceux qui n'ont pas eu cette chance. Les porteurs de nez camards se le pincent souvent entre le pouce et l'index, ceux qui ont un nez pointu ou trop long se l'écrasent. Enfin, certains individus qui portent leur narcissisme à la boutonnière ont tendance à le signaler distraitement d'un index innocent.

Nez, y es-tu ?

Il est étonnant de constater que dans la représentation picturale des extraterrestres, les dessinateurs ne leur attribuent jamais un nez protubérant, pas plus que des lèvres charnues ou des sourcils. Comme si ces détails morphologiques avaient le don de les différencier de la race humaine. Le nez est effectivement un signe exclusif d'humanité et qui permet de distinguer les humains des animaux et des petits hommes verts. D'autre part, son usage clairement olfactif le rapproche d'un sentiment que l'homme partage avec les autres mammifères : la tendresse. La mère se sert naturellement de son nez pour établir une relation de tendresse avec son nourrisson ou son bébé. Elle le caresse et renifle par la même occasion son odeur du bout du nez. Un comportement humain très animal, ou devrais-je écrire le contraire ?

Rhume, que veux-tu ?

Si vous êtes sujet à une haute fréquence de rhinites (allergiques ou non), il ne serait pas inutile de réfléchir au service que vous a refusé votre flair en vous dirigeant récemment vers une voie de garage. Un rhume n'est jamais innocent, c'est toujours un signal psychosomatique fort que vous renvoie l'inconscient pour vous signaler que votre flair a des ratés. Un nez bouché n'a plus de flair, cela me paraît évident.

Or, s'il n'a plus de flair, c'est peut-être une manière de signaler à son propriétaire qu'il fait fausse route ? Plus de 80 % des rhinites allergiques sont d'origine psychogène. Trouvez le facteur déclenchant de votre rhume et vous serez guéri dans l'heure qui suit. Les maladies infectieuses des voies respiratoires supérieures (rhinites, bronchites et sinusites, récidivantes ou non) sont souvent consécutives à une diminution de la résistance non spécifique des anticorps, situation qui est toujours due à l'apparition d'un état dépressif psychologique ou somatique. Toute initiative qui conduit à un cul-de-sac provoque ce genre d'état. La rhinite devient alors le premier signal destiné à faire prendre conscience du manque de flair (le nez bouché) qui a conduit le malade à cette extrémité.

Le menu gestuel

Le bonhomme qui est assis en face de vous passe son temps à se triturer les trous de nez sans se demander si cette manie vous dérange.
Un morveux sur pied. Crotte de nez ou pas, il vous considère comme un personnage aussi virtuel qu'une star de la télé-réalité.

Elle se cure constamment l'orifice du nez d'un auriculaire aérien.
Handicapée par un complexe de supériorité identifiable dans les cinq premières minutes de votre rencontre, votre interlocutrice a la fâcheuse tendance d'entrer en conflit avec tous ceux qui l'approchent.

Et quand elle écrase la pointe de son nez du bout de son index.
Quand on écrase son flair, c'est comme pour tout, il s'aplatit.

Si votre interlocuteur se bouche très régulièrement le nez entre sa pince pouce-index.

Vous pourrez conclure que vous êtes en présence d'un sceptique qui affiche son incrédulité comme une médaille. Mais on se pince aussi le nez quand on veut éviter de respirer une mauvaise odeur, au sens figuré. Votre interlocuteur peut se le boucher pour vous signaler involontairement que vous êtes en train de vous engager dans un discours qui sent mauvais.

Et quand votre nouvelle amie se frotte régulièrement le nez en aller-retour, à plusieurs reprises, du dos de l'index. Elle est en manque de sa drogue favorite : les ragots croustillants qui égayent son ennui quotidien. Rien de sexuel dans tout ça !

Quand votre patron se gratte les ailes du nez du bout de l'index.

Il exprime son hésitation à livre ouvert.

L'aile droite : il ne comprend pas où vous voulez en venir.

L'aile gauche : il spécule sur ses chances de l'emporter.

S'il se pince la racine du nez du pouce et de l'index en riant.

Ce geste particulier traduit un besoin de faire le vide dans une conscience troublée ou amusée par une mauvaise odeur virtuelle. Les blagues salaces provoquent souvent ce genre de réaction.

L'individu qui renifle au lieu de se moucher.

Renifler, c'est aussi conserver en soi la source de la maladie qui conduit à l'échec de ses entreprises.

Un politicien joint ses mains, paume contre paume, et pince son nez entre ses pouces, coudes en appui.

Séquence gestuelle assez rare des individus vissés à leur fauteuil, dont la carrière ressemble à ces fusibles automatiques qu'on rebranche quand ils sautent (voir la fiche du jésuite dans la section des Mains).

Son nez brille de sueur.
Mis à part la chaleur d'été torride qui provoque une sudation excessive chez la plupart des gens, la sueur qui fait briller un nez provient presque toujours d'une excitation, de type sexuel ou non. À plus forte raison chez l'homme qui porte des lunettes. Si votre époux rentre à la maison avec un nez un peu trop brillant, il est possible qu'il vient de croiser la nouvelle voisine. Profitez-en pour lui suggérer la totale au lieu de lui faire une scène de jalousie !

Il empoigne son nez entre son pouce et son index et le secoue de gauche à droite avec une belle vigueur.
Il secoue son flair qui est manifestement en congé maladie.

Se curer le nez

Se curer le nez n'est pas toujours un geste polluant, s'il est reproduit en privé ou en solitaire. C'est une conduite de toilettage dont l'objectif inconscient consiste à se débarrasser de ses pensées parasites. Le rapport symbolique entre les crottes de nez et les pensées parasites vous apparaîtra pleinement justifié. C'est tellement évident ! Si vous vous surprenez dorénavant en train de vous curer consciencieusement le nez, vous saurez qu'il est urgent de faire le ménage dans vos pensées psychotoxiques. La pollution prend sa source sous le crâne de l'homme et se poursuit dans son environnement.

NUQUE (la)

En psychoanatomie, la nuque abrite le siège symbolique de la confiance en soi. En réalité, la partie du cou identifiée à ce climat mental idéal que nous recherchons tous se situe exactement à la hauteur des sept dernières cervicales de la colonne vertébrale, comme je l'ai déjà évoqué dans *Le langage psy du corps*[1]. C'est dire que toute la gestuelle impliquant la nuque ne peut être reléguée au second plan.

Tout torticolis est le signal puissant d'une affection banale. Si vous êtes sujet à ce genre de trouble, vous pouvez considérer que votre inconscient tente de tordre le cou à votre manque de confiance en vous. La nuque est une partie essentielle du corps avec laquelle nous entretenons des rapports souvent conflictuels sans même nous en rendre compte.

Le menu des gestes

Les doigts croisés sur la nuque

Ils indiquent un besoin de fuir le débat, mais peuvent aussi traduire une fatigue passagère. Il est temps de faire

---

1. *Ibid.*

un break. Quand la confiance en soi est chahutée, les doigts viennent se poser dessus pour la renforcer ou la protéger. Mais c'est surtout, selon mon expérience, le geste typique d'un individu qui a déjà pris sa décision sans vous l'annoncer immédiatement. Vous aurez beau continuer à vouloir le convaincre, le sol se dérobera sous vos pieds. Il s'est fait une religion à laquelle il souscrira comme un seul homme. Le croisement des doigts derrière la nuque simule aussi une attitude de fuite. Fuite devant le stress, imitant un besoin de détente, ou fuite devant l'autre et ses exigences. Dans les réunions de travail qui s'attardent, les doigts croisés sur la nuque sont la norme, car la confiance en soi a tendance à se ramollir quand la fatigue s'installe.

L'arthrose de la nuque

Elle est souvent consécutive à une détérioration de la confiance en soi. L'arthrose située dans la partie gauche de la nuque pourrait représenter le symptôme précurseur d'une confiance en soi perturbée. Il existe aussi un rapport étroit avec la peur de l'échec. Une arthrose récurrente située dans la partie droite est une symptôme de surmenage.

La main gauche calée sur la nuque

C'est un refrain gestuel parfaitement alternatif, tout dépend du ressenti ou du contexte. Le geste peut être lié à la difficulté de prendre une décision, de terminer un travail dans les délais. Il produira automatiquement un ancrage rapide de la main gauche dans la nuque. C'est donc un refrain réactionnel !

Votre main droite calée sur la nuque
Si vous constatez que le geste se répète un peu trop souvent au cours d'un entretien, sachez qu'on tente de vous coincer ou de vous persuader d'adhérer contre votre gré. Votre libre arbitre est en danger.

Elle lève un bras en l'air et replie l'avant-bras en cachant sa main derrière sa nuque.

Imaginez que le bras en érection soit un mât et le bras replié une voile. Elle prend le large. C'est le genre de fantaisiste qui se défile à la dernière minute. Une femme très infidèle !

Il lève les bras en l'air et replie les avant-bras tout en cachant ses mains derrière sa nuque.

Posture du papillon qui vole de fleur en fleur sans jamais prendre le temps de se poser quelque part. Il n'y a pas de pire menteur que celui qui croit sincèrement qu'il dit la vérité. Cette phrase s'adapte idéalement à votre sujet, que la fatalité du mensonge poursuit de ses assiduités.

Il se caresse la nuque (ou le cou) distraitement.
Il évalue la distance qui vous sépare de lui.

Coudes en appui, ses mains entourent sa nuque tout en soutenant la tête.

Il pose sa tête sur le billot. La guillotine n'est pas loin. Il est las ou il en a marre de vous.

O

L'échec s'entérine dans la multiplication des gestes qui sonnent faux.

OFFENSIF (le profil)

Si votre bras droit est dominant quand vous croisez les bras, vous avez un mode de gestion offensif du territoire. Il doit souvent vous arriver d'agir d'abord et de réfléchir ensuite. Vous direz oui d'entrée de jeu, quitte à faire marche arrière sous n'importe quel prétexte. Votre impulsivité vous joue parfois des tours pendables, mais elle sert aussi de coach à votre flair. Votre instinct vous sauve plus souvent la mise qu'il ne vous pénalise. Hommes ou femmes d'action, le mode de gestion de l'espace vital des profils offensifs gestuels est fondé sur l'attaque, le risque, l'invasion, l'audace et surtout l'affirmation de soi. Pour l'offensif, il est impératif d'exister aux yeux des autres en toutes circonstances. L'offensif alimente sa confiance en soi par le succès de ses entreprises. Il aime briller en société. Il vit très mal la mise en doute de ses compétences. La meilleure manière de se le mettre à dos est de le critiquer. Hélas, les offensifs sont aussi versatiles qu'enthousiastes. Ils peuvent retourner leur veste alors que vous êtes déjà en train de savourer votre victoire. L'offensif est opportuniste. Ses initiatives sont rarement gratuites. Quand un offensif est convaincu de son fait, vous ne le ferez jamais changer d'avis. Méfiez-vous ! Certains offensifs dégainent plus vite que leur ombre.

Pour l'offensif, l'équilibre psychique est une question de développement personnel, il s'inscrit inéluctablement dans la notion de progrès ou dans l'ascension de sa carrière ou dans la progression de sa vie sentimentale. Son cursus n'est pas forcément linéaire comme celui du défensif. Plus proactif que réactif, il est branché en permanence sur le futur et considère souvent le passé comme dépassé, voire comme une source de pollution. Il se doit de fuir en avant pour ne pas retourner à la case départ du jeu de l'oie.

Statistiquement, on rencontre plus d'offensifs autodidactes, qu'ils aient ou non achevé leurs études. La vie d'un offensif est un combat permanent, émaillé de victoires et de défaites. Battant ou perdant, c'est souvent un phénix qui renaît de ses cendres après un passage à vide obligé pour se ressourcer.

Les offensifs sont des individus qui ont besoin d'agir, de créer des opportunités, d'épouser des croisades utiles ou inutiles, de faire des projets, de s'exprimer et de s'affirmer.

Le territoire mental de l'offensif est extensible, à l'instar de son territoire physique. Il s'étale, se répand, s'approprie l'espace. Il se met en avant, s'expose, s'impose. L'offensif est un anxieux actif, il appréhende et fuit en avant pour ne pas devoir reculer. Il s'implique de manière parfois impulsive, sans réfléchir *a priori* aux conséquences de ses actes ou de ses initiatives. Impatient d'aboutir, d'être reconnu, il n'est pas toujours raisonnable, mais comme il est capable de reconnaître ses erreurs, il changera d'orientation sans préavis pour préserver sa confiance en soi. (Voir aussi le profil antagoniste du Défensif.)

OMOPLATES (les)

Le creux entre les omoplates est le triangle des Bermudes du corps. Le lieu du mystère de l'intuition[1], le synonyme émotionnel de la sensualité. Lieu difficile d'accès, elles sont en revanche très accessibles par le compagnon ou la compagne qui vous prend dans ses bras. Le creux entre les omoplates est très innervé, donc très sensible. Quand on ressent un frisson dans le dos, c'est à ce niveau que se situe le point de départ du frisson… de peur ou de plaisir.

1. Voir *Le langage psy du corps*.

Frisson ! Intuition ?

Phénomène thermodynamique à l'origine, le frisson se manifeste en cas de fébrilité. Il sert notamment à augmenter la température corporelle. L'effet de surprise joue un rôle éminent dans la production du frisson. La caresse érotique aussi. Reste l'expression « Ça me donne froid dans le dos » qui signale clairement une angoisse soudaine, l'expression d'un pressentiment. Mais le circuit neuronal de la peur (l'amygdale du cerveau) est aussi celui du plaisir. Ce qui me permet de conclure que le frisson est surtout une expression de la surprise, bonne ou mauvaise. L'amygdale du cerveau, en tant que système d'alarme central, se manifeste par le truchement de diverses réactions comportementales (les postures de fuite) ou biomécaniques, tel le frisson.

Et les tatouages ?

On les remarque souvent sous les épaules dénudées de naïades en bikini ou en petit haut largement échancré dans le dos. Sous l'épaule droite ou sous la gauche ? Statistiquement, l'épaule droite l'emporte largement. On aime ou pas ! Un peu vulgaire, je vous l'accorde, mais le tatouage est aussi une manière de se marquer pour se démarquer. Alors, omoplate gauche ou droite ? C'est le « suivez-moi jeune homme ! ». Le tatouage hypnotique par excellence. À gauche, on veut plaire, mais pas forcément consommer. À droite, on est plus directe !

ONGLES (les)

Vous êtes-vous déjà retrouvé devant un interlocuteur qui se curait les ongles tout en vous prêtant une oreille distraite ? Vous faisiez face à un bluffeur capable de vous mener en bateau de bout en bout de l'entretien. À quoi reconnaît-on ce genre de bluffeur, entre autres refrains verbaux ? À une petite manie qu'il a de toujours s'y mettre sans jamais passer à l'acte. C'est un fana, un inconditionnel du verbe « aller », cuisiné à toutes les sauces. Jamais, au grand jamais, il ne conjuguera le moindre verbe sans l'accoler religieusement au verbe « aller » : « Ne vous inquiétez pas ! Je vais m'en occuper ! » Et c'est à ce niveau que le signal d'alarme devrait résonner dans votre conscience subjuguée par le ton sûr de lui du bonhomme. Inquiétez-vous ! C'est un homme en mouvement théoriquement perpétuel. Un vrai pro... crastinateur !

Si vous êtes de sexe masculin, ne négligez pas vos ongles ! Ils sont le siège symbolique de votre degré d'autodiscipline, de votre sens de l'ordre et de la méthode et surtout de votre sens des priorités. Cette dernière qualité est le substrat de la capacité de choisir ! La manière dont vous prenez soin de vos ongles influence favorablement l'émergence de ces qualités au même titre qu'une centaine d'abdos quotidiens ont un effet direct sur le ventre (presque) plat dont vous êtes si fier. Vous admettrez que les ongles au vernis écaillé ne sont pas un atout à proprement parler séducteur pour une femme. Ils laissent supposer que la demoiselle qui les affiche, sans honte particulière, ne se respecte pas et ne respecte pas plus son territoire. Le vernis écaillé est un signe de négligence, d'inconséquence, d'irresponsabilité, mais aussi et surtout un signe d'imprudence, ce qui est bien plus grave. Or, les personnes imprudentes sont aussi à l'origine d'incidents bénins ou d'accidents graves dont elles ne se sentent pas vraiment responsables. Les ongles longs mal taillés trahissent un état dépressif ponctuel ou chronique. Les ongles rongés, une nervosité ou un état de stress permanent. Quand aux ongles en deuil, je vous laisse seul juge.

La pulpe de son majeur gauche caresse compulsivement l'ongle de son index gauche.

Le besoin de plaire est un épigone direct du sentiment de jalousie que ressent celui qui reproduit la caresse compulsive sur l'ongle de l'index gauche. Un envieux !

La pulpe de son majeur droit caresse compulsivement l'ongle de l'index droit.
Préjugés (majeur droit) et besoin de faire autorité (index droit) débouchent sur un bonhomme procédurier, chicaneur, ergoteur, vétilleux et chipoteur qui n'aura de cesse

de traquer la moindre de vos contradictions pour vous abattre comme un canard sauvage.

La pulpe de l'index gauche caresse l'ongle du pouce de la même main.
Ce geste dénote un tempérament très épicurien, un être sensuel et hédoniste.

La pulpe de l'index droit caresse l'ongle du pouce de la même main.
Geste roboratif, il tend à augmenter la production d'énergie et à remotiver vos audaces en panne de carburant.

Les doigts sont croisés, la pulpe du pouce droit caresse l'ongle du pouce gauche et vice versa.

Quand le plaisir (pouce gauche) caresse le désir (pouce droit), c'est une manière indirecte de demander des câlins à celui ou celle qui vous fait face. Quand le désir caresse le plaisir, la demande est plus directe et plus érotique.

La pulpe du pouce gauche caresse l'ongle de l'index de la même main.
Le personnage qui reproduit ce geste vous apprend, en toute innocence, qu'il est plus envieux qu'il ne voudrait le laisser paraître.

Il s'abîme dans la contemplation de ses ongles, coudes en appui.
Cette manière de se préoccuper de ses ongles hors de propos est un mécanisme de défense doublé d'une conduite de gêne. Le geste est évidemment plus réducteur que séducteur.

Il se mordille les peaux des ongles.
Une manie qui dénote un tempérament vindicatif. Autre variante de la peau morte ! Peu intéressé par votre discours, il se concentre sur une peau morte de son pouce. Il prend de la distance et s'enferme dans sa bulle, trahissant ainsi le peu d'intérêt qu'il vous prête.

OREILLES (les)

L'oreille droite est le siège symbolique de l'égoïsme. Je vous rappelle que l'égoïste se voue un amour excessif et subordonne toujours votre intérêt au sien. Dépossédé, sans travail, sans perspectives, blessé dans son orgueil ou dans sa fierté, l'égoïste se punit parfois en somatisant sa frustration par le truchement d'une affection de l'oreille droite. Mais le plus intéressant consiste à observer les individus qui, dès qu'on leur demande un effort bénévole, se palpent le lobe de l'oreille droite.

Ce tic gestuel est la marque de fabrique de l'égoïste patenté.

L'oreille gauche est l'un des sièges psychoanatomiques de la revendication. Être spolié, castré, sevré d'une satisfaction souvent légitime ou considérée comme telle, être exclu, rejeté, mal aimé, victime de l'indifférence, tous ces cas de figure génèrent parfois des pathologies de l'oreille gauche du type surproduction de sébum, douleurs atypiques de l'oreille interne, boutons de fièvre récidivants à l'intérieur du conduit auditif ou bouchons de cérumen à répétition. Le contexte psychogène de ce genre d'affection n'est jamais pris en compte par les spécialistes. Il est vrai qu'il n'existe aucune solution de type psychologique pour déboucher une oreille. La palpation du lobe de l'oreille gauche est un signal distinct de frustration que j'ai eu l'occasion d'observer chez de nombreux revendicateurs.

En matière de séduction, le lobe gauche représente le fantasme, mais aussi le délicieux sentiment de culpabilité.

Un anneau unique suspendu au lobe gauche

Il est révélateur d'un sujet fantasmatique et très susceptible.

Le lobe droit est synonyme d'érotisme et aussi d'opportunisme, un couple de critères qui s'assemblent idéalement.

Un anneau unique suspendu au lobe droit
Il trahit une mentalité très libertine. Les lobes, pris dans leur ensemble, sont le siège de toute sensibilité jusque et y compris l'excitabilité érotique, évidemment.

Selon Desmond Morris[1] : « Chose surprenante, l'humble lobe de l'oreille a été passablement négligé dans ce contexte, mais il convient de noter qu'on a enregistré des cas de mâles aussi bien que de femelles qui parviennent bel et bien à l'orgasme à la suite de stimulation de lobe de l'oreille. »

Les gestes auriculaires

Il se penche souvent vers vous pour vous confier quelque chose dans le creux de l'oreille.
Cette conduite trahit le « rumoriste » (celui qui répand les rumeurs).

Votre interlocuteur repose l'une de ses oreilles contre sa main correspondante, coude en appui, tout en penchant la tête sur le côté.
Le simple fait de pencher la tête est en soi une attitude de séduction.

---

1. Desmond Morris, *op. cit.*

Coudes en appui, il encercle ses oreilles de ses mains comme s'il s'agissait d'écouteurs.

Il tente de couper le contact avec le monde extérieur.

ORTEILS (les)

Les orteils sont les sièges symboliques de la frustration (sexuelle ou non). Ce sont aussi des zones érogènes explosives peu fréquentées bien que tout à fait fréquentables. Ce n'est pas sans raison que les fabricants de chaussures offrent un choix énorme de sandales à hauts talons chaque été, mettant en valeur les orteils aux ongles vernis, la cambrure et l'allure générale du pied de la femme. Les pieds parfaits sont bien plus rares que les visages zéro défaut, sans parler des orteils trop courts, trop longs ou tout tordus.

Les orteils d'un bébé sont vingt fois plus habiles à se saisir d'un objet que ceux d'un adulte. Chez la majorité des adultes, les orteils sont des parties corporelles inactives. Chez un danseur, en revanche, la force originelle des orteils conditionnera le succès de sa carrière. En temps normal, le pied n'a pas de travaux de précision à effectuer comme les mains, mais avec un entraînement on peut arriver à écrire ou à peindre avec les pieds.

Les orteils pénalisés

Les ongles incarnés sont un véritable aveu de frustration et pas seulement une négligence hygiénique. Vous aurez beau consacrer un budget à vos visites chez le podologue, ils continueront à pousser de travers et à vous faire souffrir. Pour être en mesure de se débarrasser du sentiment de frustration, il faut être capable de satisfaction. C'est une révolution mentale qu'il vous faut accompli pour évacuer la frustration de votre esprit et de vos sentiments. Il est sans doute plus simple de continuer à rendre visite à votre podologue.

Quelques figures gestuelles

Si vous êtes victime de démangeaisons entre les doigts de pieds et que votre hygiène pédestre est sans reproche, sachez que ces chatouillements révèlent soit une insatisfaction sexuelle, soit une motivation en berne.

Une bague glissée à l'un de vos orteils
C'est un aveu de frustration sexuelle.

Les pointes
Il existe une position des orteils que l'on peut observer chez la femme qui a ôté ses souliers : il arrive qu'elle fasse des pointes en recroquevillant ses doigts de pied dans certaines circonstances. Attitude de soumission et pas seulement de frustration sexuelle comme je l'avais mentionné dans un précédent ouvrage.

Peindre les ongles de ses orteils

Cela indique une recherche de sensualité. Les femmes qui se peignent ainsi les ongles des orteils affirment leur besoin de volupté et de siestes améliorées quand l'occasion se présente. Elles sont très *carpe diem*, investies dans le présent de leur plaisir et non dans l'avenir de désirs hypothétiques. Elles abandonnent l'ambition aux hommes toujours aisés qu'elles épousent par souci de sécurité et se contentent de jouir du confort qu'ils assurent. Des paresseuses militantes, mais néanmoins perfectionnistes !

Les pieds en repli sous la chaise et en appui sur les orteils sans que les talons touchent le sol

Ils indiquent une peur de déplaire (ou une volonté de se soumettre). Cette posture est visible dans toutes les bonnes brasseries à l'heure du déjeuner, pour autant que vous bénéficiiez d'une vue dégagée et plongeante sur les dessous de table.

P

Je crois en la magie des gestes plus qu'aux qualificatifs vaniteux, creux comme des songes vides de sens.

PAUMES (les)

La paume droite active les systèmes de défense, la paume gauche soulage la douleur ou l'inverse. Les magnétiseurs connaissent bien les effets magnétiques des paumes, des outils anatomiques qu'ils utilisent en priorité pour tenter d'apaiser ou de soulager les souffrances des personnes qui viennent les consulter. La main droite de la maman a un effet apaisant sur les poussées dentaires du bébé. Le fait est objectivement connu et reconnu. Pourquoi la main droite ? Parce qu'une majorité de mères droitières portent leur bébé sur le bras gauche. Un fait scientifiquement établi. Cette habitude viendrait naturellement de la proximité du cœur et de ses pulsations rassurantes mieux perçues par le bébé. Les paumes sont de véritables remèdes antalgiques, ils calment la douleur de l'autre, mais pas la sienne propre.

PAUPIÈRES (les)

Siège possible du bonheur sur terre, les paupières sont, *a priori*, les lieux symboliques des identifications parentales. Papa squatte la paupière droite et maman, la paupière gauche (pour les gauchers, on inverse !). Si vous voulez vérifier l'état de vos relations avec vos images parentales (c'est-à-dire si vous vous en êtes affranchi), il suffit de révulser les yeux le plus haut possible sous les paupières fermées pendant une bonne minute, environ. Ensuite, relâchez tout doucement votre tension musculaire. Si vos paupières demeurent closes spontanément, vous êtes reçu à l'âge adulte. Si l'une d'entre elles se décolle, mais l'autre reste légèrement fermée avant de s'ouvrir, cela signifie que vous êtes affranchi de l'une de vos images parentales. Ainsi, si la paupière droite demeure close plus longtemps que la gauche, il s'agit de l'image paternelle, et de l'image maternelle si la paupière gauche demeure close plus longtemps que la droite. Cette obturation temporaire différée d'une paupière à l'autre indique que vous avez avec l'un de vos parents une relation conflictuelle, déclarée ou non, qui vous empêche d'atteindre la maturité affective. Si vos deux paupières se décollent, vous n'avez pas encore goûté aux charmes de la maturité, quel que soit votre âge. Certaines crises d'adolescence se manifestent parfois au-delà de la cinquantaine. C'est le cas notamment des parents qui sont pris d'une frénésie de look jeune.

Clignez !

À quoi servent ces constats ? Il existe un lien étroit entre la qualité du sommeil et l'affranchissement d'un individu par rapport à ses images parentales. De même, il existe un rapport direct entre la maturité affective et la mobilité des paupières. Ce qui signifie en clair que si les vôtres sont plutôt immobiles, vous perdez un atout considérable. Souvenez-vous de Charlie Chaplin et de ses yeux tellement mobiles à vous donner le tournis !

Frank Carlucci, l'un des acteurs majeurs de l'économie de guerre américaine, est une sorte de parrain de l'industrie militaire et un ami très cher de tous les politiciens qui se cherchent un après. Interrogé à plusieurs reprises dans le contexte d'un documentaire très critique sur le président Bush, on peut constater que cet individu qui distribue les sinécures à Washington parle sans cligner des yeux. Le regard morne et glacial du personnage en dit d'ailleurs assez long sur son absence de compassion.

J'ai pu constater qu'une haute fréquence des clignements des paupières (et des cils, fatalement) révélait un personnage plus compassionnel qu'une faible fréquence de clignements. Il est vrai que ce battement d'ailes échappe à l'attention, tellement il se produit discrètement. Des chercheurs ont remarqué, par ailleurs, qu'un staccato de clignements est consécutif à un bouleversement émotionnel ou affectif. Notamment quand une personne reçoit une nouvelle inattendue, bonne ou mauvaise. Quand surgit un coup de foudre entre deux individus, la fréquence des clignements palpébraux s'affole toujours juste avant le premier baiser, surtout chez la femme.

Clinton clignait des paupières avant de répondre au journaliste qui l'interrogeait et surtout pour souligner le terme *false* avec un regard qui s'évadait vers la droite et vers un avenir plus qu'incertain, en guise de conclusion. Clinton clignait souvent des paupières de manière appuyée, comme tous les simulateurs émérites.

Les paupières se ferment de manière appuyée et régulière en parallèle du discours.

Le clignement des paupières est une phénomène gesticulatoire dans tous les cas de figure et signifiant dans un seul : quand il est appuyé. Tout clignement appuyé accompagne toujours un mot particulier de la phrase exprimée. Ce mot est généralement en contradiction avec le sentiment non dit du locuteur.

La révulsion oculaire

C'est une autre manifestation équivalente du clignement appuyé qui signifie exactement la même chose. Il ne dit pas ce qu'il pense et ne pense pas ce qu'il dit, soit par peur de perdre la main, soit parce que la situation qu'il vit est sans références connues et qu'il lui faut s'y adapter sans filet. Ce tic peut également être consécutif à des troubles de la concentration. On ferme généralement les yeux pour discipliner sa pensée. C'est le genre d'individu qui a besoin d'un guide professionnel, spirituel ou affectif pour compenser l'absence d'une image parentale mal intégrée dans la construction de sa personnalité.

Il se frotte souvent les paupières.

Il n'en croit pas ses yeux, car il est mieux perçu de se frotter les paupières que de se fourrer l'index dans le conduit de l'oreille.

Elle plisse fréquemment les paupières en faisant mine de fermer les yeux.
Elle cherche littéralement à vous effacer de son champ de vision.

PIEDS (les)

Autrefois, le pied droit était considéré comme bon et gentil alors que le pied gauche était mauvais et hostile. Dieu était supposé œuvrer par l'intermédiaire du pied droit et le diable poussait l'homme à se lever du pied gauche.

De quel pied démarrez-vous dans la vie ?

Cette question est essentielle, car elle détermine votre degré d'autonomie ou de dépendance.

Si c'est le pied droit, vous êtes plutôt autonome, actif et entreprenant. Si c'est principalement le gauche, vous êtes plutôt respectueux des règles de la société et dépendant. Ne cherchez pas à changer volontairement de pied « champignon », acceptez-vous tel que vous êtes et non tel que vous voudriez être, ça vous fera un stress en moins et de l'énergie disponible à consacrer à des tâches plus utiles.

Observez les gens autour de vous ! Ils discutent avec un voisin ou un collègue puis se séparent. De quel pied se quittent-ils ? Si vous êtes commerçant, épiez vos clients ! Quel est le pied qui ouvre la marche quand ils quittent votre boutique ? Le client du pied droit est peu influençable. Il sait ce qu'il veut. Le client du pied gauche, par contre, est plus influençable.

Quand vous descendez du bus, vous sortez de la rame de métro ou d'un tram, quel est le pied que vous posez en premier sur le sol ? Si vous êtes autonome ou si vous avez l'esprit libre, vous poserez automatiquement le droit en priorité. Si vous êtes préoccupé ou soucieux, vous poserez le pied gauche en premier. La latéralité du pied n'intervient pas. Les gauchers du pied ne sont pas des gauchers de la main.
De quel pied commencez-vous à monter l'escalier ? Soucieux, vous entamerez votre ascension du pied gauche ; l'esprit dégagé, vous retrouverez votre pied droit sur la première marche de l'escalier. En règle générale, le pied qui domine est un refrain gestuel invariable. On démarre toujours du même pied. Mais il arrive que ce refrain soit perturbé, quand on s'est levé du pied gauche, par exemple.

La chorégraphie des pieds

Une posture amusante à observer, juste en passant par là !

Debout, les pieds en angle droit

C'est une posture assez fréquemment adoptée par les adolescentes disponibles sur le plan amoureux. Le pied gauche en avant trahit une personne très sensible, trop susceptible et fatalement très narcissique. Le pied droit en avant révèle un caractère plus audacieux et plus directif (voir aussi Debout : L'Homo erectus).

Votre interlocuteur est debout en danseuse, l'une de ses jambes croise le muscle jambier de l'autre, le pied de la jambe croisée est posé sur la pointe.

La jambe droite en appui et le pied gauche sur la pointe. Il est en proie à un coup de blues.

La jambe gauche en appui et le pied droit sur la pointe. Anxieux, nerveux, inquiet de la tournure des événements ou des résultats d'une rencontre mal annoncée, il a peur de foirer.

Les pieds en danseuse expriment aussi l'ennui quand un consommateur de bistro est seul face à lui-même. On peut aussi y faire appel ponctuellement quand l'autre nous importune avec ses confidences de bistro ou ses brèves de comptoir avinées. La pointe du pied en danseuse est une posture fréquente chez des individus qui passent leur temps à dissocier l'être du paraître ou à fausser les règles du jeu. C'est-à-dire beaucoup de monde !

Il écrase son pied gauche du pied droit.
Il réprime ses émotions. Il se contrôle.

Quand il écrase son pied droit du pied gauche ?
Cet écrasement-là trahit un personnage impulsif.

(Voir aussi la position Assise.)

La pince pouce-index

Selon Marc Jeannerod, dans un article détaillant la production du geste pour *Science et vie*, à partir de données recueillies sur des mains fossiles, les anthropologues ont découvert que notre ancêtre Paranthropus Robustus (1,8 million d'années) possédait déjà une pince de précision, au même titre que Homo erectus (1,5 million d'années). Ils faisaient référence à la pince pouce-index. En revanche, si on remonte à 4 millions d'années, nos lointains ancêtres disposaient de mains de chimpanzés, pour lesquelles seuls le pouce et l'index peuvent s'opposer. Des singes comme les macaques, qui ont un pouce très court, ne peuvent que l'appuyer sur l'extrémité de l'index ou au mieux sur le côté de la première phalange (opposition latérale). Cette prise, si elle permet la saisie de petits objets, rend toutefois impossible la manipulation fine ou l'utilisation d'outils. Les singes les plus primitifs ne sont capables que d'une prise en bloc ou prise de force : c'est la main entière qui se referme au contact de l'objet qui se trouve alors enfermé entre la paume et la pulpe de tous les doigts. Cette prise primitive correspond à celle d'un enfant de moins de six mois, ou encore à la prise résiduelle observée chez des sujets souffrant de lésions du cortex moteur. Ce fait nous rappelle que la main adroite de l'Homme n'est pas seulement liée à des modifications de sa structure comme la colonne osseuse du pouce qui est indépendante de celle des autres doigts, ou encore la longueur du pouce, mais surtout au perfectionnement de l'appareil de commande neuromusculaire des doigts. Chaque doigt peut être activé indépendamment des autres.

Utiliser un tel outil de précision pour conforter son discours est un geste éminemment frauduleux. C'est exactement comme si je prenais un marteau pour enfoncer une punaise dans une plaque de liège. La pince du crabe (dite aussi cercle digital) est un geste de fraudeur ou de moqueur, selon les circonstances de sa production.

Les prometteurs de beaux jours s'en servent pour rassurer les troupes candides qui les suivent comme les trois petits singes (ne voient rien, n'entendent rien et ne disent rien).

La vendeuse passe sa pince pouce-index de chaque côté de ses lèvres.

Elle promet à son client de livrer la commande dans les délais. Elle vient de mentir, mensonge infirmé par le langage corporel instinctif, mais non décodé par l'acheteur. Dans un film intitulé *La Grande Attaque du train d'or*[1], Sean Connery campe un escroc du XIXe siècle avec beaucoup de talent, comme toujours. Il a inclus ce tic gestuel dans l'expression de son personnage avec un sens inné de la comédie.

Un discours bien construit crédibilise celui qui sait se servir des mots. Or, nous avons tous recours à la fraude verbale, consciemment ou non. On ne dit pas souvent ce qu'on pense et on ne pense pas toujours ce qu'on dit. Les chevaliers de la vérité s'en vont en guenilles, les gueux qui se cachent derrière leurs mensonges se font tailler des costumes de bonne coupe. Les mots ne sont qu'apparences. Ils simulent la vérité, dissimulent la réalité. Ils aident le locuteur à reconstruire le monde non pas tel qu'il le vit, mais tel qu'il voudrait le vivre. Les gestes ne s'embarrassent pas de telles circonvolutions, ils expriment la vérité que la parole tente d'obscurcir ou d'enjoliver.

---

1. Michael Crichton, *La Grande Attaque du train d'or*, Royaume-Uni, 1978.

PLANTE DES PIEDS (la)

Le siège du sens des réalités associé à la sérénité, quel curieux mariage ! La plante des pieds est le siège anatomique de l'équilibre corporel et le siège psychoanatomique de l'équilibre psychosomatique, qui lui-même dépend du niveau de sérénité qui règne dans votre mental. Aussi sensibles que les paumes, sinon plus, les voûtes plantaires sont souvent sevrées du plancher des vaches à cause de notre manie de croiser les pieds, les chevilles ou les jambes. Or, ces voûtes sont le siège symbolique de la sérénité que tous recherchent par monts et par vaux et qu'ils foulent aux pieds sans le savoir. La terre est juste en dessous. Et c'est cette terre qui assure l'équilibre du corps qui fait partie du sens des réalités et de la sérénité au sens le plus large.

Un individu qui s'assoit systématiquement en croisant les jambes trahit automatiquement son niveau de stress dans la mesure où l'un de ses pieds quitte le sol. Mais il y a pire ! La posture assise dans laquelle le sujet replie ses pieds ou l'un de ses pieds sous ses fesses est une attitude totalement immature. Elle dévoile un personnage superstitieux et psychologiquement fragile.

Dans le fond, on marche dessus du matin au soir sans même se rendre compte que cette surface de 468 cm^2 (pour les deux pieds) supporte un corps de plusieurs dizaines de kilos en équilibre. On a estimé que la plante des pieds percutait le sol plus de dix millions de fois au cours d'une vie active sans excès. La marche est un miracle quotidien que nous trouvons banal. Et pourtant. L'équilibre et la motricité du corps dépendent de la santé des semelles plantaires, en premier lieu. La sérénité, aussi ! Avez-vous jamais eu les pieds brûlés par une transpiration trop acide ? Ce trouble est typique des grands rêveurs qui tentent d'échapper au stress d'une réalité décevante.

PLEXUS SOLAIRE (le)

On dit souvent que la timidité est la caractéristique antagoniste et complémentaire de l'audace. Je crois, pour ma part, que la timidité est le moteur de l'audace. Celui qui manque d'audace n'est pas forcément timide. Il a peur et cette peur bloque tout passage à l'acte. C'est en me fondant sur ce raisonnement que j'ai opposé la peur à l'audace et non à la timidité. Peur et audace trouvent leur siège symbolique au niveau du plexus solaire. Quand vous ressentez cette peur qui liquéfie vos intentions, posez votre main droite sur le plexus solaire et vous ressentirez un changement subtil dans le concert de vos émotions, au bout de quelques minutes ; comme l'émergence d'une envie d'oser pour que la peur vous quitte. La chaleur de la paume est un anxiolytique très puissant. Pour mémoire, la main droite active et débloque. La main gauche apaise.

POIGNÉE DE MAIN (la)

La poignée de main en guise de signal de bienvenue est une pratique récente (XIXᵉ siècle). Quelle que soit la façon dont votre hôte vous serre la main, la distance qui vous sépare est plus essentielle que la manière.

Le bras en angle droit, coude collé au corps, est le bras d'un homme mesquin qui n'a rien à vous offrir d'autre que son temps, et encore.

Le bras en extension totale est le fait d'un accueil convivial ou intéressé. C'est la réception d'un hôte qui a besoin de vous ou qui attend quelque chose de votre visite. Il se rend totalement accessible et sera forcément disponible et spontané.

Le bras cassé en angle obtus

C'est une poignée accrocheuse, mais sans excès. Il vous accueille de manière opportuniste en attendant d'en savoir plus ou de mieux vous connaître. L'extension du bras passe tellement vite qu'on oublie généralement d'y prêter attention.

La poignée longue est l'exception, la poignée moyenne est la norme, quant à la poignée courte, elle se manifeste surtout avec les hommes ou les femmes de pouvoir. Depuis que j'ai posé cette hypothèse de travail, j'ai serré des milliers de mains et les conclusions n'ont souffert aucune exception.

La porte qui s'ouvre

La qualité d'un premier contact repose entièrement sur la poignée de main. C'est là un point essentiel de la communication gestuelle auquel peu de gens sont attentifs. Un poignée de main est une clef qui ouvre ou ferme une porte, dès le premier contact. Un peu comme une sorte de coup de foudre. Si les gens prêtaient attention à cet instant crucial, ils perdraient beaucoup moins de temps à palabrer dans le vide. Le fait de se serrer la main est un geste d'ouverture ou d'apaisement. Les protagonistes qui s'approchent ainsi l'un de l'autre se signalent mutuellement qu'ils renoncent symboliquement à un possible affrontement physique. Vous remarquerez que si un conflit s'élève entre deux interlocuteurs, ils se quitteront très souvent sans se serrer la main. La poignée de main en dit long sur le type d'individu auquel vous aurez affaire. J'en ai sélectionné quelques-unes parmi toutes celles qui existent. Il y a plus de soixante-dix manières de serrer la main d'un étranger. Peu d'entre elles sont véritablement accueillantes ! Dans un cadre plus amical ou familial, il y a des mains que l'on serre pour ne pas subir la coutume du baiser social et marquer ainsi une distance affective avec des individus pour lesquels on ne ressent pas de sympathie particulière. En tout état de cause, soyez toujours très attentif à la manière dont on vous serre la main. Aussi bref qu'il soit, l'encastrement des mains doit être parfait et surtout confortable, sinon vous avez intérêt à prendre vos distances. La poignée de main est un test fabuleux pour savoir immédiatement si un entretien va déboucher sur un résultat positif ou si vous allez ramer pour obtenir le résultat recherché. Une partie massive de vos sentiments et de ceux de votre interlocuteur s'expriment en l'espace d'un instant au contact des paumes. L'intelligence sociale de vos mains est un signal puissant des sympathies ou des antipathies subconscientes que votre conscience occulte dans la mesure où elle est subjuguée par le but à atteindre.

Le contact des mains avec des amis intimes et des parents est soumis à moins d'inhibitions. Leur rôle social est déjà clairement établi comme non sexuel et le danger est donc moins grand. Malgré cela, le cérémonial d'accueil est devenu hautement stylisé. La poignée de main est aujourd'hui un processus strictement réglementé.

Un signal énergétique

En principe, la poigne est un vecteur énergétique important en communication non verbale. On transfère son potentiel énergétique à l'autre ou on refuse de lui accorder cette véritable marque d'estime. La main molle représente le refus de cet échange énergétique. Vous remarquerez que la poignée de main en guise d'adieu est souvent plus chaleureuse et sincère que celle que vous serrez au premier contact. D'ailleurs, si votre entretien ne s'est pas déroulé dans les meilleures conditions, la poignée d'adieu est oubliée tacitement de part et d'autre. Certains interlocuteurs vous quitteront en vous touchant précipitamment le bras, ce qui est une manière de vous effacer de leur mémoire.

Votre interlocuteur vous serre la main en bec de canard.

C'est une poignée de main comme une autre pour vous signaler que vous n'êtes pas le bienvenu ou qu'on ne vous tient pas en haute estime.

Votre interlocuteur vous serre la main en vous broyant les phalanges.
Poignée de main fréquente chez des sujets en recherche de confrontation pour échapper à un sentiment d'infériorité délétère.

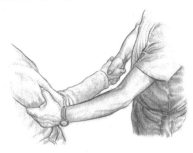

Il vous serre la main droite et vous accroche le coude ou le biceps droit de sa main gauche.
Il cherchera à vous influencer ou à vous manipuler dès les premières minutes de votre entretien.

Votre interlocuteur vous serre la main et l'avant-bras de ses deux mains, en guise de poignée de main.

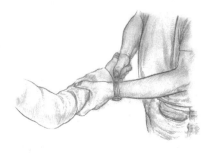

Tempérament simulateur très prisé outre-Atlantique. Ces individus investissent leur intelligence dans leur malice et sont dépourvus de sensibilité ou de chaleur humaine élémentaire.

Votre interlocuteur vous serre la main avec une mollesse affectée alors que vous avez pu constater que ce n'est pas forcément le cas avec d'autres personnes.
Cette poignée particulière indique un refus de s'engager ou de vous reconnaître comme un interlocuteur crédible. La poignée de main molle appartient normalement à un individu dont le tempérament est plutôt obséquieux, même s'il dispose de certains pouvoirs. Ne vous fiez jamais à son envergure ou à sa réputation, elle est surfaite ; fiez-vous à sa poigne, elle le trahit mieux que son sourire en toc.

Votre interlocuteur vous tend l'index en guise de poignée de main.
Cette séquence appartient au registre des poignées de main, même si elle n'en représente qu'un ersatz. Elle traduit un mépris pour celui auquel on offre ce doigt en guise de bienvenue. Elle est aussi le fait d'un individu qui ne s'engage que superficiellement dans ses entreprises et ne tient généralement pas ses promesses.

Votre interlocuteur vous serre la main dans ses deux mains réunies.
Il simule une attitude amicale qu'il est loin de ressentir. Ce type de poignée révèle une conduite roublarde. Le geste a l'air chaleureux et on peut l'apercevoir régulièrement dans les reportages télévisuels ou sur les clichés des magazines. Les politiques en abusent pour donner l'illusion d'une entente cordiale.

Si votre interlocuteur vous tend la main gauche sans pour autant être gaucher.

Ne vous fiez pas à son sourire, même si sa main droite est occupée, cette manière d'accueil est un aveu d'antipathie pur et dur. En escrime, les adversaires qui ne s'apprécient pas se serrent la main gauche à l'issue du combat.

Votre interlocuteur vous tend le bout des doigts en guise de poignée de main.

Tempérament fugueur d'un individu qui ne s'investit jamais autrement que du bout des lèvres. Comment fait-on semblant de congédier un invité ? En lui affirmant qu'il peut revenir quand il le souhaite ou qu'il sera toujours le bienvenu. La formule favorite des animateurs de télé dont la sincérité à géométrie variable est bien connue !

Votre interlocuteur vous serre la main droite et pose sa main gauche sur votre épaule droite.

L'épaule droite est l'un des sièges de l'ambition. Manifestement, il vous apprécie, mais il vous considère comme son vassal et ne vous l'envoie pas dire. Vous lui devez obéissance et respect. S'il s'agit de votre supérieur hiérarchique ou de votre patron, vous n'avez pas le choix. Il vous utilisera à sa guise tout en vous distribuant des bons ou des mauvais points suivant ses humeurs. L'adoubement de la main gauche est une marque d'estime à double tranchant. Le geste est chaleureux, mais la suite du scénario pourrait bien vous procurer quelques sueurs froides. Soyez très vigilant, car vous êtes déjà sous influence !

Votre interlocuteur vous serre la main de manière fuyante.
Imaginez-vous en train de saisir un poisson ! À peine la lui serrez-vous que la vôtre se retrouve toute seule à saisir le vide. Un hypocrite !

Elle abandonne langoureusement sa main dans la vôtre.
La qualité de la poignée de main prime sur les plaintes ou les récriminations verbales de votre interlocutrice. Elle est conquise.

Il oublie de vous tendre la main.
La poignée de main virtuelle est un manque de respect ou une marque de mépris.

Il serre la main de son interlocuteur en regardant par-dessus son épaule.
La poignée de main est mécanique.

Il m'a serré la main durant une minute interminable.
Je suis allé aux toilettes pour recompter mes doigts en cachette. Les pompeurs d'énergie privilégient ce genre de poignée.

Les mains des protagonistes se serrent tandis qu'ils dirigent leurs regards ailleurs.

Ils haïssent de devoir s'entendre.

POIGNETS (les)

Le poignet droit est, notamment, le siège de la peur du manque qui génère les conduites impulsives, le poignet gauche est l'un des sièges du doute qui entraîne l'indécision.

L'ancrage du poignet dans le dos

Réflexe gestuel invariable, c'est une attitude de détente du dos. Quand les militaires sont au repos, c'est l'attitude qu'ils adoptent obligatoirement. Cependant, la main qui domine est toujours identique. Quand je dissimule mes mains dans le dos, c'est toujours ma main gauche qui retient le poignet droit (impulsif). Si j'essaye d'en changer, je ressens un véritable malaise. Et l'ancrage des mains par-devant est alternatif, donc prédictif. Par-derrière, il est invariable.

En tant que refrain gestuel invariable

La main gauche retient le poignet droit.
C'est l'ancrage des impulsifs ! L'impulsif est dominé par ses émotions. Ses mécanismes de décision sont perturbés par l'incapacité de prendre un recul suffisant pour analyser les avantages ou les inconvénients d'une opportunité. Il marche à la sympathie et se trompe souvent de porte.

La main droite retient le poignet gauche.
C'est le mode d'ancrage des sceptiques ! Le sceptique a tendance à réagir à l'insécurité par la prostration. Il peut être aussi grégaire et suivre le mouvement imposé par la majorité. Le sceptique est un individu prudent. Il évite de prendre des décisions à l'emporte-pièce. Quand la main droite retient le poignet gauche, elle prévient le passage à l'acte, l'empêchant de se produire impulsivement.

Soyez donc attentif à vos réactions ! Quand vous reproduisez un ancrage au cours d'un entretien professionnel ou d'une discussion avec des amis, posez-vous la question de savoir ce qui a suscité cette réaction ! Vous constaterez très vite que l'impulsivité ou le scepticisme ou l'indécision sont les réponses à ces deux ancrages.

En tant que refrain alternatif

Quand la main gauche emprisonne le poignet droit.
Vous cherchez à bloquer toute initiative verbale ou physique qui pourrait vous placer dans une situation gênante.

Quand votre main droite emprisonne le poignet gauche.
Vous tentez de contrôler vos émotions, votre trac ou le niveau d'influence de votre interlocuteur.

Les poignets en croix

C'est une posture qui intervient souvent quand un manipulateur se vante de détenir toutes les cartes dans son jeu. Il a les mains liées sous vos yeux, mais peu d'interlocuteurs constatent ce geste qui ressemble à une attitude de détente.

Votre interlocuteur, debout, pose ses poignets dans le creux de ses reins, mains ouvertes vers l'arrière.

Attitude étonnante, elle est le propre d'un sujet passionné par un sujet passionnant : lui-même en personne.

POILS (les)

Des générations d'hommes vivant dans le confort (lignées aristocratiques ou bourgeoises) finissent par perdre ce pelage destiné à l'origine à protéger l'homme contre le froid. Ce constat en amène un autre. Le manque de difficultés vitales affaiblit souvent l'instinct de survie chez tous les individus qui bénéficient de conditions de vie sécurisées. Les individus issus de lignées très protégées par un statut social ou une aisance financière familiale héréditaire ont donc un instinct de survie peu confronté au malheur. Il y a chez eux un déficit de résilience. La souffrance est une source de consolidation de l'instinct de conservation. La congruence entre la disparition des poils et l'affaiblissement de l'instinct de conservation saute aux yeux. Plus un homme ou une femme est poilu (la femme tentera d'éliminer cette pilosité), plus son instinct de survie hérité est efficace. Une pilosité absente naturellement chez un homme fort est, paradoxalement, un signe de fragilité constitutionnelle. Aucune étude n'a jamais été menée sur cette question. Un indi vidu poilu est-il plus combatif que celui ou celle qui n'a plus son lanugo[1] ?

Dans les temps reculés, la toison de poils était une protection contre le froid. Elle garantissait une résistance accrue aux chasseurs qui parcouraient les plaines à la recherche de gibier. Il n'est pas difficile d'imaginer que les femelles humaines devaient être aussi poilues que leurs mâles. Ça vous défrise, hein ! Un individu glabre eût été condamné d'avance en ces temps glaciaires. La toison de poils représentait donc bien un moyen de survivre dans des conditions climatiques très rudes.

Il tire sur les poils de sa poitrine tout en vous écoutant ! De la main droite, vous êtes en présence d'un phallocrate averti ; de la main gauche, l'attitude est plus séductrice que machiste.

Quelques poils en buisson sur le haut de la poitrine sont une touffe encore assez courante dans nos régions. Un geste masculin qui consiste à caresser sa poitrine velue est l'équivalent du bout des doigts qui s'insinuent entre les globes des seins de la femme. Ces autocaresses sont évidemment des invitations déguisées et à forte connotation érotique. Elles indiquent aussi que le personnage qui reproduit ce tic gestuel est satisfait de ses œuvres ou de l'impact qu'il produit sur ses victimes. Vanitas ! Vanitas !

Duvet dont est couvert le fœtus et qu'il perd à la naissance.

POINGS (les)

Signe de force, de violence et d'agressivité, l'homme serre les poings symboliquement quand son destin lui est contraire ou quand il veut réveiller sa combativité. Il faut éviter d'abuser de ce code gestuel réflexe, car sa reproduction exagérée trahit une incapacité de faire passer le message ou de passer à l'acte, le moment venu. Il solde sa combativité un peu comme toutes ces gentilles personnes qui vous quittent en vous souhaitant bon courage.

Votre interlocuteur appuie ses deux poings sur le rebord de la table.
Les conduites de votre interlocuteur se décomposent en trois aspects distincts qui se télescopent par incompatibilité d'humeur : l'exagération, la culpabilité et la frustration.

Votre interlocuteur ferme un ou deux poings en dissimulant ses pouces.

Il ne dit jamais ce qu'il pense.

Votre interlocuteur serre ses poings l'un contre l'autre, coudes en appui, les pouces soutiennent son menton.

Il ne faut pas se fier aux poings qui ne révèlent qu'une intention velléitaire. C'est un poids plume !

Le ministre ferme son poing, pouce tendu (et pas pouce verrouillé), comme s'il tenait un grillon au creux de la main.

Il tente de contrôler la situation, mais il n'a pas encore trouvé la solution. Quant à ses promesses, elles valent leur poids de mots, mais guère plus.

Le pouce prisonnier

Quand on ferme naturellement le poing, le pouce se situe généralement en dehors de la réunion des doigts. Il arrive parfois que le pouce se retrouve incarcéré à l'intérieur de l'agglomérat des doigts. Ce dernier geste devient alors un refrain gestuel réactionnel à une situation d'infériorité ou ressentie comme telle. Quand le sentiment d'infériorité s'incruste dans l'ambre de la personnalité, ce refrain s'installe à demeure et devient invariable. Dans certains cas de figure, la reproduction de ce geste peut aussi apparaître de manière ponctuelle, elle trahit un climat mental perturbé ou déstabilisé.

Au-delà du sentiment ou du complexe d'infériorité, les individus très timides reproduisent aussi ce type de refrain. Ce sont souvent des sujets qui ont été victimes d'un excès d'autorité au cours de leur enfance. Ce vécu particulier peut se traduire par des conduites compensatoires de brutalité, de despotisme ou de vantardise, mais aussi par des idées dépressives. Les pouces en dedans sont souvent légalistes, ils respectent les règles imposées tout en rêvant en secret de les transgresser.

POUCES (les)

Le pouce droit est le siège symbolique du désir, de la motivation et de la sexualité. Quant au pouce gauche, il est le siège symbolique de l'imagination, du plaisir et de la sensibilité. Sans désir, point de plaisir et sans plaisir, le désir tourne, comme la mayonnaise, à la frustration.

Le pouce incarcéré

Les doigts servent de cache-col au pouce. Le pouce incarcéré est un refrain gestuel invariable ou alternatif remarquable.

Votre interlocuteur glisse souvent son pouce entre le majeur et l'index.

Vous vous apercevrez très vite qu'il n'a pas assez de combativité pour agir ou réagir, mais juste assez pour « désagir ». Il disperse le peu d'énergie qui lui reste aux quatre vents en s'investissant dans des croisades inutiles ou en faisant les plus mauvais choix possibles. Si le geste est reproduit de la main gauche, c'est un envieux qui se trahit par la répétition de cette incarnation du pouce ! Si le geste est reproduit de la main droite, la motivation est décapitée.

Votre interlocuteur glisse souvent son pouce entre l'annulaire et l'auriculaire.
Ce geste est une perle rare et un signal gestuel d'inachèvement. Si le geste est reproduit de la main droite, le profil du saboteur n'est pas loin. Si le geste est reproduit de la main gauche, le sujet manque de maturité.

Votre interlocutrice glisse souvent son pouce entre le majeur et l'annulaire de la même main.
Si le geste est reproduit de la main droite, elle se conduira en cérébrale pu jus, totalement étanch aux émotions des autres
Il peut aussi s'agir de sa vision de la sexualité qu'ell exprime gestuellement. Son approche sera plus platon que que sexuellement tonique. S'il est reproduit de

main gauche, le geste est prédictif d'une rupture ou d'un syndrome de renoncement-abandon.

Les pouces marionnettes

Votre interlocuteur a les doigts croisés, ses pouces s'écartent régulièrement tandis qu'il tente de vous convaincre.

Ce geste-là, vous devez le connaître comme le loup blanc. On peut le voir tous les jours à la télé, dans tous les débats politiques un peu chauds, dans toutes les émissions grand public où chacun a droit à son quart d'heure de célébrité. Geste pare-chocs, destiné à l'origine à protéger son producteur contre toute attaque qui viendrait le déstabiliser, l'écartement régulier des pouces trahit le peu de conviction que le locuteur investit dans ses propos ou le peu de connaissances qu'il possède sur le sujet qu'il prétend maîtriser. Ce code gestuel réflexe trahit le menteur. Vous avez bien lu ! Les bras (symboles de la liberté d'action ou de pensée) et les mains (symboles de la communication) sont prisonniers du croisement des doigts. Donc, si on retire la liberté d'action, la communication et la créativité (les doigts), que reste-t-il ? Un simulateur qui use d'un discours réducteur tout en promettant la lune à son interlocuteur. La contradiction entre le discours verbal et la reproduction de ce geste ne devrait plus vous échapper dorénavant.

Quelques gestes à inscrire sur votre agenda

Le fait de croiser les doigts tandis que les pouces libres tournent l'un autour de l'autre est une séquence gestuelle très connue.
Elle traduit un ennui intellectuel profond et pas toujours conscient, voire une lassitude, suivant le contexte vécu par le sujet.

Votre interlocuteur frotte compulsivement son pouce contre son index, sans qu'il soit pour autant question d'argent.
Il est bourré de TOC (troubles obsessionnels compulsifs).

Votre interlocuteur retient son index de son pouce tandis que ce dernier se détend comme s'il projetait une bille imaginaire.

Il est toujours trop sincèrement spontané pour ne pas être franchement hypocrite.

PULPE DES DOIGTS (la)

La sensibilité de la pulpe des doigts ne vous a certaine-ment pas échappé. Les aveugles ne s'en servent-ils pas pour lire en braille ? Symboliquement, les pulpes s'iden-tifient initialement à l'empathie, cette sensibilité intuitive de vos sentiments qui vous permet de ressentir ce que ressent l'autre, comme si les ego individuels étaient connectés. L'empathie du bout de doigts est bien utile dans plusieurs domaines dont la kinésithérapie n'est pas le moindre. Le développement et le succès considérable de l'ostéopathie et de toutes les techniques de palpation ou de massage confortent l'idée que les pulpes ne sont pas uniquement destinées à permettre à la police scien-tifique de classer vos empreintes digitales dans le som-mier. Symboliquement, les pulpes représentent la compassion et le niveau de sensibilité individuel. Elles sont associées à très peu de gestes significatifs, mis à part la calandre ou le clocher.

Le clocher intervient quand les pulpes des doigts se tou-chent formant une sorte de clocher.

La consistance des argu-ments du locuteur est aussi virtuelle que la couche d'air qu'il tient entre ses mains. Ce code d'intention appartient à tous ceux qui font semblant de comprendre ce qu'ils ignorent. Les individus qui privilégient ce type de geste jouent volontiers les petits professeurs pénétrés de connaissances qu'ils maîtrisent mal ou pas du tout. Les pulpes des doigts se touchent comme l'ossature d'une calandre virtuelle. Ce geste symbolise l'aspect désossé du discours.

Les locuteurs qui reproduisent le clocher jouent parfois à rompre le contact entre le pulpes dans une espèce de sautillement des doigts, coudes en appui. Révisionnisme et langue de bois, tel pourrait être le sens synthétique de ce geste particulier et surtout très politique.

PUPILLES (les)

La pupille est un orifice par lequel passent les rayons lumineux pour tomber sur la rétine. Elle se dilate dans un faible éclairage et se rétracte mécaniquement dans un éclairage violent, contrôlant ainsi la quantité de lumière atteignant la rétine. Sous cet aspect, l'œil ressemble à un appareil photo équipé d'un diaphragme réglable, mais il possède en plus un curieux système de sélection. Quand l'œil voit quelque chose qui lui plaît, la pupille se dilate discrètement. Dans le cas contraire, elle se réduit, parfois jusqu'au diamètre d'une tête d'épingle. Il est facile de comprendre cette dernière réaction, car la pupille en se rétractant diminue l'illumination de la rétine et, en quelque sorte, camoufle l'image désagréable. La dilatation accrue en cas de vision agréable est plus difficile à expliquer. Ce phénomène, en effet, nuit à l'acuité visuelle en laissant trop de lumière pénétrer sur la rétine et le résultat ressemble plus à une lueur floue qu'à une image nette et équilibrée. C'est peut-être un avantage pour de jeunes amoureux qui, en se regardant dans le blanc des yeux, pupilles dilatées, distinguent une image légèrement brouillée baignant dans un halo de lumière qui dissimule les petits défauts de la peau.

Le siège de la vérité

Il nous est impossible de contrôler la taille de notre pupille. C'est pourquoi celle-ci est un précieux indicateur des réponses émotionnelles aux images visuelles. Elles ne peuvent pas mentir. Il existe des individus dont les pupilles se dilatent plus facilement que d'autres en lumière constante. Ils ne représentent malheureusement pas la majorité. Cette dilatation s'appelle la mydriase et correspond normalement à l'accommodation de l'œil à l'obscurité ou à la distance. La myosis est son contraire, elle indique une rétractation de la pupille quand l'œil est frappé par une lumière vive. Mais il existe aussi des stimuli plus subtils qui provoquent la dilatation ou la rétractation des pupilles. En lumière constante, la dilatation de la pupille intervient quand la conscience d'un individu est envahie par un désir ou un plaisir massif. Réaction biomécanique, cette dilatation en lumière constante trahit la satisfaction d'un plaisir. Cependant, la prise de certains médicaments anxiolytiques ou antidépresseurs provoque également cette dilatation des pupilles. Toute médication qui apaise le niveau de stress ou d'angoisse entraîne automatiquement une dilatation de la pupille. Elle est évidemment plus visible chez les individus aux yeux clairs. Ce phénomène est surtout fréquent chez les enfants qui guignent un jouet ou une friandise. Quand la bouche salive, le regard se trouble. Les pupilles des sujets jouisseurs et/ou psychoflexibles réagissent nettement plus vite à l'émergence d'un désir que celles des sujets ambitieux et/ou psychorigides. Il ne faut pas confondre le désir ou le plaisir partagés et le désir pervers ou sadique qui réduit les pupilles à la taille d'une tête d'épingle.

Le profil mydriase

Les individus qui ont tendance à vivre dans l'ici et maintenant sont facilement repérables à la taille de leurs pupilles. Ce sont des profils qui se motivent aisément quand une entreprise ou un projet leur plaît. Ils ne sont pas ambitieux au sens propre du mot, mais motivés à tirer du plaisir de leurs actes. Les profils mydriases sont les messagers du bonheur. Ils appartiennent à la minorité sous nos latitudes. Les enfants mydriases sont des enfants heureux de vivre. Ils sont immédiatement repérables au diamètre de leurs pupilles, mais aussi à leurs conduites compassionnelles et amicales. Ils sympathisent très vite avec leurs nouveaux copains.

Le profil myosis

À l'inverse, les ambitieux, les carriéristes et les opportunistes affichent des pupilles rétractées la plupart du temps. Ils vivent demain et ailleurs, en projection sur le futur qui les attend sans impatience, mais qu'ils sont impatients d'atteindre. Les profils myosis représentent la majorité. Les pupilles en têtes d'épingles sont particulièrement visibles dans les quartiers ou les milieux d'affaires ou sur les plateaux de télé. Vous ne verrez jamais un individu stressé avec des pupilles dilatées. Il est intéressant d'observer ce genre de réaction oculaire chez les artistes de variétés ou les comédiens de cinéma. Certaines myosis contredisent leurs affirmations de bonheur total ! L'extase publique des stars sur les plateaux de télé est souvent plus verbale que sincère. Il suffit d'apercevoir la taille de leurs pupilles pour mesurer celle de leur degré de franchise. Redoutable, n'est-ce pas ? Les enfants myosis sont facilement repérables à leurs conduites craintives. La sympathie sincère et authentique n'est pas leur tasse de thé.

La technique du bonheur

Il existe une taille moyenne des pupilles chez chacun d'entre nous. Si vous cultivez vos pensées parasites, si vous appréhendez les événements ou si vous vous méfiez des nouvelles rencontres, vos pupilles auront tendance à demeurer rétractées en myosis. Si votre climat mental est plutôt zen, vos pupilles seront légèrement dilatées en permanence (mydriase), un moyen idéal de mesurer votre degré de positivité chaque fois que vous vous regardez dans un miroir. Il est un fait établi par l'expérience que tout individu qui accepte d'investir son corps par la pensée bloque tout accès à la pensée négative ou parasite. La maîtrise de cette technique de nettoyage mental qu'est l'auto-analyse corporelle entraîne sans exception une dilatation des pupilles chez tous les sujets soumis à l'expérience. Si le sujet poursuit l'auto-analyse corporelle dans sa vie quotidienne, le diamètre constant des pupilles augmente de manière remarquable.

R

*Les gestes sont la manifestation
de la dimension émotionnelle qui sous-tend
les actions humaines*

REGARD (LE)

« *Le regard est un geste des yeux.* » Jean-Didier VINCENT

Les yeux parlent un idiome, une langue vernaculaire qui leur appartient en propre. On peut tout dire avec les yeux, tous nos sentiments sont filtrés par le regard. Les yeux sont probablement le miroir de l'inconscient, un lieu plein de vie balayé en permanence par un vent d'émotions protéiformes. *A priori*, le moi est une image comprimée d'un passé à jamais révolu doublée d'une image virtuelle d'un avenir encore aléatoire. Le moi est ici et maintenant, lieu dit d'une vie présente qui n'existe que dans l'instant de sa prise de conscience et s'évade quand le moi se laisse envahir par ses angoisses. Seul le degré d'intensité du regard peut attester de son existence fugitive. La plupart du temps le regard est introspectif, captivé par l'image d'un fantôme qui se croit réel et qui ne fait que passer, mais qui jamais ne s'arrête. L'homme est indisponible à l'homme, tout comme le temps n'a jamais le temps de s'arrêter.

Le pouvoir des yeux

Paradoxalement, ce sont les yeux qui dévorent le visage d'un enfant qui expriment le mieux la faim dans le monde. Ce n'est là qu'un seul exemple du pouvoir des yeux. Le regard de l'homme est la porte de l'univers majuscule et pas uniquement une émanation de son moi minuscule.

Un regard s'allume ou s'éteint en fonction des sollicitations du milieu, mais aussi en fonction des pensées qui vous traversent l'esprit. Quand l'homme se réveille, son regard dort encore. Il est vide de sentiments. Quand un individu se met à mentir, son regard s'introvertit (il se vide de sa lumière). Il est impossible de mentir avec des yeux brillants de franchise. Le mensonge emprunte des circuits neuronaux totalement indépendants de l'amygdale du cerveau, ce centre de convergence des émotions qui se situe entre les deux hémisphères cérébraux. Le mensonge est un acte logique, calculé, délibéré, rationnel. Sa production dépend du cerveau gauche, le cerveau cognitif. C'est la raison pour laquelle le regard ne participe jamais à l'expression du mensonge. La seule manière de faire passer un mensonge pour une vérité, sur les plans mimétique et oculaire, consiste à exagérer ou à minimiser une réalité ou une vérité dans lesquelles le mensonge garde ses pieds au sec.

Le regard périphérique

Vous avez déjà remarqué à quel point le regard insistant d'un étranger est difficile à soutenir. Les regards se croisent, mais évitent en règle générale de s'affronter. Le regard direct en face à face est un regard périphérique qui évite les yeux, mais demeure dans la périphérie du visage, d'où son appellation. Le dialogue est verbal, rarement visuel, sauf chez les amoureux ou dans le contexte d'une entreprise de séduction.

Règle n° 1 : éviter la confrontation oculaire perçue comme une agression. Les petits enfants (à partir de 16 mois, environ) détestent qu'on les fixe dans les yeux. Soit ils esquivent le regard agresseur, s'ils ne connaissent pas la personne qui les observe, soit ils frappent le proche qui ose les fixer. Un enfant qui supporte le regard d'un adulte est un enfant épanoui. Il faut éviter de croiser le fer avec des inconnus, telle est la règle. Le regard de l'autre est insupportable, car il est perçu comme une véritable inquisition de l'âme.

L'écoute globale

Les mouvements oculaires qui accompagnent le discours sont toujours significatifs. Ils ne sont d'ailleurs pas faciles à suivre en vertu du principe qui veut que quand la bouche parle, les yeux deviennent aveugles.

En matière de décryptage, nous sommes virtuellement incapables de fonctionner sur deux niveaux d'observation. Ou vous regardez le ballet des yeux de votre interlocuteur et vous vous taisez, ou vous parlez. La légende de l'écoute globale prônée par certains spécialistes de la communication est une fable quand il s'agit de décrypter les variations du regard en même temps que les subtilités du discours. La multitude des expressions que peut traduire un regard est impressionnante et insaisissable. Les impressions fugitives se succèdent à une cadence insoutenable. L'analyse est impossible. Seul un individu doué d'une empathie très entraînée peut parvenir à fixer quelques « regards clichés» ou tics oculaires dont il pourra tirer des conclusions après coup.

Le zapping visuel

80 % de nos informations passent par nos yeux et surchargent notre vision binoculaire. Le zapping visuel est un comportement typique du citadin dont le regard est sursollicité, voire saturé, d'images mobiles et de rencontres inopportunes. Vous remarquerez que quand vous discutez avec un inconnu, vous ne le fixez jamais dans les yeux. Votre regard balaye globalement son visage ou s'échappe vers la périphérie. Si on vous demandait quelle était la couleur de ses yeux, vous seriez bien en peine de répondre. Le regard périphérique ne s'attarde pas à ce genre de détail. On ne scrute pas le regard d'un interlocuteur sans créer un climat relationnel malsain. S'il vous arrive, en tant qu'homme, de croiser une jeune femme dans la rue et d'accrocher son regard, vous y lirez une interrogation fugitive avant qu'elle n'esquive votre regard pour conserver sa distance de sécurité.

Le regard introspectif

Le regard introspectif se manifeste (mensonge mis à part) quand un individu est obligé de se concentrer sur une argumentation purement défensive face à des détracteurs qui ne lui laissent aucun répit. Le regard introspectif fait perdre une dimension essentielle au charisme naturel d'un tribun, il est éteint. Or, c'est l'intensité lumineuse du regard qui transporte l'émotion fondamentale du discours individuel. On peut afficher un tempérament passionné, marteler ses arguments en utilisant un registre gestuel très pédagogique et perdre en route toute la portée balistique du message qu'on souhaite transmettre à cause d'un regard introspectif, donc absent. Toute situation de stress (agression, mise en accusation) provoque ce genre de regard. Mis au pied du mur, nous privilégions l'écoute attentive et l'objection mentale au détriment de tous les autres vecteurs de communication dont nous disposons pour nous défendre. L'objection mentale est l'un des vecteurs psychiques du regard introspectif.

Le regard polaire

Certains hommes d'influence ont un regard d'une froideur polaire, quelle que soit la mimique qu'ils affichent, sourire compris. Cette froideur est synonyme de pouvoir. Ils n'observent pas le monde comme vous et moi, leur vision est filtrée par les objectifs qu'ils poursuivent et non par les propos qu'ils tiennent.

À force de réfléchir, de rêver ou de penser tout simplement, l'expressivité du regard s'évapore. Les yeux ne sont plus conscients de leur pouvoir d'observation, la conscience non plus. L'environnement est banalisé par l'esprit préoccupé de lui-même. Vos proches, vos collègues, vos amis deviennent des images virtuelles d'une existence qui défile comme le paysage vu d'un train de banlieue. Or, tout le pouvoir d'un regard est indissolublement lié à sa capacité à absorber les émotions exprimées par l'environnement humain. Plus l'esprit banalise cet environnement, plus le regard s'atrophie de sa richesse expressive. Imaginez un homme qui vous dirait « Je t'aime » avec un regard de poisson mort ! Ou pire encore, avec des pupilles rétractées à la taille d'une tête d'épingle : des yeux cruels. Les pupilles se rétractent quand les émotions ou les affects se démobilisent. Regard introspectif ! C'est une loi biopsychologique incontournable.

Le regard mobile

Baisser les yeux est parfois interprété comme signe de modestie. Ce comportement ressemble à celui des subordonnés qui n'osent pas regarder leurs supérieurs en face, mais plutôt latéralement. La jeune fille modeste et rougissante ne lance pas de coups d'œil à gauche ou à droite : elle contemple le sol. Il y a dans ce geste une ébauche de révérence ou de tête inclinée en signe de soumission à la japonaise.

Le regard fugueur

A priori, la fuite du regard vers la gauche est une fugue vers le passé ou une recherche dans les références classées dans la mémoire immédiate. C'est aussi un message qui exprime un malaise ponctuel. Le locuteur cherche une porte de sortie pour échapper à un face-à-face qui le perturbe. Les yeux fugueurs s'observent régulièrement dans les jeux télévisés. Les maillons faibles expriment ainsi leurs déficiences. La fuite vers la droite est une fuite en avant, une échappée vers un avenir appréhendé plus qu'espéré. Ce ballet fugueur peut également avoir une signification beaucoup plus gênante, s'il est reproduit par votre banquier. Il signifiera alors que votre visite est plus importune qu'opportune. Souvenez-vous que le regard mobile est un signe d'indisponibilité !

La défocalisation

Plus de 80 % des individus privilégient le sens visuel au détriment des quatre autres sens : auditif, gustatif, tactile ou olfactif. Contrairement à ce que vous pourriez croire, les gens écoutent forcément avec leur oreilles, mais censurent votre discours en zappant visuellement. Ils esquivent l'impact polluant des mots en « défocalisant » leur regard.

Or, si vous vous exprimez en défocalisant, votre discours sera entendu, mais pas écouté par votre interlocuteur. Ses mécanismes de défense psychique feront automatiquement barrage en évacuant le substrat émotionnel de vos propos. Sachant que l'émotion est ce qui donne du relief aux mots qui s'échappent de votre bouche, il ne restera dans la mémoire à court terme de l'autre qu'un digest décousu et rationalisé de vos paroles. Vous aurez réussi à transmettre votre message et raté votre objectif qui était de le convaincre ou de marquer sa mémoire. C'est la raison pour laquelle il est indispensable de sous-titrer gestuellement votre discours. Même s'il zappe pour éviter votre regard séducteur, vos gestes passeront le message.

Le charisme du regard

Le charisme oculaire n'est pas une légende. Dans tout dialogue, l'implication massive du moi est la règle. La parole sert plus souvent à défendre votre point de vue qu'à échanger des informations. L'entretien se transforme dès lors en double monologue dans lequel chaque locuteur occulte l'autre.

C'est le tête-à-tête des aveugles ! Il entend ce que dit l'autre, mais voit surtout ce qu'il dit lui-même, à défaut d'observer les réactions non verbales de part et d'autre. Il est vrai qu'ils communiquent à un autre niveau. Le double monologue est introspectif. Les regards se fuient, évitent de s'affronter. Ils sont défocalisés. Les pupilles se rétrécissent pour raccourcir la distance entre le moi qui parle et celui qui pense. Il n'est pas de bon ton d'observer l'autre en parlant. Le regard périphérique survole l'apparence de l'interlocuteur sans se fixer. La vision de l'autre est partielle et partiale et pour tout dire totalement virtuelle.

Capter la lumière

L'affirmation de soi est une quête du Graal proposée par les spécialistes du développement personnel comme un remède miracle contre la timidité. S'affirmer, ce n'est pas squatter le devant de la scène ou voler la parole à son adversaire, c'est d'abord capter la lumière et exister aux yeux des autres sans avoir besoin d'augmenter le volume du son ou de mouliner avec son index droit sous le nez de son interlocuteur. Et cela, les coachs en développement personnel ne sont pas en mesure de le fournir à leurs initiés. Car pour voler la lumière à son adversaire, il faut apprendre à se taire et à laisser parler son corps et surtout ses yeux. Comme l'a écrit Jean-Didier Vincent : « Le regard est un geste des yeux. » Apprendre à discipliner cette arme gestuelle qu'est le regard exige un travail kinesthésique de longue durée. La première chose que vos interlocuteurs doivent voir chez vous, ce sont vos yeux, quelle que soit leur beauté ou leur couleur. Si vous arrivez à ce résultat, votre charisme est en bonne voie. Or, pour qu'on aperçoive votre regard en premier, il faut apprendre à se taire et à observer au lieu de prendre la parole.

Premiers regards

Son regard plonge souvent vers le sol ou s'abîme dans la contemplation de ses souliers.
Attitude dépressive, comme vous l'avez sans doute deviné. Mais les yeux plongent aussi vers le sol quand le climat mental est perturbé par des sentiments ou des pensées contradictoires.

Elle vous adresse la parole en levant les yeux au ciel.
Orientation du regard qui marque une exaspération teintée d'hystérie.

Il détourne la tête comme si la question qu'on lui posait le dégoûtait.
On détourne le regard ou le visage quand on a peur d'afficher sa mauvaise foi.

La fermeture des yeux pour ponctuer un mot fort
C'est une réaction typique de simulation que l'on peut remarquer chez nombre de politiciens quand ils sont obligés d'arrondir les angles ou de fausser le débat. Ce faisant, ils effacent leur adversaire.

Elle s'abîme dans la contemplation d'un objet tout en vous parlant.
Elle se parle à elle-même. Vous n'êtes que le miroir qui lui renvoie son reflet. C'est un phénomène courant de transfert de sujet à objet, un mécanisme typique de protection du territoire.

Elle vous adresse la parole en fixant son regard sur une partie anatomique de votre corps autre que votre visage.
Elle réduit votre personne à cette partie de votre corps. Votre poitrine, vos mains, votre ventre, par exemple ! S'il s'agit d'un homme, il est clairement investi dans un objectif plus charnel qu'intellectuel. On rencontre aussi souvent un nombre important d'interlocuteurs qui se fixent sur le mouvement des lèvres afin d'éviter de croiser le regard de l'autre. L'esquive du regard trahit aussi le style faux prophète aux avis frelatés. Si vous lui faites remarquer l'ineptie de ses prédictions, il objectera mentalement, mais conservera un mutisme entêté tout en continuant à fixer la boucle de votre ceinturon.

Elle évite manifestement de vous regarder dans les yeux tout en s'exprimant.
En tout état de cause, nous usons tous de cette attitude à divers degrés. Tout est une question de dosage ! Trop d'esquive oculaire trahit le menteur patenté, *a contrario* le regard accrocheur peut révéler une tempérament frondeur ou agressif. À vous de situer la proportion idéale !

Votre interlocuteur vous fixe droit dans les yeux en vous parlant.

Il est très motivé à vous convaincre (peut-être même un peu trop) en interpellant vos émotions beaucoup plus qu'en faisant passer un message rationnel.

Votre interlocuteur vous fixe d'un regard oblique, la tête légèrement tournée vers la gauche ou la droite, dans une attitude de défiance.

Peur d'être pris en flagrant délit de naïveté.

Votre interlocuteur vous lance un regard par en dessous.

Vous l'intriguez et/ou vous l'impressionnez.

Elle vous adresse la parole en prenant une tierce personne à témoin.

Habitude détestable des individus qui ont le sentiment de ne pas exister à leurs propres yeux et qui ont besoin de projeter ce sentiment sur un interlocuteur pour s'en défaire, en prenant à témoin une troisième personne. L'origine de ce comportement est liée à un rejet de type familial, de la part du père le plus souvent. « Ton fils a encore fait des siennes », dit le père en présence de son héritier, tout en s'adressant à son épouse.

Son regard disparaît régulièrement à la faveur d'un léger mouvement de révulsion des globes oculaires.

Il s'agit plus d'un tic gestuel que d'un mouvement oculaire ponctuel. Les personnes stressées ou facilement agacées usent et abusent de ce genre de code d'intention. Elles signifient de cette manière leur degré de scepticisme, mais aussi les limites de leur capacité de communication.

Elle ferme les paupières chaque fois qu'elle prend la parole.
Cette manie peut être consécutive à des troubles de la concentration. On ferme généralement les yeux pour discipliner sa pensée. Mais on peut aussi avoir recours à ce tic quand on affirme le contraire de ce qu'on pense. C'est alors le tic de la mauvaise foi et des menteurs potentiels.

REFRAIN GESTUEL (le)

Les gestes se promènent sous notre nez avec l'impudence des fantômes, invisibles par définition. Combien d'entre nous y prêtent seulement attention ? Vus de loin, les hommes se ressemblent tous, mais ils sont en réalité tous différents. C'est la foule des gens qui crée l'effet de clonage, comme c'est la multiplication des gestes qui donne l'impression qu'il ne s'agit là que de gesticulations insignifiantes.

Un refrain gestuel est un geste qui se reproduit systématiquement de la même manière ou dans le même sens : les bras croisés en sont un exemple. Chaque individu croise toujours les bras de la même manière, gauche sur droite pour les sujets défensifs et droite sur gauche pour les sujets offensifs (voir Bras croisés).

Il suffit d'ailleurs de repérer les trois refrains de base : croisement des bras, doigts croisés et oreille téléphonique pour situer immédiatement le profil psychologique d'un interlocuteur inconnu et d'évaluer sur-le-champ votre degré de compatibilité avec ce dernier[1].

Les refrains gestuels alternatifs

À la différence des refrains gestuels invariables, les refrains alternatifs sont une traduction en temps réel des fluctuations du climat mental. Les premiers (refrains invariables) révèlent l'architecture de votre personnalité, vos prédispositions héritées, qualités ou défauts, aptitudes acquises ou savoir-faire expérimentés. Le refrain gestuel alternatif est réactif. Il est la réponse du corps à un stimulus relationnel.

Jambes croisées

Le plus visible et le plus lisible de tous les refrains alternatifs est le croisement des jambes. Comme vous pouvez le constater dans la section qui est consacrée à ce refrain star entre tous, il est aisé de décoder le climat mental du locuteur qui reproduit ce croisement sous vos yeux. Il est plus difficile d'admettre que le croisement non identifié (je croise la jambe gauche sur la droite en tant qu'homme droitier) indique une perte de contrôle. Surtout si je continue à sourire de toutes mes dents en vous écoutant (pour faire semblant). Le malaise en question ne s'affiche jamais au niveau mimique, mais sous la ceinture du pantalon. Car si je suis en mesure de contrôler mon visage

___

. Voir *La Grammaire des gestes*, Éditions J'ai lu n° 8652.

ou mes mains, il n'en va pas de même pour mes jambes, mes chevilles ou mes pieds. Le corps et la parole ne jouent pas dans la même catégorie. Le bas du corps n'en fait qu'à sa tête, le haut est placé sous la censure imparfaite de la conscience.

La météo des humeurs

Les refrains gestuels alternatifs sont barométriques. Ils expriment en permanence la météo de vos humeurs au travers du ton de votre voix, de vos gestes et de vos attitudes corporelles. Le croisement des chevilles sous le siège est le refrain barométrique par excellence auquel nul ne veut prêter sa foi dans l'instant de sa production. Il est impossible de conserver la cheville gauche sur la droite, si l'atmosphère non dite ou non évidente vous conduit droit dans le mur. La cheville droite reviendra systématiquement couvrir la gauche (allez donc voir à Chevilles, vous serez édifié). Rappelez-vous ce que cela signifie : rigidité du rapport et échec prédictif en vue ! Je vous recommande d'y être particulièrement attentif quand vous êtes au téléphone, assis derrière votre bureau ou à une table de bistro. Il vous faudra du temps, beaucoup de temps pour admettre le bien-fondé de mon observation, car elle vous oblige à demeurer objectif quand il est de bon ton d'y croire de toutes ses forces. Quand la cheville gauche retient la droite, le baromètre est au beau fixe, quand c'est la cheville droite qui retient la gauche, le ciel de vos projets se couvre de nuages menaçants.

REINS (les)

Les gens irritables sont des créatures obstinées, surtout quand ils ont tort. Le sentiment d'exaspération et l'entêtement sont presque synonymes et se marient souvent contre leur gré. Si vous souffrez de douleurs lombaires nocturnes, votre subconscient tente de vous faire passer un signal fort. Ce sont les douleurs de la passion qui s'est trop investie dans une entreprise ou un projet qui n'en valait pas la dépense. Trouvez le coupable et fusillez-le contre le mur de votre esprit ! Les lombalgies disparaîtront aussitôt. N'oubliez jamais que les reins sont le siège symbolique de l'obstination et de l'exaspération. Il faut lâcher prise avant qu'il ne soit trop tard.

La main sur les reins

Une information supplémentaire en valeur ajoutée ! Imaginons que votre patron ou votre chef appuie souvent sa main droite ou sa main gauche dans le bas de son dos.

Il se pourrait qu'il fasse semblant d'entretenir avec vous des rapports pseudo-amicaux pour vous donner le change. C'est sa mauvaise foi qui lui occasionne ces fameuses douleurs lombaires ! Digne héritier d'un mariage de raison entre ses préjugés et ses idées préconçues, il ne vous suivra jamais au-delà de ses convictions. Immobiliste par vocation, votre patron se méfiera toujours de la nouveauté et se montrera peu coopératif et très têtu dès qu'il faudra collaborer à un nouveau projet. Sachez que l'obstination déraisonnable devient une qualité quand les préjugés remplacent l'ouverture d'esprit.

Ce dont je suis certain, c'est que la position des mains sur les reins, séquence reproduite un nombre incalculable de fois dans divers films par des acteurs émérites, l'a toujours été dans un contexte de franche exaspération. Exaspération et irritation (ce qui m'exaspère me met toujours en colère, pas vous ?) sont évidemment sœurs de lait. Tout individu têtu s'irrite facilement quand on s'aventure à le contredire et s'exaspère très vite quand on se met en tête de le contrarier. Pour mémoire donc, rappelez-vous que le besoin de poser ses mains dans le bas de son dos est une manière de soutenir ses préjugés ou sa mauvaise foi d'une ou de deux mains fermes.

RIRE (le)

Le rire désarme et c'est bien là une réalité biologique. Le rire désamorce les réactions de fuite automatiquement déclenchées par les situations menaçantes. Il abaisse la concentration d'adrénaline et la tension artérielle. Il est d'ailleurs regrettable que les effets positifs du rire ne soient pas utilisés en psychothérapie dans le traitement de la dépression. Hélas, l'humour est perçu comme un art mineur. Il dévalorise la crédibilité de l'action thérapeutique dans l'esprit populaire.

Le rire, à l'instar du sourire, est soit un moyen d'apaisement de l'angoisse ressentie face à l'autre, soit une manière de neutraliser l'agressivité d'une relation conflictuelle.

Mais il n'est pas que cela. Les manières de rire, auxquelles nous nous attachons ici, ne concernent pas le ton, mais la forme, dans la mesure où le premier est héréditaire tandis que le second s'adapte au contexte. Le rire libère les neuromédiateurs biochimiques du plaisir. Ils agissent sur nos humeurs comme des substances euphorisantes et désarment l'agressivité. Les seuls effets secondaires du rire sont uniquement bénéfiques. On peut mourir de rire, mais cette mort-là est toujours suivie d'une résurrection.

Dis-moi comment tu ris…

S'il est un mode d'expression qu'on ne peut contrefaire, c'est bien notre manière de rire. Elle est évidemment innée. Et malgré cela le rire trahit un aspect essentiel de la personnalité. Devinez lequel ? Vous êtes à mille lieues de vous en douter. On parie ? Votre manière de rire est la traduction cachée de la manière dont fonctionne votre esprit de décision ! Étonnant, n'est-ce pas ? Que vous soyez indécis ou déterminé dans la vie, votre manière de prendre vos décisions est déjà inscrite dans l'infrastructure héréditaire de votre personnalité. Les choix que vous faites dans l'existence, votre façon de les esquiver, de procrastiner (reporter au lendemain) ou de les affronter sont révélés par la gestuelle qui accompagne le rire.

Le rire est une expression spontanée de la joie, une libération ponctuelle des contraintes que nous subissons au quotidien. L'humour ou l'ironie du sort nous font rire et nous permettent de sortir, l'espace d'un instant, du niveau de vigilance dans lequel nous baignons en permanence. L'éclat de rire nous transporte à un autre niveau de conscience, exactement comme l'orgasme qui est le point d'orgue de l'acte sexuel. Le rire éveille. La joie provoque un afflux hormonal massif qui suscite une projection énergétique puissante de libération du corps et de l'esprit. Plus on rit, plus ce sentiment de libération s'installe et transforme nos conduites.

Hélas, le rire étant prédéterminé, cette libération atteindra des niveaux différents suivant les individus. Pour que l'esprit de décision puisse être opérationnel et échapper aux entraves du doute, il doit en être libéré. Car c'est le doute qui est l'antithèse du rire et le rire l'antidote du doute. Aviez-vous déjà remarqué que les individus qui affichent leur scepticisme à la boutonnière ne rient jamais spontanément ? Ils ricanent ou ont recours à un rire contraint, dit grinçant.

Enfin, nul n'ignore que l'humour est un puissant argument libératoire. Vous l'avez fait rire ? C'est gagné ! Ce qui signifie en fait que vous l'avez libéré, il peut se défaire de ses doutes et prendre une décision souvent favorable.

Décideurs ou indécis ?

Je vous livre quelques exemples de rires et le sens que j'ai pu leur attribuer avec le temps et l'expérience.

Le rire du décideur

Claudine rejette toujours la tête en arrière quand elle rit. Un rire à gorge déployée, sans contrainte. Claudine sait prendre une décision sans une virgule d'hésitation. Elle est P-DG de sa start-up.

Le rire de l'indécis

Sidonie cache systématiquement le bas de son visage de la main gauche quand elle se met à rire. Je ne crois pas qu'elle porte un dentier et craint de le perdre en riant. Cela arrive chez les personnes âgées. Sidonie est indécise jusqu'à la racine des quenottes. Si elle portait la main droite à sa bouche en riant (rire masqué), elle exprimerait un sentiment de honte ou de gêne. Le fait de cacher sa bouche de la main gauche en riant révèle une vulnérabilité et une incapacité à faire un choix sans l'aide de l'entourage. La main droite trahit un esprit de décision effectif, mais qui s'abrite derrière de faux-semblants pour justifier son refus.

Le rire de la poule

Quand André rit, on dirait une poule qui glousse. Il garde la bouche fermée tandis que son corps est secoué de spasmes. André ne prend jamais une décision sans consulter les oracles ou la somme de ses amis et connaissances.

Le rire émotif

Ariane penche toujours sa tête sur le côté quand elle rit. C'est un rire émotif. Ses choix dépendent surtout de ses coups de cœur.

Le rire de l'Homo politicus

Vous avez déjà observé autour de vous des personnes qui rient en se désignant de l'index ? C'est le rire de l'homme de pouvoir sans pouvoirs. Ses décisions son généralement assorties de conditions ou de garde-fous e d'une nuance d'hypocrisie qui lui permet de retourner sa veste avec la plus parfaite mauvaise foi, en cas de besoin

Il rit en se pinçant les narines.

Ce mode d'hilarité est très courant dans notre société occidentale où le sexe voisine avec les « mauvaises odeurs » que dégagent les mots. Ceux qui rient de cette manière sont de grands amateurs de blagues salaces.

Le rire du renard
Martial est un bon vivant et surtout bon public. Il rit toujours en assénant de grands claques sur ses cuisses (rire du renard) et parfois sur la cuisse de sa voisine. Macho patenté, mais rusé comme un renard, Martial ne prend jamais aucune décision à la légère avant d'avoir tourné le problème dans tous les sens. Bourvil, dont le souvenir est encore dans toutes les mémoires, riait de cette manière.

Le rire du joueur
Certains individus agrippent instinctivement leur voisin de table quand ils éclatent de rire. Ils aiment sans doute partager leur joie. Ils ne se décident vite que dans un cas de figure : quand leur crédibilité est mise sur le grill. Ce sont des joueurs-nés et des parieurs fous.

Le rire du faux témoin

D'autres se tournent toujours vers leurs voisins pour leur faire partager leur bonne humeur. Ce sont des personnes qui ont un besoin fondamental d'approbation, comme tous les bons élèves. Ce sont aussi des indécis qui cultivent le doute dans leur jardin secret. Enfin, ce sont de vrais faux généreux qui ne partageront rien d'autre que leur bonne humeur.

Le rire de l'égoïste

Un autre aspect du rire pourrait vous interpeller chez les personnes que vous observez, certaines rient les yeux fermés (rire de l'égoïste), d'autre les gardent grands ouverts (rire du vigile).

Ceux qui ferment les yeux en riant sont des individus dont le plaisir est égocentrique. Leurs décisions dépendent essentiellement de leurs sympathies. Rire les yeux clos permet de couper le son pour profiter de son hilarité en circuit fermé.

Le rire du vigile

Ceux qui conservent les yeux ouverts demeurent vigilants, car le rieur qui baisse sa garde peut être surpris comme le dormeur dans son sommeil. Ils sont trop méfiants de nature pour se décider à l'emporte-pièce.

Si vous la faites rire

L'association entre le rire et l'esprit de décision peut vous paraître à peine croyable, mais retenez ce conseil déjà évoqué et qui s'applique aussi bien au domaine de la séduction qu'à celui des affaires : si vous le/la faites rire, c'est gagné ! Et rappelez-vous toujours cette règle d'or, le rire est l'antidote du doute.

Les autres variantes

Votre interlocuteur rit sous cape, la main posée en visière au-dessus de la bouche.

Une personne qui rit en couvrant sa bouche de sa main est un flatteur qu'on nommait autrefois courtisan.

Il rit toujours avec la main en visière.

Rire gêné ou rire de complaisance.

Il pose son index droit en moustache sous son nez pour faire semblant de rire de sa plaisanterie.

e geste évoque d'une certaine manière le rire du fourbe
e comédie.

Elle ponctue ses interventions d'un rire gêné répétitif.
Quand il devient une véritable ponctuation du discours verbal, le rire peut représenter un symptôme de névrose sociale, souvent liée à une timidité mal contrôlée. Le rieur a toujours l'impression qu'il est resté un enfant s'adressant à un adulte omnipotent. En soulignant ainsi ses propos (par un rire hors de propos), il révèle un complexe d'infériorité. Le phénomène est très courant dans certaines structures très hiérarchisées où les petits chefs sont légion. Dans ce contexte particulier, le rire de ponctuation devient un des éléments du langage de la soumission à l'autorité.

Votre interlocuteur se force à rire bruyamment.
Ce type de rire trahit un virtuose de la méchanceté gratuite et perverse, déguisé en carpette pour les supérieurs hiérarchiques et prêt à faire pleurer toutes les larmes de leur corps à ses subalternes.

Le rire de votre interlocuteur est contraint.
Il exprime souvent un rire poli d'approbation. Un rire très politique, bien entendu. Il fait partie du grand club de ceux qui à force de grimaces sont devenus des figures.

Votre interlocuteur ne rit que de ses propres plaisanteries.
Son rire a pour unique but de rechercher votre approbation ou votre appui.

Le rire de votre interlocuteur est franchement sarcastique
Bien sûr qu'il se paye votre tête, même et surtout si son rire s'adresse à votre voisin tandis qu'il vous prend témoin ! Ne lui faites jamais confiance, il vit aux dépens de ceux qui l'écoutent.

Il rit en exhibant ses dents du bas.

À ce propos, Desmond Morris, spécialiste du langage corporel, nous apprend qu'il est prudent de douter de la sincérité d'un individu qui expose régulièrement sa denture inférieure en riant ou en s'exprimant devant un public. Il est vrai que la tension imprimée aux commissures des lèvres est typique des individus qui mordent symboliquement leurs interlocuteurs.

Les signaux barrières sont multiples, aussi évanescents que constants. Ainsi que le note Desmond Morris, on en retrouve des traces dans le comportement de l'adolescente qui glousse en se mettant la main devant la bouche.

Dans ce cas, les mains et les bras se croisent devant le corps, formant une barre temporaire en travers du buste, comme le pare-chocs d'une voiture. Cette manière de rire est synonyme d'une incapacité totale à prendre une décision sans en référer à l'autorité de tutelle, surtout quand cette autorité est contestée.

En conclusion...

Nul ne devient un décideur parce qu'il en a décidé ainsi. Il en va de l'esprit de décision comme de l'oreille musicale ou de la bosse des maths, il préexiste dans l'ambre du patrimoine génétique ou ne sera jamais. L'hérédité a plus d'un mot à dire quand il s'agit de nos prédispositions. Ce constat n'empêche nullement un indécis de se lancer dans les affaires. Il y réussira sans doute mieux que le décideur impulsif, mais jamais aussi bien que le décideur inné.

S

Si les gestes n'existaient pas, il faudrait les inventer pour donner du sens aux mots.

SALUER

Le salut à distance est un refrain gestuel variable. Quand vous levez le bras au ciel pour saluer, de quel bras s'agit-il ? Communiquez-vous sur le mode temporel ou le mode spatial ? Les adieux du bras gauche appartiennent à des personnes qui seront ravies de vous revoir.

De vrais amis ! Les adieux du bras droit concernent des individus qui vous reverront avec plaisir, sous condition suspensive. Tout dépend de la valeur ajoutée qu'ils vous accordent.

SÉDUCTION (la gestuelle de la)

faut s'approprier des postures artificiellement onquises, car le naturel, en matière de gestes, apprend et ne dépend pas d'un quelconque talent inné. Certaines femmes bénéficient d'une sensualité naturelle, bien sûr, mais cette sensualité procède d'une bonne gestion des mouvements du corps et, fatalement, d'une prise de conscience de ceux-ci. La gestuelle est messagère de l'inconscient, mais aussi des pensées secrètes, elle exprime en silence ce que les mots ne peuvent trahir sans dévoiler les impressions ou les sentiments. La sensualité gestuelle peut être acquise à force d'exercices devant son miroir ou face à une caméra. Et si vous n'y arrivez pas, il vous reste le *body coaching*, une nouvelle discipline qui découle de ce qu'on nomme outre-Atlantique le *media training*.

Le *body coaching*[1]

Le *body coaching* se fonde sur le fait que chaque femme ou chaque homme dispose d'un capital de sensualité gestuelle non exprimé. Des séances collectives permettent à chaque participant d'observer ses progrès dans le regard du groupe.

Toute femme dispose de ce capital sensuel inutilisé sur lequel repose son pouvoir de séduction. L'objectif du *body coaching* consiste *a priori* à transformer l'apparence pour évacuer l'image de soi malade de ses pensées parasites. La démarche inverse de la psychothérapie, en somme. Or, pour séduire les autres, n'est-il pas indispensable de se plaire en priorité ?

---

1. Pour toute information sur les groupes de *body coaching*, je vous renvc à mon adresse mail : joseph.messinger@wanadoo.fr.

La technique

Investir son corps mentalement est le meilleur moyen d'évacuer les pensées parasites, appréhensives ou spéculatives, qui réduisent l'harmonie gestuelle à de simples gesticulations. Ce n'est plus « je pense, donc je suis », mais « je pense donc j'agis ». Chaque partie du corps en mouvement doit être investie par la pensée attentive à l'exécution de ce mouvement. Par exemple, quand vous marchez dans la rue, concentrez-vous sur cette mécanique pédestre qui vous permet de tenir en équilibre sur deux petites surfaces de 234 cm^2 au lieu de vous triturer les tripes parce que vous avez peur d'arriver en retard à votre rendez-vous. Le corps humain est une machine fabuleuse, un modèle de cohérence comparé à la conscience qui pédale plus souvent dans la mélasse de ses pensées parasites que dans une forme d'harmonie spirituelle.

SENTIMENTS (la dynamique gestuelle des)

Un sentiment est une source d'énergie. Et de l'énergie à la dynamique des vibrations émotionnelles qui nous animent, le pas est facile à franchir. Chacune des deux fréquences dynamiques affective ou cognitive se subdivise en deux sections : sociale ou créative pour la fréquence affective ; spéculative ou fonctionnelle pour la fréquence cognitive.

Quand vous croisez les doigts, la dominance du pouce gauche est affective, celle du pouce droit est cognitive. Ceci pour autant que vous soyez droitier (si vous êtes gaucher, il faut inverser les valeurs). Le pouce gauche, siège du plaisir, est affectif et le pouce droit, siège du désir, est cognitif.

Le terme « dynamique » utilisé dans le cadre de ce mode particulier n'est pas un effet de style. Il rejoint les règles de la psychologie dynamique initiée par Kurt Lewin, psychologue américain d'origine allemande, qui a étudié d'un point de vue dynamique les comportements associés à la motivation et l'apprentissage. Sa théorie fondée sur la notion de « champ psychologique » l'a conduit à analyser les interactions dynamiques à l'intérieur de groupes d'individus. Chacun de ces groupes est constitué des deux profils de base : affectifs et cognitifs en proportions variables. La psychologie dynamique de Lewin se définit dans les termes suivants : « Elle envisage l'homme dans son champ psychologique, agissant et réagissant, soumis à des tensions internes ou externes découlant de son réseau de relations socio-affectives. » Ce qui, en clair, signifie qu'elle sert à cerner les motivations inconscientes des individus. Pourquoi faire simple quand on peut faire compliqué ? C'est ce que j'ai toujours trouvé pénible dans l'exercice de ma profession.

On trouvera plus de profils affectifs (pouce gauche dominant) dans des secteurs à vocation sociale ou créative. En revanche, les cognitifs (pouce dominant droit) seront souvent majoritaires dans les secteurs de haute technologie, l'administration publique, l'industrie ou l'enseignement.

Dans tous les cas de figure, soit la raison domine l'émotion et vous êtes cognitif, soit l'émotion domine la raison et vous êtes affectif. Comme je l'ai déjà écrit par ailleurs, l'affectif croit que ce qu'il ressent est vrai. Le pouce droit dominant est cartésien, il croit que ce qu'il voit est vrai.

SIFFLOTER

En règle générale, le sifflotement est un signe de timidité et paradoxalement un besoin de manifester sa présence quand on se sent inexistant aux yeux des autres. L'action de siffler chatouille agréablement les tympans du siffleur qui redoute le vide social. Les siffleurs sont souvent des êtres mal insérés dans la société et ils souffrent générale-ment de leur solitude.

Il sifflote toujours le même air.
Signe de trouble obsessionnel compulsif, dit aussi TOC. Manie rituelle désagréable quand on est obligé de la sup-porter à longueur de journée. Curieusement, cette manie peut également trahir un signe de prodigalité. Le siffleur entretiendrait une relation névrotique avec l'argent.

Il sifflote souvent sans raison entre ses dents.
Il nous arrive à tous d'endosser l'habit du siffleur quand nous manquons d'assurance. L'absence de contrôle des événements provoque aussi cette réaction de sifflement. Les ados qui sifflent au passage d'une jolie fille expriment leur incapacité à maîtriser une situation de séduction.

Faites l'amour, pas la grève !

SIGNAUX BARRIÈRES (les)

Au-delà du croisement des bras, du tripotage des cheveux ou de la main obturant la bouche, le signal barrière le plus important pour une personne assise est ce dispositif universel : le bureau. De nombreux hommes d'affaires se sentiraient nus s'ils n'en avaient pas et ils se cachent derrière le leur avec gratitude chaque jour, le portant comme une vaste ceinture de chasteté en bois. Assis derrière lui, ils se sentent parfaitement protégés.

SOURCILS (les)

Quand un individu est très agressif et s'expose à des représailles, il sacrifie l'amélioration de sa vue pour se protéger les yeux en baissant les sourcils. Froncer les sourcils est une manière mimétique de questionner son interlocuteur sans verbaliser son interrogation.

Les sourcils expriment principalement deux aspects du climat mental : l'étonnement ou la suspicion. Ils sont donc généralement utilisés en manière de reproche. Pourtant, la partie basse du front est le siège de l'inspiration et de la créativité. Des sourcils très mobiles seraient dès lors une preuve kinesthésique de la prédominance de ces deux qualités. Hypothèse qui reste à démontrer.

Les sourcils marionnettes

Ils voyagent du bas du front vers le haut au rythme des mots-clefs. Ils participent au discours, se soulevant régulièrement pour ponctuer les propos du locuteur. Censés traduire l'étonnement, ils représentent plus une attitude de fuite reproduite en staccato par un quidam sur lequel il vaut mieux ne pas compter. En revanche, c'est un personnage qui prend à cœur d'informer son entourage à la manière d'un instituteur de la France d'autrefois. Il a pour mission de lui faire ouvrir les yeux en grand, ce qu'il préfigure en relevant les sourcils, sans aucun doute. Les habitués des sourcils marionnettes sont des personnages très susceptibles.

Les sourcils cruels !

Votre interlocuteur fronce les sourcils en les rapprochant vers la racine du nez. À l'origine, le fait de froncer les sourcils est une manière un peu théâtralisée d'interpeller son interlocuteur sans verbaliser ou une façon d'afficher sa suspicion. L'air méchant bien connu des enfants et des conteurs prend ici tout son sens. L'homme aux sourcils cruels fait dans le genre

subversif. Les sourcils qui se rapprochent régulièrement peuvent aussi traduire le doute… ou la constipation.

Qui nous dit qu'il n'y a pas de rapport entre les personnes qui souffrent de constipation chronique et le fait qu'ils doutent de tout, à commencer d'eux-mêmes ? Un drôle d'amalgame, je vous l'accorde, mais qui semble tenir la route, selon mon expérience ancienne de psychothérapeute. Le corps et l'esprit sont interdépendants, n'en déplaisent à certains réductionnistes qui refusent de voir dans les dysfonctionnements corporels une origine psychogène.

Les sourcils chatouilleux

Votre interlocuteur se gratte le sourcil qu'il chatouille du bout du doigt. Vous avez affaire à un sujet versatile et très capricieux, un digne représentant de cette nomenklatura fort répandue sur notre petite planète, j'ai nommé les hommes de pouvoir à géométrie variable et à responsabilité relative. Les sourcils inspirent ceux qui se les gratouillent continuellement, ce qui ne les empêchent pas d'être aussi versatiles que capricieux.

Les sourcils du gourou

Votre interlocuteur, coudes en appui, se lèche le bout des doigts avant de lisser ses sourcils. Il procède au toilettage de ses sourcils. Séquence gestuelle classique chez les individus qui se prennent pour des gourous.

Les signaux

Mais à quoi servent ces sourcils ? Probablement à signaler nos changements d'humeur, même si on peut aussi inférer que leur fonction anatomique primaire consiste à protéger les yeux de la sueur qui s'écoule du front en cas de transpiration abondante. L'importance des sourcils est indiscutablement liée aux expressions faciales. Chaque fois que vos humeurs varient, la position de vos sourcils change, amenant toute une gamme de signaux.

SOURIRE (le)

Le sourire correspond à la vitesse de la lumière, il est le seul moyen de raccourcir les distances cosmiques qui nous séparent d'autrui. Le sourire est un signal de satisfaction, voire de sérénité, en même temps qu'un signal de bienvenue. Il est devenu une grimace sociale avec la progression de l'animosité et de la violence qui ont dénaturé les relations que nous entretenons avec les inconnus, les collègues ou même des proches. Le sens profond du sourire s'est perdu pour ne plus représenter qu'une manière de se protéger de la peur des autres. Un acte de soumission, en quelque sorte. Si vous êtes attentif au sourire de vos proches, vous remarquerez très vite que chacun sourit à sa manière et que ce sourire ne varie jamais. Soit il dévoilera les dents du haut, soit les dents du bas. Soit il vous offrira un pauvre sourire édenté, lèvres verrouillées comme le coffre d'une banque suisse, soit il écartera les lèvres en un sourire total du haut et du bas, soit il vous décernera un demi-sourire en solde. Chacun de ces sourires est une programmation mimique irréfragable qui s'inscrit dans la somme de vos refrains gestuels. Chacun dévoile un aspect particulier du personnage que vous êtes.

Le menu des sourires

Le sourire de l'étalon
Par exemple, l'animateur de télé qui dévoile les dents du haut.

Il aborde la vie en prédateur égoïste (tous pour un) et sûr de son bon droit ou de ses atouts séducteurs. Tous ceux qui pratiquent les plateaux de télévision sont logés à la même enseigne. Leur sourire est une marque de fabrique indispensable à leur image publique. Si vous êtes inca pable de sourire sur ce mode, votre avenir dans la lucarne est très compromis.

Le sourire du bas

Et puis, il y a ceux qui dévoilent les dents du bas. Ils sont aussi généreux que soupe-au-lait. Leur sourire est moins flamboyant que les premiers de la classe. Plus intimistes, mais aussi plus restrictifs, ils ne vivent pas pour leur image, mais pour leur savoir ou leur savoir-faire. L'ouverture rectangulaire sur les dents du bas indique aussi le prédateur.

Les sourires édentés

Les sujets qui ne desserrent pratiquement jamais les lèvres quand ils sourient appartiennent à la très grande famille des individus sous contrôle (comme Vladimir Poutine). Ils expriment peu ou pas leurs émotions, les inhibent ou les répriment jusqu'à ce qu'elles soient totalement refoulées. Leurs sourires ressemblent plus à des grimaces de mépris qu'à des signaux de sympathie. Beaucoup d'hommes de pouvoir usent de ce type de sourire !

es émotifs ouvrent la bouche pour détendre leurs zygomatiques.

e sont généralement des individus ouverts, accessibles : disponibles.

Le sourire total, dents du haut et du bas

Il trahit toujours une star de quartier ou une *prima donna* du bureau. Il vit pour paraître et craint par-dessus tout de disparaître de votre bon souvenir.

Le demi-sourire

C'est une marque d'arrogance plus que de mépris. On l'appelle aussi le sourire cynique.

Le sourire commercial

Le commercial, par exemple, ne sourit jamais sans raison. Pour lui, le sourire est une arme offensive qui ne s'utilise jamais sur le mode défensif ou anxieux. Mais ce sourire commercial peut se métamorphoser en sourire mécanique ! Loin de détendre le bas du visage, il crispe les lèvres tout en renforçant les ridules ou les plis d'amertume de la bouche. Plus il est sollicité, comme c'est le cas dans certaines métiers, plus il devient grimaçant.

Le sourire crispé

Il appartient à la famille des sourires stéréotypés. Il es une traduction du degré de scepticisme de celui qui e use.

Le sourire naïf

Vaste programme que celui de définir le sourire naïf en quelques mots !

Prenez le sourire d'un bébé. Quel mot pourrait traduire ce spectacle aussi unique que ravissant ? Ce n'est pas par hasard que les enfants apprennent plus vite à sourire qu'à parler. Cette grimace humaine est un puissant anxiolytique, le sourire désamorce, c'est presque automatique, l'agressivité ambiante.

Le sourire triomphant

Dans la gamme des sourires, il s'accompagne souvent d'un gonflement du torse et d'un air de fierté non dissimulé.

Le sourire pincé

Il est doublé d'une grimace rapide et s'effectue en serrant les lèvres. Il signifie que votre interlocuteur appréhende le temps que vous allez lui faire perdre.

Le sourire amusé

C'est un sourire condescendant.

Le sourire d'amertume
La transformation des sourires révèle à quel point nos pensées en sont les racines et les directeurs de conscience, au sens propre du mot. Il s'agit d'un sourire triste et romantique en diable.

Le sourire mystérieux
C'est le sourire qu'on dit aussi malin et qu'on ne peut afficher qu'en ayant toutes les cartes dans son jeu. Les joueurs de poker en abusent quand ils ont une mauvaise main.

Le faux sourire
Difficile de le décrire, sinon que le regard n'est pas à l'unisson de la mimique des lèvres. Mais les choses ne sont pas aussi simples. Michel Serrault excelle dans la production sur commande de ce genre de sourire. Il l'utilise dans tous les personnages qu'il incarne dans ses films.

Le sourire glacial
La lueur glaciale qui émane du regard ressemble à celle du vide que l'on peut percevoir dans le regard du fou. Le visage est animé, souriant, mais le regard est comme figé. Il ne participe pas à la fête mimique du visage.

Le sourire évanescent
L'effet est souvent saisissant pour une personne non avertie. Il provoque un stress immédiat susceptible de déstabiliser n'importe qui.

STERNUM (le)

Il existe un geste courant, qui consiste à se gratouiller le sternum, que j'ai observé à diverses reprises. Je me suis surpris à reproduire le même geste avant de devoir me jeter à l'eau face à un éditeur auquel je proposais un projet de livre ; *idem* face à un chef de rubrique avec lequel je négociais une collaboration ponctuelle à un magazine. Les contre-propositions de mes interlocuteurs étaient en apnée face à mes exigences. Je prenais du recul en me grattant le sternum. En réalité, cette gratouille est un geste barrière (voir ce terme), elle signifie qu'il faut encore attendre avant de prendre une décision. Toute action de grattage est synonyme d'hésitation, quel que soit le lieu de la démangeaison. Le sternum est situé à la périphérie du cœur et le simple fait de se gratter à cet endroit pourrait indiquer que le coup de cœur tarde à se manifester. Le sternum est le siège symbolique du sens critique et de la capacité de recul.

STRESS (les codes gestuels du)

Il est facile de concevoir qu'il puisse y avoir un lien de cause à effet entre un trouble psychologique et la répétition d'un geste ou d'une posture corporelle inadaptée. Les démangeaisons, les toux intempestives, les éternuements à la chaîne ou les bâillements en batterie en sont des exemples courants. Ils surviennent sans préavis et cessent sans raison apparente. Le corps manifeste souvent des réponses gestuelles adaptées ou non à la situation vécue.

Or, le stress provient notamment d'un décalage entre un événement et l'incapacité d'un individu (ou le refus non verbalisé) de réagir à cet événement. Un homme qui marche dans la rue en réfléchissant à ses soucis réagira de manière excessive à l'interpellation polie d'un passant qui lui demandera l'heure. Dans certains cas extrêmes de stress, il pourra même ébaucher une réaction de défense, inadaptée à la situation. Une contrariété s'exprimera souvent par une série de démangeaisons cutanées exigeant un soulagement immédiat par grattage. Les expressions corporelles trahissant un degré de stress sont indénombrables. Cependant, ces gestes ne deviennent véritablement significatifs qu'en cas de récidive. Plus ils se répètent, plus ils traduisent l'apparition d'un trouble d'ordre psychologique.

Toute situation de stress trouve automatiquement un écho dans vos chaînes musculaires ou articulaires par le truchement des postures d'autoprotection de refus ou de rejet. Quand l'esprit dit non à son corps défendant, le corps en souffre. Les attitudes oppositionnelles sont aussi des attitudes musculoarticulaires dont les effets nocifs se manifestent inévitablement tôt ou tard sur le plan des dysfonctionnements psychosomatiques.

Quelques figures gestuelles du stress

Quand votre ami mord le bout du filtre de sa cigarette entre ses dents.
Il est sous pression, voire surmené.

Pour votre information : on fume de la main droite quand on est stressé ou contrarié et de la main gauche quand on est détendu.

Mais voilà qu'il se gratte ostensiblement sous les bras, au niveau des biceps.
Cette réaction est un signe de stress, lié peut-être à un manque d'action ou d'activité. « J'ai envie d'agir », dit le corps mais l'esprit demeure passif.

À votre tour, un chatouillement au pied droit vous oblige à ôter votre chaussure et à vous soulager sans délai.
La faculté de progrès est enrayée. D'où la démangeaison !

Vous ressentez une démangeaison au niveau des sourcils.
Elle peut être la traduction d'un appel de votre créativité. (Voir aussi à Sourcils.)

Il appuie curieusement son cou sur son poing.

La position est inconfortable et trahit un stress ou une attitude mentale contraignante, doublée d'une hostilité transparente. Le poing n'est jamais loin du coup de poing.

Son regard disparaît parfois à la faveur d'un léger mouvement de révulsion des globes oculaires.

Il s'agit plus d'un tic gestuel que d'un mouvement oculaire ponctuel. Les personnes stressées ou facilement agacées usent et abusent de ce genre de tic oculaire. Elles signifient de cette manière les limites de leur capacité de communication verbale. Vos arguments sont évacués d'un simple mouvement des yeux. Que voulez-vous répondre à cela ?

Enfin, elle parle souvent en levant souvent les yeux au ciel.

Cette orientation du regard marque un stress, une exaspération teintée de nervosité ou un tempérament hystérique.

SUCER

Tous les enfants sucent leurs doigts, soit pour s'endormir, soit comme moyen de défense naturel contre le stress qu'il leur arrive d'endurer. Ce réflexe anxiolytique se perpétuera bien plus tard dans la substitution que représente l'acte du fumeur ou par une série d'attitudes pseudo-machinales entre la bouche et les doigts, attitudes auxquelles nul ne prête attention. Encore moins une signification ! Sucer ou mordiller ses doigts n'est pas un geste innocent. Le réflexe de succion des doigts débute dans la vie intra-utérine et se perpétue jusqu'à la mort. L'enfant qui suce son pouce grandira et continuera à taquiner ses dents du bout de ce même pouce nostalgique.

La jeune femme mordille l'articulation de son annulaire gauche de manière coquine.

Elle ne se souvient plus de la petite fille qui suçait ce même doigt jusqu'à le rendre exsangue. L'auriculaire droit que votre voisin de table mordille quand le doute encourage ses incertitudes chroniques est le même doigt dont il se délectait déjà comme d'une friandise lorsqu'il était enfant. En bref, le fait de sucer un doigt en réaction à une situation conflictuelle indique clairement un accès d'angoisse.

Voyons maintenant le sens attribué à chaque doigt sollicité ! L'action de sucer est évidemment détournée sous l'une ou l'autre forme de rencontre entre la bouche et le doigt incriminé : tapoter, gratter, caresser, sucer.

Auriculaire droit : c'est un ambitieux.
Auriculaire gauche : c'est un nostalgique.
Annulaire droit : c'est un tempérament volontaire, voire volontariste.
Annulaire gauche : c'est un émotif et un être passionné.
Majeur droit : c'est un cérébral.
Majeur gauche : un tempérament très narcissique.
Index droit : un individu autoritaire.
Index gauche : c'est un vilain jaloux.

Pouce droit : il essaye peut-être de booster sa motivation
défaillante.
Pouce gauche : c'est un rêveur.

SYNCHRONIE (la)

Une vibration émotionnelle doit entrer en résonance
affective avec la cible qu'elle souhaite pénétrer. En psychoanatomie, cette résonance s'appelle la synchronie.
Les gestes s'expriment de manière spéculaire, ils sont
miroirs l'un de l'autre. C'est la loi fondamentale du succès
de toute communication visant à créer un climat équilibré
entre les intervenants. Donc, si un homme droitier croise
la jambe droite sur la gauche et la femme droitière qu'il
courtise la gauche sur la droite, tous les deux sont en
synchronie. Ils sont le reflet l'un de l'autre. Mais qu'un
changement de croisement intervienne et l'atmosphère se
modifiera subtilement entre les partenaires. Ils ne seront
plus sur la même longueur d'onde (voir la section
consacrée aux Jambes).

T

J'entends les mots, mais j'observe les gestes et j'écoute attentivement le bruit que font mes émotions.

TALONS (les)

Les talons sont les amortisseurs du corps humain. Ils sont le siège de vos réussites ou de vos échecs les plus cuisants. Par exemple, un talon douloureux sans mobile apparent peut être révélateur d'une situation d'échec annoncée. Il faut y être attentif.

J'ai observé la démarche de nombreuses personnes en situation d'échec. Ils traînent les pieds et évitent de poser les talons sur le sol en premier. Les pieds glissent, comme sur des coussins d'air, on dirait qu'ils marchent sur des œufs. Plus les talons marquent le pas, plus la volonté de réussite du marcheur est évidente. Les femmes sûres de leur beauté ou de l'effet qu'elles font sur les hommes ont tendance à marteler le sol de leurs hauts talons. Vous n'aviez jamais remarqué ce détail ? À ce sujet, certaines marcheuses cognent le bitume des trottoirs avec une telle vigueur que la masse musculaire de leurs mollets en tremble.

Quelques figures

Votre interlocuteur assis pose l'un de ses talons sur le bord de son siège, cuisse ramenée contre le tronc.
Attitude immature d'un personnage qui l'est évidemment aussi. Tout dépend de son âge ! Un ado qui reproduit cette posture ou un adulte ? Le second est déphasé, même s'il est assis en slip de bain sur la chaise en plastique d'une buvette de la plage.

Une variante : le sujet est assis en équilibre instable sur le dossier du siège et ses pieds reposent sur le plateau.
Cette posture est la réplique gestuelle d'un sentiment d'insécurité.

Si vous observez attentivement la population d'une brasserie à l'heure de l'apéro, vous trouverez une majorité de talons décollés et une infime minorité de talons collés au sol. La proportion tourne autour de 90 % de talons décollés pour 10 % de talons collés. Ce qui correspond peu ou prou à la norme des gens qui réussissent dans leurs entreprises (10 %) et ceux qui échouent ou refusent de prendre le risque de réussir (90 %). Pourtant, il suffit souvent d'écraser l'échec d'un talon rageur pour que le ser de la réussite refasse surface.

TERRITOIRES (les)

Le territoire corporel

Le territoire, ou bulle, d'un individu commence au bout de ses doigts, bras tendus. Ce qui signifie en clair que plus on se rapproche de l'autre, plus on viole son territoire. La distance intime, ou dernier carré avant la reddition, se situe à la valeur d'un bras de distance. Les spécialistes de la « proxémie » (science des distances de fuite) considèrent que la bonne distance, pour négocier par exemple, se situe entre 1,20 m et 1,80 m.

La notion de territoire mental

La critique déconstructive déséquilibre le territoire mental. C'est le champ de conscience décrit par Kurt Lewin dans son approche de la psychologie dynamique. Le territoire mental est le Palais-Bourbon, la Chambre des députés de la conscience, où les idées sont débattues, combattues, abattues ou promues. L'identification à l'un des deux modes de gestion de ce territoire mental (offensif ou défensif) est un critère fondamental dans la construction de la personnalité. Tellement fondamental qu'il s'exprime gestuellement par le truchement d'un code réflexe totalement invariable : le croisement des bras.

Le territoire mental est le siège d'une variété de valeurs psychodynamiques essentielles à l'équilibre psychosocial de l'individu : convictions, croyances, motivations, ambitions, désirs, foi, etc. En un mot comme en cent, tous ces sentiments nous ramènent à la confiance en soi. Si l'un de ces sentiments est déstabilisé, c'est la confiance en soi qui en fait les frais. Le territoire mental est le siège de la confiance en soi. C'est dire à quel point ce territoire est essentiel et doit être protégé de manière vigilante. Toute perturbation dudit territoire entraîne dans son sillage un affaiblissement du système de défenses immunitaires. Cette vision donne à ce territoire fictif une dimension insoupçonnée de chef d'orchestre de l'équilibre psycho-somatique.

La fréquence ou la reproduction intempestive du croise-ment des bras est un signal fort du climat mental vers la conscience. Il faut y être attentif, car il signifie que la confiance en soi est ébranlée. Le climat mental se refroi-dit et les bras se croisent. Il ne faut pas empêcher les bras de se croiser, mais prendre conscience de l'intervention instinctive de cette réaction. C'est un signal qui indique toujours et sans exception une invasion du mental avec comme corollaire, je le répète, un déséquilibre de la confiance en soi et une angoisse irrationnelle. Il en résulte logiquement que les personnes qui croisent systé-matiquement les bras sont plus influençables ou plus impressionnables que les autres.

Une dizaine de mamans attendent la sortie des petits de la maternelle sur la parking en face de l'école. Elles croisent toutes les bras, sans exception. En fait, elles ne s'adressent pas la parole et ce croisement généralisé trahit une timidité relationnelle entre des individus qui font semblant de s'ignorer. Un peu à l'écart, deux mamans discutent. Elles n'ont pas les bras croisés.

Un conseil en or : si chaque fois que vous croisez les bras, vous vous donnez la peine de situer l'origine de réflexe, vous renforcerez *ipso facto* votre confiance vous-même.

TÊTE (la)

La France est un pays contestataire. Sur le plan gestuel, ce constat se traduit par une population majoritaire de têtes mobiles et minoritaires de mains bavardes. Vous avez sûrement déjà remarqué que certains de vos proches agitent la tête quand ils s'expriment, mais leurs mains demeurent cachées, ancrées ou immobiles. Ce sont des râleurs. En revanche, ceux dont les mains servent de sous-titrage au discours reproduisent beaucoup moins fréquemment cette agitation du chef, sauf quand ils s'énervent. La mobilité réflexe de la tête est la norme quand un sujet observé est en situation de stress. On utilise rarement ses mains pour se défendre, mais plutôt pour convaincre ou expliquer. Dans les situations extrêmes de contestation, les têtes mobiles sont la norme. Ce code gestuel devient un réflexe inconditionnel chez certains individus qui s'affichent comme des victimes de leur entourage. Dans les grèves, les manifestants interrogés par des journalistes expriment souvent leurs griefs en agitant la tête plutôt qu'en utilisant leurs mains. Submergée par leurs doléances, leur colère ne s'exprime pas librement. Ils râlent.

Les têtes mobiles sont des individus qui ont perdu confiance en eux et empêchent leurs mains (les aires cérébrales) de se libérer. Ils se méfient d'eux-mêmes et/ou des autres. La mobilité de la tête n'empêche pas forcément l'intervention très ponctuelle de l'une ou l'autre main, mais l'observation permet de constater que cette intervention est peu significative. La main est rappelée à l'ordre et la tête poursuit ses turbulences.

Pourquoi les mains se figent quand la tête s'agite ?

Les mains bavardes impliquent une créativité du contact. Si elles se figent, cette créativité disparaît et apparaît alors l'ennemi de la créativité : le refus du changement, de la nouveauté ou l'esprit réactionnaire. Les têtes mobiles sont des conservateurs, voire des nostalgiques auxquels il ne fait pas bon présenter des projets révolutionnaires.

Les mains bavardes appartiennent à des réformistes, partisans du progrès des consciences. Les mains sont des outils de contact, elles servent à toucher ou à protéger, à construire ou à détruire, à caresser ou à frapper, à créer ou à défaire. Elles expriment aussi le besoin convivial d'aller vers l'autre. Les mains sont l'expression symbolique de la communication et de la liberté des deux aires cérébrales qui constituent le cerveau humain. Quand elles bougent, elles libèrent l'esprit de ses deux prisons. Quand elles se figent, la tête s'agite comme le couvercle d'une casserole d'eau portée à ébullition. Les pensées s'échauffent et elles réclament un exutoire pour s'échapper de leur cellule. Cet exutoire est corporel ! Comment pourrait-il en être autrement ? Les mains se figent ou se cachent quand la précarité ou la méfiance s'installent dans la conscience. Les mains se glacent quand le mensonge intervient pour protéger la vérité. Les mains se paralysent quand le locuteur est contesté, désavoué, critiqué ou combattu et qu'il lui faut défendre son pré carré. Enfin, les mains sont destituées quand la culpabilité, le chagrin ou les regrets s'installent dans le quotidien. Les mains appartiennent au système immunitaire psychosocial de l'individu. Pour mémoire, l'immunité est une propriété que possède un organisme vivant de développer des moyens spécifiques de défense contre un agent pathogène ou contre un corps étranger. En cas d'agre

sion verbale, la convivialité des mains ne suffit plus à exprimer les sentiments d'injustice, de déni ou de rejet ressentis pas l'agressé. Les mains se coagulent et la tête se dévisse.

Pourquoi la tête cesse de s'agiter quand les mains s'expriment ?

On ne peut pas être à la fois réformiste et conservateur, progressiste et contestataire. Mains bavardes et tête turbulente ne peuvent pas s'entendre, elles vivent sur des planètes antagonistes.

Ni tête ni mains

Il existe une catégorie hors concours qui ne bouge ni la tête ni les mains quand elle s'exprime. Ces individus-là sont des killers. Plus menaçants que conviviaux, ils prennent vos dimensions et mesurent vos émois avant de vous jeter dans la fosse aux lions.

Le menu des gestes

secoue la tête de droite à gauche à plusieurs reprises exprimant sa désapprobation par une grimace particulière des lèvres.

tte attitude est courante quand elle s'adresse à un garnent de la part d'un adulte réprobateur. Son utilisation re adultes qui se connaissent réinstalle la dominance celui qui produit le geste par rapport à celui auquel il dresse.

Sa tête est en mouvement constant quand il parle, comme agitée de tics dans toutes les directions, sans grimaces et relativement discrets.

Cette rotation constante de la tête est probablement liée à un surmenage ou à un taux de stress limite sur fond d'hostilité.

Il salue en hochant la tête.

Façon de saluer un collègue significative d'un individu imbu de son pouvoir hiérarchique au sein de la société.

Elle incline la tête sur le côté.

Vous avez certainement constaté que les enfants adoptent ce code gestuel particulier pour séduire les adultes. C'est la traduction des oreilles baissées du chien. Il se soumet pour s'attirer la sympathie de son maître. Les comédiens de séries télé qui utilisent ce procédé gestuel ne font rien d'autre que de solliciter la sympathie de leur public.

Il opine du chef, comme pour approuver vos propos.

Celui qui opine mécaniquement n'écoute jamais ce qu'on lui dit. Geste typique des gens timides qui se forcent à écouter leur interlocuteur au-delà des limites qu'ils sont capables d'endurer. Plus ils les dépassent, plus la tête s'agite jusqu'à ce qu'ils trouvent la force de s'éclipser. Dans une autre approche, certains individus en font un véritable tic. Le hochement de tête est souvent souligné par des interjections ou des onomatopées aussi diverses que bizarres (écholalie ou répétition des fins de phrases). Ce besoin d'approuver ainsi son interlocuteur est un signe d'anxiété majeur et appartient au tableau clinique de la névrose d'angoisse.

Il se gratte continuellement la tête.
Signe de perplexité, il ne parvient pas à prendre une décision. Relâchez la longe !

Il tourne la tête à gauche de manière récurrente pour ponctuer son discours ou ses propos.
Il fuit la confrontation. On fait toujours demi-tour par la gauche, le corps du droitier prenant naturellement cette direction pour échapper au danger.

Il tourne continuellement la tête à droite pour ponctuer son discours ou ses propos.

Réaction typique d'hostilité ou de défi.

La posture de l'enfant puni

Ses doigts sont croisés sur le haut du crâne ou sur la nuque.

Ce sont des codes d'intention qui préfigurent le résultat d'un entretien. C'est ce que j'appelle un geste prédictif de mauvais augure. Le reproducteur se sent pénalisé ou sanctionné. Les doigts croisés sur le sommet de la tête vous rappelleront certainement des souvenirs de la petite école. Mais l'attitude peut aussi traduire une attitude oppositionnelle, donc pas aussi soumise qu'on pourrait le croire. Par convention, c'est l'attitude adop tée par les prisonniers de guerre. Cette posture est la traduction littérale d'une soumission totale à celui o ceux qui détiennent le pouvoir. Dans tous les cas d figure, les mains scotchées sur la tête sont des main passives ou rétives. Aussi loin que remontent mes so venirs, chaque fois qu'un de mes interlocuteurs reproduit cette posture, l'atmosphère de l'entretien tourné comme la mayonnaise. Les intentions initial sont devenues des rétentions, voire des marches arriè brutales et d'autant plus imprévues que le ton é plutôt hospitalier d'entrée de jeu. La posture l'enfant puni est un geste prédictif auquel il faut é attentif, car il signifie que la porte vous attend avec impatience.

La tête baissée projette le front en avant et le regard méfiant en retrait.

C'est une attitude frondeuse.

On rejette la tête en arrière…
… quand on se sent mal à l'aise dans une situation par-iculièrement embarrassante.

lle hurle en donnant régulièrement des coups de tête en *'irection de son interlocuteur.*
)n dirait qu'elle va mordre.

se gratte la tête avec son stylo, crayon, règle ou un objet *uelconque qu'il trouve à portée de sa main.*
objet est une arme symbolique avec laquelle il souhai-ait vous occire. Votre interlocuteur déteste se faire rou-dans la farine par quelqu'un qu'il considère comme s stupide que lui. À savoir vous !

TOUCHER (le)

Le contact tactile est toujours sujet à caution. Les baisers sociaux sont plus souvent des joues qui s'effleurent que des smacks sonores, les poignées de main des échanges rapides et peu chaleureux, comme si l'autre était potentiellement contagieux. Deux hommes ne peuvent se promener dans la rue en se tenant amicalement par l'épaule ou par le bras sans être catalogués comme gays. Les Orientaux qui se baladent en public, main dans la main, heurtent nos convictions occidentales. Le toucher n'est décidément pas une habitude judéo-chrétienne. Et pourtant, le toucher est probablement le meilleur remède contre le stress, la dépression ou les crises d'angoisse et toutes leurs déclinaisons pathologiques.

À l'exemple du Christ, certains guérisseurs arrivent à provoquer des rémissions miraculeuses par une simple imposition des mains. Les rois de France étaient considérés comme de grands guérisseurs devant l'Éternel. Ils imposaient leurs mains royales pour guérir le petit peuple souffrant. Et ça marchait. Parfois ! Une façon étonnante d'assurer leur pouvoir de droit divin. Ce qu'ignoraient les rois, c'est que leur don de guérison était dû à leur statut dans l'esprit du peuple bien plus qu'au contact de leurs mains. La France d'en haut a des pouvoirs dont la France d'en bas est démunie.

De nos jours, ceux qui privilégient le toucher sont des séducteurs, au sens large du terme. Ils marquent leur territoire en violant celui de leurs interlocuteurs. Tout contact entre deux individus est l'ébauche d'un pacte de non-agression, voire un acte de sympathie. Si une rencontre ne vous plaît pas à première vue, apprenez à g der vos distances au lieu de lui tendre stupidement la main ou de l'embrasser par paquet de quatre bisous. Un contact peut être toxique d'entrée de jeu pour le niveau d'estime que vous vous accordez (voir aussi les sections consacrées au Baiser et la Poignée de main).

TRAC (le)

Votre interlocuteur se lèche les lèvres avant de poursuivre son intervention.
La salivation se tarit souvent en cas de stress, mais aussi quand un malaise s'installe entre la pensée et le discours. Celui qui ne pense pas ce qu'il dit aura souvent recours à l'humidification des lèvres, mais ce n'est pas le seul. J'ai pu constater par expérience que le recours à la langue de bois entraîne chez tous les politiciens la production de cette réaction comme un véritable tic corporatif. Il faut dire que le trac des situations d'examen peut aussi favoriser ce tic particulier.

Le tribun s'accroche des deux mains à son lutrin.
C'est pour assurer symboliquement l'équilibre de son discours. Les mains s'accrochent naturellement à des pseudo-mains courantes quand le taux de trac ou d'anxiété du locuteur frise la cote d'alerte.

V

*L'image de soi dépend toujours
du regard des autres. « Le corps trouve
naturellement le geste juste si l'esprit
ne lui barre pas la route », disait Gallwey,
un philosophe anglais.*

VENTRE (le)

Le ventre est le siège de la motivation, des désirs et de
l'espoir que les désirs suralimentent, un siège situé légèrement au-dessous du nombril appelé aussi plexus abdo-
minal. Les mains que l'on croise sur son ventre ne sont
pas toujours destinées à conforter une motivation défi-
iente, mais à se plonger dans la satisfaction d'une diges-
on profitable.

siège des désirs

ntre creux, ventre plat, ventre rondelet ou panse prête
xploser comme une pastèque trop mûre, toutes les
ntures abdominales trahissent la capacité ou l'incapa-
à se motiver. Quand le ventre s'arrondit fortement,

le niveau de motivation manque de souffle, ce qui n'entrave en rien l'ambition. L'homme ventripotent est enceint de ses frustrations et non de ses désirs. Le dynamisme des autres le fatigue.

De la même manière qu'il a besoin de temps pour se lever de son siège, il lui faut de la durée pour faire le tour d'un projet avant de s'y associer. La meilleure façon de remonter les bretelles à votre motivation déficiente consiste à viser le ventre plat par toutes les voies et les moyens mis à la disposition des futurs athlètes qui rêvent de leurs tablettes de chocolat. Car des muscles abdominaux noyés dans la cellulite soldent la combativité et provoquent des états de fatigue nerveuse peu propice à l'action. Mais croiser ses doigts sur son ventre est aussi une forme d'ancrage (voir ce mot). Quand les doigts s'entrelacent sur le ventre, les mains viennent cuirasser le siège des désirs. Le sujet refuse de s'investir, il acceptera une participation du bout des lèvres, à la rigueur, juste pour vous tirer les vers du nez.

Il croise souvent ses doigts sur son ventre.
Il protège symboliquement sa motivation d'une blessure narcissique toujours possible.

Les doigts croisés sur le bas-ventre ou le sexe en perma nence
Ils trahissent aussi une peur infantile de la castration.

En position assise, votre interlocuteur a les jambes te dues en parallèle, ses pieds reposent sur les talons, s doigts sont croisés sur le ventre.
Fausse attitude de désinvolture marquant plus un état fatigue que de détente. Cette séquence courante v signale simplement que votre interlocuteur ne compre

plus vos propos (ou les siens) dans la mesure où il a décroché au moment même où ses mains se sont posées sur son ventre.

Il se gratte le ventre.
Symboliquement, un sujet se gratte le ventre quand il ressent l'aiguillon de la faim. Mais il s'agit parfois d'une fringale de réussite qui ne lui est pas accessible.

VERTÈBRES (les)

Les cervicales

Les douleurs cervicales sont souvent consécutives à une blessure narcissique qui vise à déstabiliser la confiance en soi. Ces douleurs peuvent apparaître soudainement et disparaître tout aussi vite quand le sentiment d'infériorité s'efface. D'ailleurs, si ce n'est pas le cas, une méfiance en soi installée risque de se transformer en torticolis pour bien marquer la conscience. Ces cervicales, baptisées les sept piliers de la sagesse, sont d'abord et avant tout le siège symbolique de la foi (en soi, en Dieu ou en n'importe qui ou n'importe quoi). Quand la foi s'absente du jeu, la douleur cervicale s'installe.

Comment se porte votre confiance en soi ?

Un petit exercice peut vous aider à le savoir : tournez la tête à gauche le plus loin possible en appréciant la difficulté ou la facilité avec laquelle vous avez effectué cet exercice. Tournez la tête à droite et comparez le niveau de douleur articulaire ressentie ou la raideur musculaire pour chaque côté.

Si vous ressentez de la raideur du côté gauche de la nuque.
Raideur ou douleur atypique sont la traduction d'une hyperémotivité et/ou d'une fragilité psychologique passagère.

Si vous ressentez une rigidité musculaire du côté droit de la nuque.
Vous êtes particulièrement nerveux ces derniers temps et/ou vous subissez un état d'angoisse irrationnelle qui vous bousille le quotidien.

Si les deux côtés du cou sont également raides et/ou douloureux.
C'est un signal de perte de tonus.

Les vertèbres dorsales

Si les douleurs dorsales ne sont pas liées à une scoliose à une cyphose ou à toute autre cause structurale, elle peuvent être la conséquence du dos rond psychique. L peur des retombées ou d'une volée de bois vert qui vou attend pour une faute que vous avez commise ou parc que vous aimez vous sentir coupable par pur plais masochiste. La peur de la punition peut parfaiteme vous sembler excitante, attendue et espérée pour vo délivrer de ce sentiment psychotoxique qu'est la culp bilité irrationnelle. Un plaisir trouble et pervers qui fera de tort qu'à votre dos. Les vertèbres dorsales s justement le siège symbolique de la culpabilité. Curie n'est-il pas ? Nos aïeux ont appris à être battus pour un oui ou pour un non par leurs seigneurs et maîtres, c'est sans doute la raison pour laquelle les vertèbres dorsales sont devenues une succursale psychoanatomique de la culpabilité.

Et pourquoi les bossus ne seraient-ils pas les descendants d'une lignée d'esclaves battus comme plâtre, tout comme certaines cirrhoses du foie sont dues à une hérédité alcoolique ? Mais les douleurs dorsales peuvent aussi provenir d'un sentiment de culpabilité rationnel ou non dont la souffrance représente la punition téléguidée par l'inconscient.

Les vertèbres lombaires

Leurs douleurs sont à mettre en corrélation avec un entêtement ou une obstination infondée (voir la section consacrée aux Reins).

Les vertèbres sacrées

On retrouve l'instinct de survie à différents endroits du corps, dont le sacrum, qui en est l'un des sièges symboliques. L'instinct de survie est une prédisposition héritée d'une longue lignée d'ancêtres qui ont survécu aux pires brimades, aux plus grandes difficultés d'existence, aux conflits meurtriers ou aux catastrophes naturelles et qui vous ont transmis cette fabuleuse aptitude à survivre envers et contre tout. Un amour immodéré de la vie, voilà ce qu'est l'instinct de survie. Des douleurs atypiques au sacrum vous informent que votre instinct de survie est malmené.

Les vertèbres coccygiennes

Vous connaissez le gag stupide de la chaise que l'on retire à l'instant où vous avez décidé de vous asseoir. Pour le plaisir de votre douleur ! Est-ce parce que le comique de service sent confusément que votre coccyx est le siège symbolique de votre enthousiasme qu'il vous a choisi comme victime de sa mauvaise blague ? L'enthousiasme des autres est souvent mal perçu par les mauvais coucheurs, ceux qui retirent les chaises. Quand la bonne fortune vous rend visite, apprenez à garder cette heureuse nouvelle pour vous ou votre cercle d'intimes. Le bonheur des uns agit presque toujours comme un prurit anal sur le pessimisme des autres.

VISAGE (le)

« Nous avons la musculature faciale la mieux développée et la plus complexe de tout le groupe des primates. À v dire, nous avons même le système d'expressions faciales le plus subtil et le plus complexe de tous les animaux vivants. Grâce à d'infimes mouvements de la chair autour de la bouche, du nez, des yeux, des sourcils et du front et en recombinant ces mouvements suivant les façons les plus diverses, nous parvenons à rendre toute une gamme de changements d'humeur complexes. » (Desmond Morris[1])

Star entre les stars, le visage est la carte de visite que l'on remarque en priorité chez un individu. Hélas, les expressions qu'il offre ne l'avantagent pas toujours. Beau en photo, atroce *in vivo* ou vice versa ! Le visage est le miroir du climat mental ou le témoin de vos bonheurs fugaces. Les pensées et les sentiments que vous éprouvez sculptent le masque social derrière lequel vous vous abritez. Il est difficile d'imaginer que le visage peut s'animer à l'insu de la conscience, qu'il peut grimacer sans que la volonté consciente puisse s'y opposer. Et pourtant ! Le visage est sans nul doute le seul lieu anatomique de votre corps qu'il est difficile de dissimuler à moins d'adopter le voile islamique. C'est aussi la partie la plus crispée. Chaque partie de ce visage est figée dans une série d'expressions mimiques préprogrammées. Ces expressions sont polluantes pour l'aspect général de la face. Il n'existe, à ce jour, aucun moyen naturel ou artificiel de les transformer. Même la chirurgie plastique, tout en améliorant superficiellement la tonicité de la peau, le nomifie encore plus dans sa programmation mimique. Le masque social est le site anatomique le plus expressif du corps humain. Par exemple, l'inexpressivité du masque est, sans conteste, le critère le plus évident que l'on peut observer chez les psychopathes ou les dépressifs profonds. Un état dépressif larvé, dont l'étude clinique

esmond Morris, *Le Singe nu*, ibid.

nous apprend qu'il se manifeste plus souvent au niveau psychosomatique que comportemental, peut être déterminé par l'analyse du registre mimique de la face.

Grimacez !

À l'instar du corps sain, le visage devrait exprimer en toute liberté et de diverses manières les sentiments qui animent le psychisme individuel. Il ne peut se le permettre, si l'individu ne prend pas conscience du masque de fer qui emprisonne la pauvreté expressive de son visage. La face, ainsi incarcérée dans la peur de traduire ses sentiments, se fane, se ride et s'affaisse par manque d'exercices toniques naturels, et le visage vieillit. Car les sentiments bons ou mauvais s'impriment au fil du temps dans le relief de ce visage. Même si la plastique du visage se détériore, la richesse de ses mimiques peut encore révéler la beauté que le temps lui a volée. Certains individus d'âge plus que mûr conservent un visage très mobile et parfaitement séduisant. Sacha Distel en était un exemple, Philippe Bouvard en est un autre. Et ils ne sont pas les seuls ! Pour faire revivre visage, il suffit de le faire grimacer quelques minutes par jour. En voiture dans les bouchons, par exemple !

Cette capacité de grimacer et qui enlaidit à plaisir est un exercice souverain pour libérer le visage de ses expressions figées et renforcer par la même occasion le niveau de charisme et d'autorité de celui qui ne craint pas d'y consacrer quelques minutes de son temps tous les jours. Vous avez sans nul doute reconnu le personnage représenté ci-dessus. Il est tiré d'un cliché et donc bien réel. La richesse expressive du visage de notre président lui permet d'en retirer un bénéfice incommensurable sur le plan de son pouvoir de séduction au sens large du terme.

Le visage est la première chose que l'on voit chez celui qu'on aborde. Chaque visage comporte des détails séduisants valorisés ou non par un maquillage ou une barbe bien taillée, un sourire authentique ou un regard magnifique. Mais le critère qui offre au visage toute sa beauté procède d'abord et avant tout du registre de ses expressions faciales.

Les doigts tendus de votre coup de cœur sont entrecroisés horizontalement sous son menton, formant une passerelle, paumes tournées vers le sol, coudes en appui.

Séquence gestuelle marquant un tempérament instable, voire irresponsable. Confiez-lui une information confidentielle et vous pouvez être certain que tous ceux qui devraient l'ignorer seront mis au courant dans les meilleurs délais. Sa langue est aussi leste que sa discrétion est relative.

Elle ne cesse de se caresser le visage ou les bras tout en parlant avec ses amies, sans oublier d'épier le ou les mâles présents.

Phénomène tellement courant qu'on y prête rarement attention, l'autocaresse est un véritable appel du pied au partenaire, aveugle par définition. C'est également un puissant signal d'ouverture dans le contexte d'une parade amoureuse entre deux inconnus qui viennent à peine de faire connaissance.

De quelle main vous caressez-vous ou vous grattez-vous le visage d'habitude ? La gauche principalement ? Vous êtes en recherche de sensualité ! La caresse est la première de toutes les marques d'estime ou d'amour que chaque individu intègre dans son cadre de références, dès la naissance. On observe souvent des personnes se caressant distraitement l'une ou l'autre partie du visage ou du corps. Ce geste tellement commun n'est pas forcément lié à une carence affective. La caresse que l'on se prodigue à soi-même est plus souvent celle que la bienséance nous empêche de faire à notre interlocuteur. Caresse et créativité sont cousines dans l'inconscient. La première enclenche souvent le processus qui éveille la seconde. Or, de la créativité à la sensualité, le chemin est vite franchi. Et la droite ? Elle témoigne d'un manque de sensualité. Hélas !

La main dissimule une partie du visage, faisant ressortir le côté sympathique du sourire de Gérard Jugnot.

Le visage trop rond doit être « cassé » pour séduire. Avis aux apprentis séducteurs qui ont le même type de physique que l'acteur. Cette posture renforce la bonhomie du personnage. C'est voulu, vous vous en doutiez !

Coudes en appui, les deux mains de votre interlocuteur encadrent son visage ou lui servent de support.

este sublime qui traduit le tempérament intuitif d'un
ionnaire. Le proactif vit son existence en projection
ntinuelle sur son avenir. Il agit pour ne pas devoir réa-
quand il est déjà trop tard pour s'y mettre. Il est doté
ne imagination fertile et d'un sens aigu de l'anticipa-

tion. Disciple du vieil Aristote qui prétendait qu'il n'existe rien dans notre intelligence qui ne soit passé par nos sens, il vous sera d'un grand secours.

Votre interlocuteur a tendance à se gratouiller continuellement le visage.
Une conduite qui exprime un refoulement inexprimable parce que inconscient. Il est victime d'un stress un peu particulier qui provient de son besoin viscéral de paraître. Il existe quatre types d'individus dans notre société :
a) ceux qui sont,
b) ceux qui font,
c) ceux qui ont,
d) ceux qui ne sont pas, ne font pas, n'ont pas, mais qu'est-ce qu'ils parlent !
Comme vous l'avez deviné, votre interlocuteur appartient à cette dernière catégorie.

Les mimiques du visage

Comme je l'ai déjà évoqué, les mimiques du visage dépendent étroitement de la qualité des pensées qui nous passent par la tête. À plus forte raison, un climat mental pessimiste entraînera toujours un appauvrissement de la richesse mimique de la face.

Quand un interlocuteur étale sa misère devant vous, ne vous viendrait jamais à l'idée d'en rire (ou alo d'amertume). Votre visage se figera dans un masqu approprié à l'étendue du malheur qui le frappe. Réactic parfaitement adaptée à l'atmosphère qu'il a mise scène. S'il vous arrive d'analyser l'atmosphère qui règ dans votre propre mental, tout en prenant conscience limites corporelles de votre visage, vous constaterez vite que ses contours sont plus toniques ou, à l'inverse, plus figés en fonction de la qualité du climat qui règne dans votre esprit. Cette prise de conscience est la première règle de la maîtrise mimique du visage chez tous les comédiens. Rappelez-vous toujours que la pensée pollue votre visage quand elle est pessimiste ou négative ! J'insiste, je persiste et je signe.

VOIX (la)

C'est le ton de la voix qui véhicule la conviction bien au-delà de la construction argumentaire du discours. L'émotion transmise par le ton de la voix est bien plus prépondérante que l'émotion véhiculée par les mots eux-mêmes. Ce en quoi je crois se réalisera si le ton de ma voix porte ma foi jusqu'au cœur du cerveau limbique de l'autre. Mais comment parvenir à y croire quand le cortège des pensées parasites vous invite à rester réaliste (et surtout pessimiste) pour ne pas tomber de trop haut au cas où ? Nul ne vous apprendra à jouer des nuances de votre voix. Le ton monocorde est l'usage dans la société. Le ton théâtral est considéré comme une originalité de cabotin en complet bleu.

Tout est relatif

Vous sentez-vous capable de franchir un obstacle de deux mètres de longueur ? Oui ! La distance est à la mesure de la majorité des humains en bonne santé. Si je replace ces deux mètres entre deux falaises à pic, vous sentirez-vous toujours apte à franchir cette courte distance ? Non ? Pourquoi ? Il n'y a pas un centimètre de plus, pourtant.

Mais la peur de faire une chute de quelques dizaines ou centaines de mètres a changé la donne, n'est-ce pas ? L'émotion induite est un handicap qui n'existait pas en terrain plat. Imaginez que le franchissement de cette distance en terrain plat est une conviction théorique, une construction argumentaire placée sous les auspices de l'intellect. En revanche, la même distance entre deux falaises correspond à la conviction émotionnelle, celle que véhicule le ton de la voix. Ce n'est plus du tout le même combat. Il arrive qu'on soit en mesure de convaincre un interlocuteur parce que le ton du désespoir abaisse toutes ses barrières de défense. Il arrive aussi qu'on se heurte à un mur quand la voix véhicule le ton de l'espoir. Le vrai carburant de la conviction est souvent celui de la dernière chance. Le ton de la voix n'est jamais aussi convaincant qu'en période de crise.

Y

*Un discours sans gestes
est comme un regard sans âme.*

Comme l'affirme un sage indien : « Si tout le corps est
contenu dans l'esprit, le corps ne contient pas tout l'esprit. »

YEUX (les)

Les yeux commandent le premier de tous les sens et le plus
essentiel : la vision. Symboliquement, ils ne représentent
rien en tant qu'organes, mais ils représentent l'indispensable dans leurs constituants : le regard, les paupières et
surtout les pupilles, auxquelles je vous renvoie.

l'œil humain n'a qu'un diamètre d'environ 2,5 cm et
pourtant, à côté de lui, la plus perfectionnée des caméras
de télévision semble remonter à l'âge de pierre. La rétine,
tunique interne de l'œil sensible à la lumière, contient
37 millions de cellules qui envoient des messages au
cerveau pour lui dire ce que nous voyons autour de nous.
30 millions de ces cellules sont en bâtonnets et assurent
la vision en noir et blanc. Les 7 millions restantes sont en
cônes et facilitent notre vision en couleur. À tout

moment, ces cellules peuvent traiter un million et demi d'informations simultanées. En raison de sa complexité, il n'est guère surprenant que l'œil soit la partie du corps qui grandisse le moins entre la naissance et l'âge adulte. Même le cerveau se développe plus que lui.

Forme et couleur sont des structures morphologiques héritées, même si le maquillage peut en transformer la forme et les verres de contact en changer la couleur. Quelle que soit la couleur des yeux, leur beauté tient essentiellement à la luminosité du regard. Même des yeux sublimes comme l'étaient ceux de Simone Signoret ou ceux de Michèle Morgan (« T'as de beaux yeux, tu sais ! ») ne sont pas aussi séduisants que n'importe quel regard brouillé par des pupilles dilatées au maximum, et quelle que soit la couleur des yeux ou leur forme. C'est la raison pour laquelle les yeux très noirs des femmes traditionnellement voilées sont si fascinants pour les regards masculins et évoquent les houris promises aux musulmans qui iront au paradis d'Allah. C'est comme si elles n'avaient pas d'iris, uniquement d'énormes pupilles réfléchissant la lumière de leur âme.

Le menu

Il cache ses yeux dans l'une de ses mains.

Cette posture très répandue trahit un haut degré de scepticisme et un esprit critique qui peut s'avérer très virulent.

Il ferme les yeux d'une manière plus clownesque que dramatique.

Les maîtres du mot aiment souligner leurs envolées d'une fermeture appuyée des paupières afin de savourer l'effet de leurs belles paroles sur la collégiale de leurs neurones. On ne ferme les yeux de manière appuyée que pour échapper au mensonge des mots, comme j'ai déjà eu l'occasion de l'écrire.

TABLE DES MATIÈRES

Avertissement 5
Prologue : C'est quoi, un geste ? 7

A

ACCOLADE (l') 19
ACCROCHER (s') 20
AGENOUILLER (s') 21
AISSELLES (les) 22
ALLUMETTES (les) 23
AMYGDALE DU CERVEAU (l') 25
ANATOMIE (quelques détails sans importance) ... 25
ANCRAGES (les) 26
ANNULAIRES (les) 33
PPLAUDISSEMENT (l') 34
PPUI (prendre) 36
SSISE (la position) 38
URICULAIRES (les) 47
ANT-BRAS (les) 49

B

BAGUES (le secret des) 53
BÂILLEMENT (le) 63
BAISER (le) 64
BALANCER (se) 66
BAS-VENTRE (le) 66
BICEPS (les) 67
BOIRE (les manières de) 69
BOUCHE (la) 71
BRAS (les) 75
BRAS CROISÉS (les) 84
BUSTE (le) 88

C

CARESSES (les) 91
CERVEAUX (les) 93
CHAÎNE CEIGNANT LA TAILLE 94
CHAÎNE LARGE AUTOUR DU COU 94
CHAPEAUX 9
CHAUSSURES (le langage des) 9
CHEVEUX (les) 9
CHEVILLES (les) 10
CIGARETTE 16
CILS (les) 1
CLIMAT MENTAL (le) 1
CLIN D'ŒIL (le) ....
COIFFURES (les) ....
COLONNE VERTÉBRALE (la) ....

COMMUNICATION GESTUELLE (la loi de la)..... 119
COORDINATION DES MOUVEMENTS (la)......... 120
COU (le).. 121
COUCHÉE (la position) 123
COUDES (les).. 127
COURIR 130
CRÂNE (le) 130
CRISE (les gestes en communication de) 133
CROISEMENT (la symbolique du) 134
CUISSES (les).. 136

D

DEBOUT : L'HOMO ERECTUS 139
DÉCALÉS (les gestes) 141
DÉFENSIF (le profil).. 143
DÉHANCHER (se).. 144
DÉMANGEAISONS (les) 145
DÉMARCHE (la) 146
DENTS (les) 152
DIGITAL (le cercle) 154
DOIGTS (les).. 156
DOS (le) 172

E

ÉCOUTER 179
ENCADRER 182
ENFANTS (la gestuelle des) 183

ENLACER 184
ÉPAULES (les) 185
ERGONOMIE GESTUELLE (l') 188
EXTRAVERTI OU INTROVERTI ? 189

F

FESSES (les) 193
FLANCS (les) 199
FRONT (le) 200
FROTTER 202
FUITE (les distances de) 202

G

GENOUX (les) 205
GESTICULATIONS (les) 207
GORGE (la) 209

H

HANCHES (les) 2

I

IDÉOMOTRICITÉ DE LA PENSÉE (l') ....
INCOHÉRENCE GESTUELLE (l') ....
INDEX (les) ....

INERTIE GESTUELLE (l') 233
INTELLIGENCE GESTUELLE (l') 234
INTENTION (les codes d') 236

J

JAMBES (les) 239
JOUES (les) 252

L

LANGUE (la) 257
LARMES (les) 259
LATÉRALITÉ (la) 261
LÈVRES (les) 262

M

MÂCHOIRES (les) 277
MAINS (les) 279
MAJEURS (les) 297
MENTON (le) 299
MOLLETS (les) 307
MORDILLER 308
MUSTRAPACE MUSCULAIRE (la) 309

N

NARINES (les).. 311
NEZ (le).. 313
NUQUE (la)... 321

O

OFFENSIF (le profil).. 325
OMOPLATES (les) 327
ONGLES (les) 329
OREILLES (les) 332
ORTEILS (les).. 335

P

PAUMES (les) 33S
PAUPIÈRES (les).. 34(
PIEDS (les) 34
PLANTE DES PIEDS (la).. 35
PLEXUS SOLAIRE (le) 35
POIGNÉE DE MAIN (la) 35
POIGNETS (les) 3
POILS (les).. 3
POINGS (les) 3
POUCES (les)..
PULPE DES DOIGTS (la) ....
PUPILLES (les) ....

R

REGARD (le).. 377
REFRAIN GESTUEL (le).. 388
REINS (les)... 391
RIRE (le).. 392

S

SALUER.. 403
SÉDUCTION (la gestuelle de la)............................ 403
SENTIMENTS (la dynamique gestuelle des).......... 405
SIFFLOTER.. 407
SIGNAUX BARRIÈRES (les)..................................... 408
SOURCILS (les)... 408
SOURIRE (le).. 411
STERNUM (le)... 417
TRESS (les codes gestuels du) 417
UCER.. 420
YNCHRONIE (la)... 422

T

LONG (les).. 423
RITOIRES (les) 425
E (la).. 427
UCHER (le).. 434
C (le).. 435

V

VENTRE (le).. 437
VERTÈBRES (les) 439
VISAGE (le).. 442
VOIX (la) 449

Y

YEUX (les) 451